Aufbruch in die Moderne

Die Klassik

Wien bildet das Zentrum musikalischer Neuerungen – Ludwig van Beethoven prägt mit seinen Werken auch nachfolgende Musikergenerationen.

Eine Vielzahl konkurrierender Strömungen bestimmt die Musik im Übergang vom 19. zum 20. Jahrhundert – die sich rasant wandelnde Welt spiegelt sich in den Künsten vom Ballett bis zum Film.

1750	1820	1890	1950

Die Romantik

Die Moderne

Romantisches Lebensgefühl breitet sich im Bürgertum aus, durchzieht Musik, Malerei und Literatur – das Klavier nimmt einen zentralen Platz in der Musik ein, im Konzertsaal wie in der Hausmusik.

Die Neue Musik nutzt originelle Gestaltungsideen – Innovation, Tradition, Provokation – Stille: Willkommen in der Postmoderne!

Hinweise

》► 1   Aufgaben, Anregungen

↗   Querverweis auf andere Seiten

1   Querverweis in das Kapitel **Musiklabor**

▤   **Kopiervorlagen** zur Vertiefung und Differenzierung in der Lehrer-Handreichung

◉ V|2   Musikausschnitt mit CD- und Tracknummer; genaue Angaben im **Hörbeispielverzeichnis**

◉   **MIDI-Datei** auf der CD-ROM zur Lehrer-Handreichung für die Bearbeitung von Musik am Computer

Auf der vorletzten Seite des Buches finden sich wichtige **Gitarrengriffe** zur Liedbegleitung.

Die **Fermate**-Seiten fassen die Kapitelthemen zusammen und bieten projektorientierte Aufgabenstellungen.

Die **Kapiteleinstiege** werden mit einem doppelseitigen Foto eröffnet, das auf die Inhalte einstimmt.

Rot gefärbte Wörter signalisieren Themenschwerpunkte. Sie werden auf den Seiten selbst, im **Musiklexikon** und/oder im **Sachwortverzeichnis** erklärt.

Die ausschließliche Verwendung der männlichen Form bei der Benennung von Personen schließt selbstverständlich beide Geschlechter mit ein.

Sämtliche Hinweise auf die Besetzung bei Liedern, Spielstücken und Tänzen sind Empfehlungen und können durch das verfügbare Instrumentarium ersetzt werden.

Abkürzungen

ad lib.	*lat.* ad libitum, nach Belieben
B.c.	Basso continuo (*ital.* Bassstimme)
Begl.	Begleitung
Cemb.	Cembalo
Fag.	Fagott
Fl.	Große Flöte
Git.	Gitarre
Hrn.	Horn
Hfe.	Harfe
Kb.	Kontrabass
Keyb.	Keyboard
Kl.	Klavier
Klar.	Klarinette
Mel.	Melodie
Ob.	Oboe
Pk.	Pauken
Pos.	Posaune
Sax.	Saxofon
St.	Stimme
Trp.	Trompete
Vl.	Violine (Geige)
Vla.	Viola (Bratsche)
Vlc.	Violoncello (Cello)
Voc. Perc.	Vocal Percussion (*engl.* stimmliche Schlagzeugimitation)
ZZ	Zählzeit

v. V.	das vordere Vorsatz (Umschlaginnenseiten vorne)
h. V.	das hintere Vorsatz (Umschlaginnenseiten hinten)

Tempo

Mit *Tempo* (Plural: Tempi) ist in der Musik immer das Tempo des Grundschlages (Metrum) gemeint.

von langsam nach schnell
adagio – sehr langsam
largo – breit
andante – gehend, ruhig
andantino – etwas schneller
allegro – schnell
allegro con moto – schnell mit Bewegung

Tempoveränderungen
ritardando – *rit.* – langsamer werden
accelerando – *accel.* – schneller werden
⌢ *Fermate* – länger gehaltener Ton

Dynamik (*Lautstärken*)
von leise nach laut
pianissimo – **pp** – sehr leise
piano – **p** – leise
mezzopiano – **mp** – halbleise
mezzoforte – **mf** – halblaut
forte – **f** – laut
fortissimo – **ff** – sehr laut

Artikulation (*Vortragsweisen*)
staccato – *stacc.* – kurz, gestoßen
legato – *leg.* – aneinander gebunden
non legato – *non leg.* – leicht gedehnt, aber voneinander abgesetzt
portato – *port.* – mit Nachdruck halten, aber nicht binden
expressivo – *expr.* – ausdrucksvoll
pizzicato – *pizz.* – bei Streichinstrumenten die Saiten mit dem Finger anreißen

Aufstellungen beim Tanz

Gesicht	Paaraufstellung	
⋀⋂	⋀ Junge	⋂ Mädchen
Rücken		

DREIKLANG
9/10

Herausgeber

Prof. Dr. Georg Maas

Prof. Dr. Ines Mainz

Autoren

Dr. Jens Arndt, Halle (Saale)

Dr. Stefan Auerswald, Droyßig

Vera Demeyere, Berlin

Igor Hartmann, Berlin

Uta Lesch, Halle (Saale)

Prof. Dr. Georg Maas, Halle (Saale)

Prof. Dr. Ines Mainz, Leipzig

Kaspar Mainz, Leipzig

Prof. Jens Marggraf, Halle (Saale)

Dr. Ulrike Möller, Rostock

Jan Olschewski, Roßleben

Katharina Rehlinghaus, Berlin

Bernd Wessel, Berlin

DREIKLANG

9/10

Musikbuch für den Unterricht
an allgemeinbildenden Schulen

VOLK UND WISSEN

Inhaltsverzeichnis

Ouvertüre

Sängerstimmen im Vergleich

So verschieden wie die musikalischen Stile sind die jeweiligen Anforderungen an die Sängerstimmen. Eine Opernstimme muss beispielsweise anderen Anforderungen genügen als eine „Rockröhre" oder eine Musicalstimme.

Adele

Genia Kühmeier als Pamina

>➤ **1** *Hört euch die Stimmen der abgebildeten Sängerinnen an. Welche Unterschiede fallen euch beim Einsatz ihrer Stimmen auf und welcher Stimmlage lassen sie sich zuordnen (siehe unten)?* ◉ **I | 1, 2**

Belcantostimmen

Bel canto (*ital.* schöner Gesang) nennt man den Gesangsstil der Opernsänger seit dem 17. Jahrhundert. An einen professionellen Opernsänger wie auch an einen Oratorien- oder klassischen Liedsänger werden auch heute noch höchste Erwartungen gestellt. Ein Opernsänger muss in der Lage sein, auf großen Bühnen, im Musiktheater oder in Konzertsälen mit möglichst schönem Klang ohne akustische Verstärkung mit seiner Stimme ein großes Orchester zu übertönen, um alle Zuschauer und -hörer mit seiner Stimme zu erreichen.

Die Opernstimme sollte ein großes dynamisches Spektrum aufweisen, um stufenlos vom piano zum forte zu kommen. Außerdem braucht der Sänger vielfältige Ausdrucksmöglichkeiten. Seine Atemtechnik muss perfekt, das Vibrato gleichmäßig und die Stimme flexibel und geläufig sein, um auch schnelle Koloraturen singen zu können. Je nach Tonumfang der Stimme unterscheidet man verschiedene Stimmlagen.

Diana Damrau als Königin der Nacht

>➤ **2** *Benennt besondere Herausforderungen an die Stimme der Königin der Nacht in der Arie „Der Hölle Rache" aus der „Zauberflöte" von Wolfgang A. Mozart.* ◉ **I | 3**

>➤ **3** *Verdeutlicht euch den Tonumfang der verschiedenen Stimmlagen ausgebildeter Sängerstimmen in den Noten mithilfe eines Tasteninstruments.*

Stimmlagen

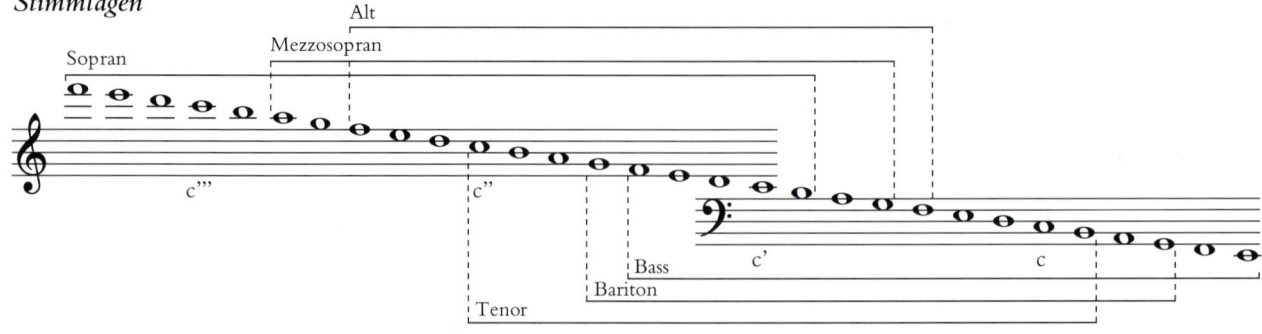

Rock- und Popstimmen

Ziel des Rock- und Popsängers ist es, einen unverwechselbaren Personalstil zu haben, mit dem er seine Zuhörer berühren, begeistern oder schocken kann. Er benutzt den Sound seiner natürlichen Stimme, die rau, verhaucht und gepresst klingen kann. Auch setzt er besondere Gestaltungsmittel ein, wie zum Beispiel das Belting (engl. schmettern), bei dem teilweise extrem laut und direkt gesungen wird, ohne Vibrato. Diese Technik muss trainiert werden, damit es nicht zu einer Überlastung der Stimme kommt.

Frontsängerin Angela Gossow von Arch Enemy

»➤ 4 *Welche der genannten Gestaltungsmittel setzen Martha Wainwright und Whitney Houston ein?* ⊚ I|4, 5

Da Rock-Pop-Sänger immer eine akustische Verstärkung haben, müssen sie nicht so stark auf eine Resonanzraumformung achten. Sie wollen je nach Stimmung des Songs so authentisch wie möglich wirken. Dazu gehört auch eine Textgestaltung, die oft dem Sprechen ähnlich ist. Manche Metal Bands setzen unter anderem das sogenannte Growling (engl. knurren) ein, bei dem kehlige Töne erzeugt werden, die eher einem Brummen oder Grunzen gleichen. ➚ S. 126 f.

»➤ 5 *Diskutiert, ob es sich in dem Song „My apocalypse" (2005) der Melodic-Death-Metal-Band Arch Enemy um Gesang handelt.* ⊚ I|6

Ethan Freeman als Jekyll und Hyde

Musicalstimmen

Da im Musical verschiedene musikalische Stile zusammenfließen, müssen Musicalsänger unterschiedlichste Techniken beherrschen, die fließend miteinander kombiniert werden: Gestaltungsmittel des klassischen Gesangs sowie die der Rock- und Popmusik, insbesondere das Belting (wie oben beschrieben). Eine große stimmliche Flexibilität und eine gute Atemtechnik sind also wichtige Bedingungen, damit die Musicalsänger ihre Stimme den Erfordernissen von Musik und Rolle anpassen können. Dabei streben auch sie eine unverwechselbare Stimme mit hohem Wiedererkennungswert an.

»➤ 6 *Beschreibt das besondere Können des Sängers, der in dem Musical „Jekyll and Hyde" zwei Hauptfiguren singt.* ⊚ I|7
a) Welche stimmlichen Mittel setzt Ethan Freeman ein, um seine eigene Persönlichkeitsspaltung in Jekyll und Hyde zu charakterisieren? 🗎
b) Ordnet den Figuren unterschiedliche Stimmlagen zu.
c) Findet Textstellen, an denen der Sänger Beltingtöne verwendet.

Jede Sing- und Sprechstimme ist unverwechselbar und Ausdruck unserer Persönlichkeit. Sie transportiert neben dem Inhalt gleichzeitig Informationen über unser Befinden oder unsere Gefühle. Ihr habt sicherlich schon erlebt, dass ihr vor Aufregung einen „trockenen Hals" hattet oder euch die Stimme vielleicht sogar kurz weggeblieben ist. Wenn ihr eure Stimme jedoch frei und klangvoll nutzen könnt, seid ihr imstande, euch und euer Anliegen klar zum Ausdruck zu bringen.

Einsingeübungen

1. Schafft euch etwas Platz. Schüttelt eure Arme und Beine aus, als wolltet ihr sie „wegwerfen". Begleitet die Bewegungen mit Geräuschen und Ausrufen auf „ah" und „oh".
2. Dreht den Kopf ganz langsam nach rechts und atmet währenddessen ein. Beim Ausatmen seufzt leise und führt die Stimme nach unten auf „hm". Macht die gleiche Bewegung zur linken Seite, während ihr beim Ausatmen wieder seufzt.
3. Beginnt in bequemer Lage zu kauen auf „mnjom" und „mnjiam" und werdet langsam etwas höher. Achtet darauf, dass euer Kiefer- und Mundbereich dabei maximal gelockert wird. Spürt die Resonanz an den Lippen und im Nasenraum.

4. Atmet zunächst tief ein und spürt, wie sich euer Zwerchfell senkt. Beginnt in der Tiefe leise zu singen und werdet zum höchsten Ton hin etwas lauter (Crescendo). Wenn ihr abwärts singt, gestaltet ein Decrescendo.
5. „Springt" vom Auftaktton schnell ab und öffnet bei den oberen Tönen weit den Mund. Achtet darauf, dass bei allen Tonwiederholungen eine lockere Mundöffnung erhalten bleibt.
6. Gelangt durch schnelle Impulse und Sprünge zur Höhe. Setzt bewusst euer Zwerchfell ein.

7. Singt diese Übung mit möglichst lockerem Kiefer. Beginnt bei der Wiederholung einen halben Ton tiefer. Stuft die Lautstärke (Dynamik) ab.

≫► **1** *Stimmt euch mit diesen Einsingeübungen auf das Lied „Deine Stimme" auf der folgenden Seite ein. Variiert die Silben.*

Deine Stimme

Uta Lesch

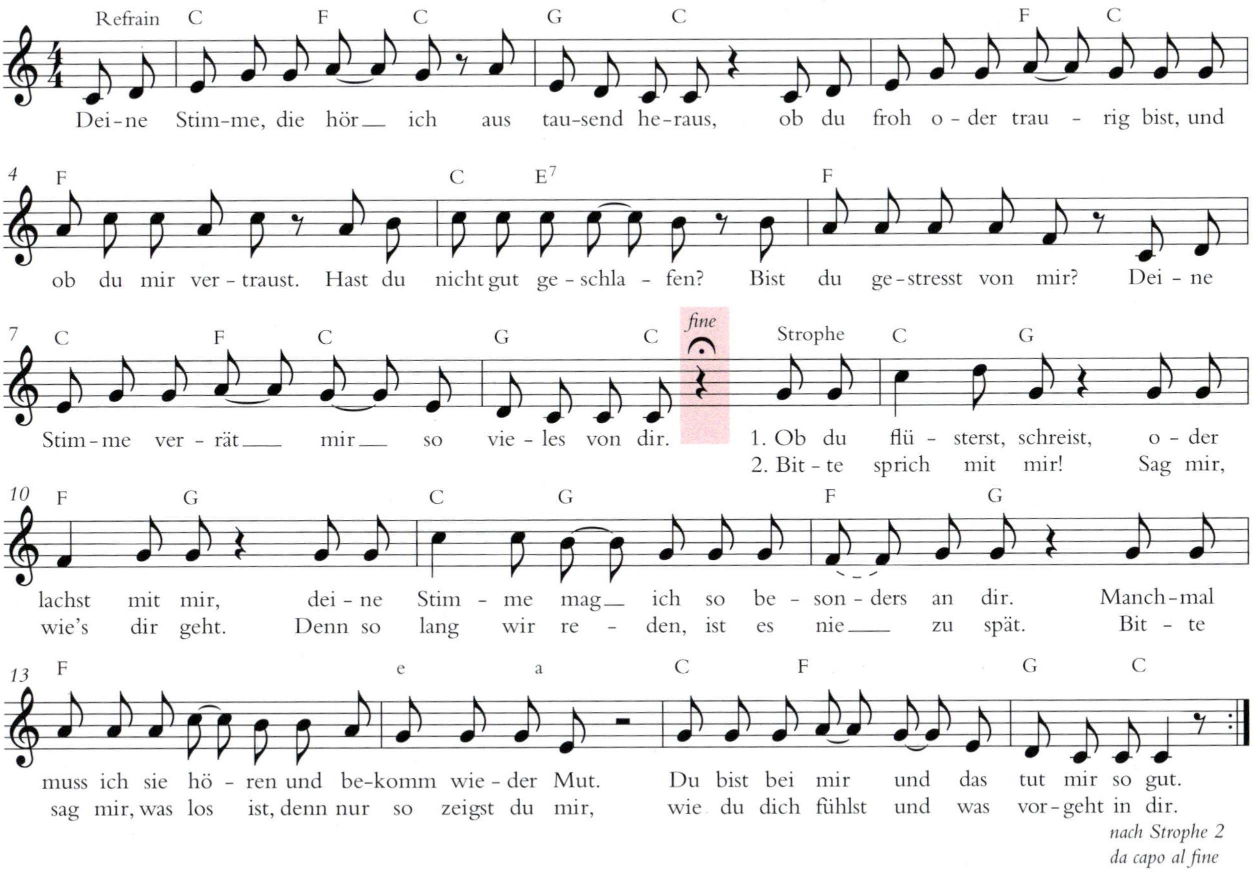

Refrain

Dei-ne Stim-me, die hör ich aus tau-send he-raus, ob du froh o-der trau-rig bist, und

ob du mir ver-traust. Hast du nicht gut ge-schla-fen? Bist du ge-stresst von mir? Dei-ne

fine **Strophe**

Stim-me ver-rät mir so vie-les von dir.

1. Ob du flü-sterst, schreist, o-der
2. Bit-te sprich mit mir! Sag mir,

lachst mit mir, dei-ne Stim-me mag ich so be-son-ders an dir. Manch-mal
wie's dir geht. Denn so lang wir re-den, ist es nie zu spät. Bit-te

muss ich sie hö-ren und be-komm wie-der Mut. Du bist bei mir und das tut mir so gut.
sag mir, was los ist, denn nur so zeigst du mir, wie du dich fühlst und was vor-geht in dir.

nach Strophe 2
da capo al fine

»➤ **2** *Erarbeitet das Lied mithilfe des Playbacks. Füllt die Pause zwischen Refrain und Strophe ( ) mit stimmlicher Improvisation (wispern, seufzen und andere).* 📄 ◎ I|**8**

In vielen Berufen ist eine gesunde und wohlklin-gende Stimme eine Voraussetzung für eine erfolg-reiche Arbeit mit Menschen. In manchen braucht man sogar eine stimmliche Tauglichkeitsbescheini-gung vom Hals-Nasen-Ohren-Arzt oder vom Phoniater, einem Spezialisten für die Sing- und Sprechstimme, der auch Störungen und Krank-heiten des Stimmorgans untersucht. 📄

»➤ **3** *Informiert euch über die in diesem Buch vorgestellten Musikerberufe.* ➚ *S. 43, 140 ff., 181, 184 f.*
a) Welche von ihnen sind stimmintensive Berufe?
b) Stellt eine Liste eurer Berufswünsche zusammen und findet heraus, bei welchen die Stimme eine wichtige Rolle spielt und bei welchen man eine stimmliche Tauglichkeits-bescheinigung benötigt.

Musik hören wir in sehr unterschiedlichen Situationen und mit wechselnder Aufmerksamkeit: beim Tanzen, im Konzert, beim eigenen Singen und Musizieren, unterwegs über Ohrhörer oder im Kino als Filmmusik.

》➤ **1** *Tauscht euch über eure Erfahrungen beim Musikhören aus. In welchen Situationen hört ihr der Musik genau zu, wann bleibt sie im Hintergrund eurer Wahrnehmung? Welche Erwartungen habt ihr dabei an die Musik?*

》➤ **2** *Welche Lebenssituation wird in „Himmel auf" (2012) von der Band Silbermond poetisch beschrieben? Begründet, inwieweit die musikalische Gestaltung zum Text passt.* ↗ *S. 220f.* ◉ I|9

Oft ist es eine Herausforderung, Musik in ihrer Wirkung und Einzigartigkeit zu erfassen. Eine Voraussetzung ist, dass man genau zuhört. So lässt sich beispielsweise untersuchen, warum ein Songtext durch die Musik besonders ausdrucksstark zur Geltung kommt oder weshalb uns ein Instrumentalstück gefällt, langweilt oder nervt.

》➤ **3** *Hört einen Ausschnitt aus der Minimal-Music-Komposition „Lollapalooza" des amerikanischen Komponisten John Adams (geboren 1947).* ↗ *S. 96f.* ◉ I|10
a) *Schildert euren ersten Höreindruck. Notiert anschließend Auffälligkeiten der Musik (Instrumente u. a.).*
b) *Beurteilt die Musik, indem ihr sie zu euren Erwartungen und Gefühlen in Beziehung setzt und dabei eure Notizen verwendet.*

Der Lindenbaum (Ausschnitt aus *Winterreise*, op. 89)   Worte: Wilhelm Müller
Melodie: nach Franz Schubert

1. Am Brun-nen vor dem To-re, da steht ein Lin-den-baum; ich

träumt in sei-nem Schat-ten so man-chen sü-ßen Traum. Ich

schnitt in sei-ne Rin-de so man-ches lie-be Wort; es

zog in Freud und Lei-de zu ihm mich im-mer fort.

2. Ich musst auch heute wandern
   vorbei in tiefer Nacht,
   da hab ich noch im Dunkel
   die Augen zugemacht.
   Und seine Zweige rauschten,
   als riefen sie mir zu:
   Komm her zu mir, Geselle,
   ‖: hier findst du deine Ruh! :‖

3. Die kalten Winde bliesen
   mir grad ins Angesicht;
   der Hut flog mir vom Kopfe,
   ich wendete mich nicht.
   Nun bin ich manche Stunde
   entfernt von jenem Ort,
   und immer hör ich's rauschen:
   ‖: Du fändest Ruhe dort! :‖

》➤ **4** *Erfasst die Stimmung beim Singen des romantischen Klavierliedes „Der Lindenbaum" von Franz Schubert (1797–1828). Sucht typische Motive der Romantik im Text: Natur, Traum, Tod, Wandern.* ↗ *S. 62*

Analysieren

Gnossienne (Nr. 3, Ausschnitt)

Erik Satie

»➤ 5 *Analysiert das Klavierstück von Erik Satie (1866–1925). Zur Erleichterung wurde die Stimme der linken Hand auf die beiden unteren Notensysteme verteilt.*

a) *Findet in der Melodie Motive und Phrasen, die einen Zusammenhang bilden. Bestimmt deren Wiederholungen und Transpositionen.*

b) *Vergleicht die Akkorde. In welcher Beziehung stehen sie zur Bassstimme?*

c) *Überlegt, warum der Komponist auf Taktstriche verzichtet haben könnte.*

Ähnlich wie bei Gedichten, Dramen oder Bildern hängt auch bei der Musikanalyse das Vorgehen von zwei Vorgaben ab: dem zu analysierenden Werk und dem Ziel, das mit der Analyse erreicht werden soll. So kann eine Analyse gleichermaßen helfen, eine gestalterische Idee in einer Komposition aufzudecken, Gemeinsamkeiten von Opern- und Filmmusik herauszuarbeiten oder ein Urteil über einen musikalischen Diebstahl zu fällen. Aber auch einer überzeugenden musikalischen Interpretation geht oft eine Analyse voraus. ➚ S. 50 f., 160–163, 182

»➤ 6 *Nutzt die Analyseergebnisse zum Entwickeln einer eigenen Interpretation der „Gnossienne". Überlegt, wie ihr die Besonderheiten der melodischen und harmonischen Entwicklung umsetzt. Variiert die Besetzung, Dynamik, Artikulation u. a.*

In einer Partitur folgt die Abbildung der Instrumente und Noten bestimmten Regeln, die sich im 19. Jahrhundert herausgebildet haben. Ganz oben stehen die Holzbläser, dann folgen die Blechbläser und Schlaginstrumente. Unten stehen die Streicher. Die durchgezogenen Taktstriche gewährleisten eine gewisse Überschaubarkeit. Instrumentengruppen werden durch Akkoladen (Klammern) zusammengefasst.

»➤ **1** *Entdeckt Feinheiten in dem vereinfachten Partiturausschnitt.*
a) *Wo finden sich die folgenden Angaben: Taktart, Notenschlüssel, Anweisungen zur Spieltechnik, Dynamik, Artikulation und Phrasierung?*
b) *Warum hat die Klarinette andere Vorzeichen als das Fagott?*
c) *Betrachtet die Akkoladen: Welche Instrumente bilden eine Gruppe?*
d) *An welchen Stellen übernehmen die Streicher die Melodie, an welchen die Holzbläser?*
e) *Wie verändert sich der Klang, wenn ihr die hohen oder tiefen Streicher weglasst?*

Antonín Dvořák *Sinfonie Nr. 9 in e-Moll, 1. Satz* (op. 95)

1 Flageolett: klingt eine Oktave höher

2 abgekürzte Schreibweise für Sechzehntel

»➤ **2** *Hört das Seitenthema aus dem ersten Satz, findet es in der Partitur. Welche Instrumente spielen das Thema?* ↗ *S. 68 f.* ◉ **II|34**

»➤ **3** *Woran orientiert sich ein Dirigent wohl? Entwickelt verschiedene Lesestrategien.*

Widerstehe doch der Sünde (Anfang) Johann Sebastian Bach

Der Begriff Interpretation leitet sich von *interpres* (*lat.* Vermittler, Ausleger, Erklärer) ab. Damit ist die Interpretation die variable Größe in einer Komposition: Die Noten stehen unveränderlich da, aber die Musizierenden entscheiden darüber, wie sie diese spielen oder singen. Dabei orientieren sie sich an den musikalischen Vorgaben im Notentext sowie zeitgenössischen Gepflogenheiten und versuchen oft eine Brücke zu eigenen Erfahrungen und zur Gegenwart herzustellen, um einen ganz individuellen Ausdruck zu erzielen.

Die Interpretation entwickelte sich als eigenständige Kunstform etwa zeitgleich mit der Musikwissenschaft im 19. Jahrhundert. Neben dem individuellen Bezug gab es auch ein wachsendes Interesse an vergangenen, historischen Epochen und deren Musik. So entstand beispielsweise auch die historische Aufführungspraxis, welche den Bau von historischen Instrumenten berücksichtigt und deren Spieltechnik umsetzt. Dabei werden originale Noten und Schriften zur Musik studiert und Bühnentechnik und Kostüme der damaligen Zeit nachgebildet.

»► **1** *Vergleicht die Interpretationen der Arie „Widerstehe doch der Sünde“ aus der gleichnamigen Kantate (BWV 54) von Johann Sebastian Bach.* ↗ *S. 200* ◉ I | **11, 12**
a) *Formuliert Hörerwartungen, die sich aus dem Titel ergeben. Welche Aufnahme entspricht eher euren Erwartungen? Begründet eure Meinung.*
b) *Wodurch unterscheidet sich der Stimmklang beider Aufnahmen?*
c) *Benennt weitere wahrnehmbare Unterschiede in Tempo, Artikulation, Dynamik und Phrasierung auch anhand der Notation.*

Marsch (Ausschnitt) Jean-Baptiste Lully

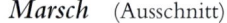
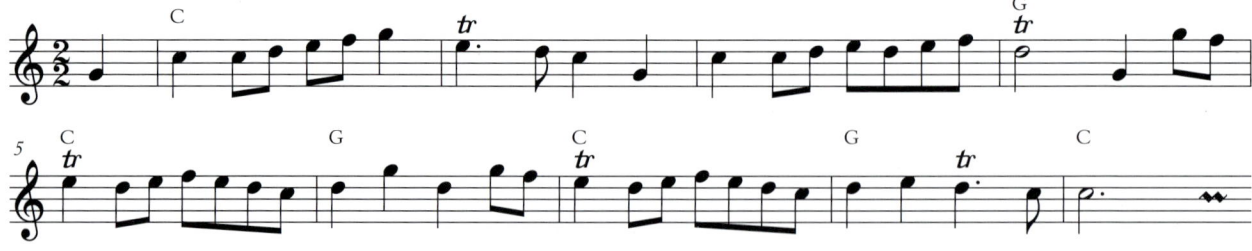

„Meiner Ansicht nach liegen in unserer Musikniederschrift Fehler, die in unserer Sprachniederschrift begründet sind. Wir notieren nämlich abweichend von unserer wirklichen Ausführung; zum Beispiel spielen wir mehrere stufenmäßig verlaufende Achtel, als seien sie punktiert. (…) Über welcher Note ein Triller (**tr**) auch stehen mag, so muss er doch stets mit dem Ganzton oder mit dem Halbton darüber beginnen.“
François Couperin in „Die Kunst, das Cembalo zu spielen“, 1716

»► **2** *Interpretiert den Marsch von Jean-Baptiste Lully nach den Anweisungen von François Couperin.*

In der Musik versteht man unter dem Begriff Arrangement, dass ein vorliegendes Musikstück für eine bestimmte Instrumental- oder Vokalbesetzung bearbeitet wird, oft in Zusammenhang mit einer speziellen Aufführungssituation. Dabei kann auch der Ablauf der Musik verändert werden.

» 3 *Auf welche Weise wurde die Fantasie g-Moll für Orgel (BWV 542) von Johann Sebastian Bach verändert? Was könnte der Grund hierfür gewesen sein?* ◉ **I | 13, 14**

In der Rock- und Popmusik verändert ein Arrangement oft auch den Stil der Musik. Man spricht vom Covern und von Coverversionen. ↗ S. 176 f.

» 4 *Vergleicht „Let me entertain you" (1998) von Robbie Williams mit der Coverversion von Jackie-O (2007). Erklärt die Unterschiede im Arrangement.* ↗ S. 198 ◉ **I | 16, 17**

Hallelujah — Leonard Cohen

I've heard there was a sec-ret chord, that Da-vid played, and it pleased the Lord. But you don't really care for mu-sic, do you? It goes like this, the fourth, the fifth, the mi-nor fall, the ma-jor lift. The ba-ffled king com-po-sing Hal-le-lu-jah. Hal-le-lu-jah, Hal-le-lu-jah, Hal-le-lu-jah, Hal-le-lu-jah.

2. Your faith was strong, but you needed proof.
You saw her bathing on the roof,
her beauty in the moonlight overthrew you.
She tied you to a kitchen chair,
she broke your throne, and she cut your hair,
and from your lips she drew the Hallelujah …

3. Baby, I've been here before,
I know this room, I've walked this floor,
I used to live alone before I knew you.
I've seen your flag on the marble arch,
love is not a victory march,
it's a cold and it's a broken Hallelujah …

» 5 *Arrangiert und interpretiert den Song „Hallelujah".*
a) *Vergleicht die beiden Interpretationen von Jeff Buckley (1995) und Rufus Wainwright (2001).* ◉ **I | 19, 20**

b) *Entwickelt in Kleingruppen eine Begleitung mit Gitarren und passenden Instrumenten oder gestaltet einen mehrstimmigen Vokalsatz.* ↗ S. 204 ff. 🗎

Spiegel im Spiegel

Arvo Pärt

Der Begriff Komposition leitet sich vom Lateinischen *compositio* ab, was so viel wie Zusammenstellung, Anordnung, Gestaltung bedeutet. Eine Komposition ist in der Regel an die schriftliche Fixierung gebunden und damit wiederholbar. Ein wichtiges Merkmal ist die Originalität und die Konsequenz in der Verarbeitung des musikalischen Materials. Das können Wiederholungen, Kontraste und Weiterentwicklungen, aber auch die Einlösung der Überschrift in ihrer klanglichen Gestaltung sein. Beim Komponieren wird anfangs viel experimentiert.

»➤ **1** *Erforscht die Komposition „Spiegel im Spiegel" des aus Estland stammenden Komponisten Arvo Pärt (geboren 1935).*

a) Hört die Musik und musiziert anschließend das Stück mit zwei verschiedenen Instrumenten. ◎ I|21

b) Verfolgt den Ablauf in der Klavierstimme: Wie lang ist der Abschnitt, der sich aus der Wiederholung der Tonfolge c''–f''–a' ergibt? Benennt die Anzahl der eingeschobenen Takte zwischen diesen Einheiten und findet die „musikalische Logik" im Aufbau. 🗎

c) Welche Töne aus der Klavierstimme übernimmt immer die Violine?

»➤ **2** *Erkundet den Song „Someone like you" (2011) der britischen Sängerin Adele.* ↗S.8 ◎ I|22

a) Auf welche Weise gelingt es ihr, Liebeskummer und Verlust in Musik umzusetzen?

b) Bestimmt den Ablauf des Liedes sowie den Umgang mit Motiven und Wiederholungen. 🗎

Bei Vokalmusik bildet oft der Text den Ausgangspunkt für die Komposition. Die Musik dient dazu, Inhalt und Ausdruck zu verstärken. Das lässt sich durch eine eingängige Melodie gut erreichen.

»➤ **3** *Erfindet selbst ein Instrumentalstück oder einen Song. Wählt entweder das Experimentieren mit musikalischem Material als Grundlage für eure Komposition oder schreibt einen Text, zu welchem ihr eine stimmige Melodie gestaltet.*

Improvisieren

Beispiel für eine Improvisationsgrundlage

A

B

C

Auch der Begriff der Improvisation stammt aus dem Lateinischen: *improvisus* steht für unvorhergesehen. Das improvisatorische Gestalten von Musik ist viel älter als das Komponieren und noch heute fester Bestandteil vieler Kulturen. In der europäischen Musikgeschichte war es mit bestehenden Musizierpraktiken und Kompositionstechniken verbunden und benötigte zumeist auch besondere spieltechnische Fähigkeiten. Heute ist vor allem im Jazz die Improvisation über ein Thema bzw. eine Harmoniefolge (beispielsweise das Bluesschema) fester Bestandteil des Musizierens. ⬈ S. 118 f., 122 f., 208 f. Aber auch in der Musiktherapie und Musikpädagogik wird das Improvisieren als Gestaltungs- und Ausdruckselement eingesetzt. ⬈ S. 180 f.

》➤ **4** *Improvisiert anhand des Beispiels. Bildet drei Gruppen A, B und C (Aufteilung siehe Noten) und wählt Instrumente. Legt einen Spielleiter fest. Dieser gibt auf einer Trommel einen ostinaten Rhythmus vor. Die Spieler von A, B und C übernehmen nacheinander den Rhythmus und improvisieren mit den Tönen der Melodie.*

》➤ **5** *Formuliert einen Text, der das Bild beschreibt, oder eine Handlung. Integriert Wörter, die sich auf eine musikalische Gestaltung übertragen lassen, wie heftig bewegt, ruhig usw. Setzt anschließend den Text mit freier musikalischer Improvisation um.*

Szene aus „Lola rennt" (D 1998)

Wie auch in anderen Schulfächern ist es im Musikunterricht notwendig, Informationen zusammenzutragen und auszuwerten. Dabei kann es beispielsweise um einen Komponisten, ein Werk, eine Band, einen Tanzstil oder eine Epoche gehen. Um die Recherche optimal zu gestalten, solltet ihr anhand der folgenden Schritte zielgerichtet verfahren.

>➤ **1** *Erstellt eine Dokumentation oder Präsentation zum Thema „Musik und Film". Orientiert euch an den folgenden Arbeitsschritten.*

Vorwissen bündeln und systematisieren

Das vorhandene Wissen in eurer Klasse ist sicher schon sehr groß. Aber selbst der Klügste unter euch weiß nicht so viel wie alle zusammen.

>➤ **2** *Tragt in einem ersten Schritt alles zusammen, was ihr zum Thema schon wisst. Dafür gibt es verschiedene Techniken wie zum Beispiel das Erstellen von Notizzetteln, Clustern oder Wikis.*

>➤ **3** *Ordnet im zweiten Schritt die vielen Details in Ober- und Unterbegriffe. Nutzt dazu verschiedene Medien und Computerprogramme:*
· Beginnt jeweils mit dem Wichtigsten.
· Prüft, zu welchen Begriffen ihr bereits viel und zu welchen ihr weniger wisst.
· Bildet Forschergruppen für die Punkte, zu denen ihr recherchieren müsst.
· Legt Zeitfenster für die Bearbeitung fest.

Recherchieren

Im dritten Schritt kommt die Recherche. Das ist die zielgerichtete Suche nach hilfreichen und passenden Informationen zu einem Thema. Wichtig ist, dass ihr euch nicht nur auf eine Quelle verlasst, sondern möglichst umfassend forscht. Vervollständigt während der Arbeit die bisherigen Skizzen.
Mögliche Recherchequellen sind
Bücher, Lexika (Bibliothek), das Internet,
Lehrbücher sowie Interviews mit
Experten, Freunden, Eltern, Lehrern.

>➤ **4** *Berücksichtigt die folgenden Recherche-Etappen.*
a) Legt fest, nach welchen Inhalten und Suchbegriffen im Internet ihr fahndet und welche Fragen ihr Experten, Eltern usw. stellen wollt.
b) Kommuniziert auch eure Zwischenergebnisse, damit die anderen von eurer Arbeit profitieren und Doppelarbeit vermieden wird.
c) Protokolliert eure Forschungsergebnisse und notiert die Quellenangaben.

Bewerten der Quellen

Nicht alles, was ihr bei eurer Recherche findet, ist richtig und tiefgründig – vor allem im Internet.

>➤ **5** *Untersucht eure Quellen nach folgenden Kriterien:*
· Was lässt sich über den Verfasser herausfinden?
· Liefert er viele Informationen und Beispiele?
· Wirkt seine Argumentation schlüssig?
· Wie aktuell ist sein Beitrag?
· An wen richtet er sich mit welchem Ziel?
· Hat der Verfasser sorgfältig gearbeitet und seine Quellen genannt?

Dokumentieren und Präsentieren

Eure Ergebnisse könnt ihr auf verschiedene Art und Weise dokumentieren und präsentieren:
· Aufsatz, Hausarbeit, Broschüre
· Beitrag in der Schülerzeitung oder auf der Schulhomepage
· Wandzeitung
· Ausstellung
· Vortrag, moderiertes Konzert
· Ton- oder Videodokumentation
· Computerpräsentation

Transformieren von Musik

Musik ist eine besondere Möglichkeit der Menschen, sich auszudrücken. Sie ist im weitesten Sinne eine Sprache – eine neben anderen
menschlichen Sprachen:
• dem Tanz als Körpersprache
• dem Darstellenden Spiel als dramatisch gestaltete Handlungssprache
• der Dichtung als künstlerisch geformte Wortsprache
• und der Bildenden Kunst als Bildsprache
Alle diese „Sprachen" haben ihre Eigen- und Besonderheiten, sie
ergänzen einander und können – in Grenzen – auch ineinander
„übersetzt", also transformiert (*lat.* umgeformt) werden.

》➤ **6** *Probiert diese Transformations-
möglichkeiten aus und präsentiert sie.
Hört euch dazu gemeinsam die
Musik an, bestimmt ihren Charakter
und den Ablauf. Wählt jeweils eine
der folgenden Möglichkeiten nach
euren Neigungen aus und setzt sie zur
jeweils gleichen Musik um.* (◎) **II|43**

Tanzen/Bewegen

Übertragt den Charakter oder den Ablauf der Musik in Bewegung.
So könntet ihr vorgehen: Erfindet eine Ausgangsbewegung von
Armen und Beinen als Impuls und setzt sie fort. Dabei kann die
Bewegung zum Ausgangspunkt zurückkehren, in eine andere
Richtung fortgesetzt, von einem oder mehreren Tanzpartnern imitiert
oder gespiegelt werden. Probiert verschiedene Formationen aus.
Ihr könnt Bewegungen durch Requisiten unterstreichen (Tücher,
Bänder u. ä.) oder Tanzschritte anwenden.

Darstellen/Inszenieren

Stellt euch eine Szene zur Musik vor. Überlegt, ob und wie viele Personen
daran teilnehmen. Versehr jede Figur mit einer eigenen Charakteristik.
Entwickelt einen Spannungsbogen zu einer Dramaturgie.
Entscheidet, ob ihr die Handlung pantomimisch zur Musik umsetzt oder
sie auch mit Sprecherkommentaren bzw. Dialogen ergänzt. Achtet beim
Proben darauf, dass die szenische Präsentation auf die Musik abgestimmt
wird. Durch Kostüme oder das Spiel auf einer Bühne lässt sich eine
Inszenierung vor Publikum entwickeln.

Dichten/Schreiben

Schreibt zur Musik eine Geschichte oder ein Gedicht.
Sammelt Begriffe, die ihr mit der Einspielung verbindet,
das könnten Gefühle, innere Bilder oder Stimmungen
sein Hilfreich ist es auch, die Form der Musik für die Entwicklung des Textes aufzugreifen. Rezitiert euer Ergebnis
dynamisch und ausdrucksvoll.

Malen/Gestalten

Überlegt, in welchem Format, mit welchen Formen, Farben und welchen
Materialien (Bleistift, Aquarell, Kohle, Ölfarbe u. a.) die Musik am besten
umgesetzt werden kann.
Fotografiert eure Bilder, importiert sie auf eine Festplatte und legt die
Musik darunter. Bringt Bilder und Musik in eine stimmige Abfolge.

Die Anfänge der Musik

Wie kann man etwas über die Entstehung der Musik erfahren, wenn es seit etwa zwei Millionen Jahren Menschen gibt, aber eine Notenschrift, mit der man diese flüchtige Kunst aufzeichnen kann, erst seit etwa 2000 Jahren? Eine Möglichkeit bietet die Archäologie, doch weil Musikinstrumente meist aus leicht vergänglichem Material bestehen (Holz, Bambus, Leder o.Ä.), werden sie selten gefunden. Das älteste bekannte Instrument ist die abgebildete 35 000 Jahre alte Flöte aus dem Knochen eines Gänsegeiers, die 2008 in der Nähe von Ulm in der Höhle „Hohle Fels" gefunden wurde. Außerdem existieren sehr alte Schwirrhölzer und Steinspiele. Natürlich wissen wir nicht, was für Musik auf diesen Instrumenten gespielt wurde, man kann aber wenigstens erfahren, welche Töne auf ihnen spielbar sind.

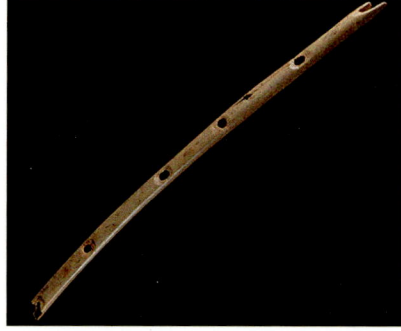

Flötenfund auf der Schwäbischen Alb, 2008

》➤ **1** *Hört die Aufnahme eines Nachbaus der Knochenflöte von der Schwäbischen Alb.* ⊚ **I|23**
a) Wie viele verschiedene Töne sind zu hören?
b) Bestimmt die Tonleiter, zu der diese Töne gehören. **2**

Felszeichnung eines Flötenspielers in den USA aus der Frühzeit, heute populär unter „Kokopelli"

Ein weiterer Weg, um Kenntnisse über die Anfänge der Musik zu gewinnen, ist die Erforschung von Völkern, die noch weitgehend ohne Kontakt zur übrigen Welt und damit im ursprünglichen Zustand leben. Hier kann man lernen, welche Funktion Musik in solchen Gesellschaften hat.

》➤ **2** *Überlegt, wo es heute noch solche Völker geben könnte.*

Obwohl ganz unterschiedlich klingend, ist die Rolle der Musik im Leben von isoliert lebenden Menschengruppen auf der ganzen Erde recht ähnlich. In der Regel wird nicht zur Unterhaltung oder zum Vergnügen musiziert. Musik dient vielmehr als Mittel zur Kontaktaufnahme mit Wesenheiten, die man mit menschlicher Sprache nicht erreichen kann, also zum Beispiel mit Göttern und Geistern. In vielfältigen Ritualen, die immer auch Musik enthalten, versucht man diese zu beeinflussen. Um das zu erreichen, ist es äußerst wichtig, den richtigen Ton zu treffen, aber weniger hinsichtlich der Tonhöhe als hinsichtlich der Klangfarbe. Musik hat eine magische Funktion; ihr Spiel ist daher immer „der Ernstfall". Ein solcher Ernstfall kann eine Krankheit sein, sodass ein Medizinmann oder Schamane gerufen wird, um mit musikalischer Unterstützung zu heilen. In ihrer Doppelfunktion als Magier und Krankenheiler stehen diese Geisterbeschwörer durch Musik und Gesang mit den Kräften der Götter- und Geisterwelt oder mit Verstorbenen in Kontakt. Die Musik wird damit zum Schlüssel zu einer anderen Welt, über den nur Auserwählte verfügen.

》➤ **3** *Übertragt die Aussagen des Textes auf andere Kulturen.*
a) Wo existieren in der modernen Gesellschaft Situationen, in denen Musik verwendet wird, um Krankheiten zu bekämpfen, oder wo Musiker als Auserwählte besondere Verehrung erfahren? ➚ *S. 55, 180 f.*
b) Vergleicht die Schilderung mit dem Mythos von Orpheus. ➚ *S. 27*

Zum Beispiel: Die Musik der Asuriní

Die etwa 200 Asuriní leben im südlichen Amazonasbecken. Das Zentrum ihres Dorfes bildet ein großes Haus mit ca. 350 m², in dem die wichtigsten Zeremonien stattfinden und auch die Toten beerdigt werden. Neben dem Anbau verschiedener Kulturpflanzen, vor allem Maniok, spielen das Sammeln diverser Früchte, zum Beispiel Paranüsse, die Jagd und der Fischfang eine wichtige Rolle in der Ernährung. Die Dorfbewohner stellen reich verzierte Keramik her, während Textilien kaum eine Rolle spielen, da die Asuriní früher fast unbekleidet lebten.

Asuriní mit Tule zu Beginn der Regenzeit, 1975

Asuriní beim Tanz, 1975

Obwohl einige Gruppen des Stammes seit 1971 Kontakt zur Außenwelt haben und die Anzahl der Asuriní seitdem dramatisch gesunken ist, gelang es ihnen trotz der Übernahme von Kleidungsstücken und Werkzeugen, sich ihre Kultur weitgehend zu erhalten. Ihre Weltsicht ist geprägt von der Vorstellung eines universellen Zusammenhangs, der rational nicht begreifbar, jedoch durch Rituale beeinflussbar ist. Um Schutzgeister anzusprechen, die den Kontakt zu „höheren Wesenheiten" herstellen und beim Kampf gegen die feindlich gesinnten „anhynga" helfen können, müssen die Schamanen der Asuriní – die meisten Männer gehören dazu – den Zustand der Trance erreichen, der als Moment der Kontaktaufnahme mit übernatürlichen Wesen erlebt wird. Ein wichtiges Mittel dazu – unterstützt durch Substanzen wie Alkohol oder Nikotin – ist eine Musik, die aus ständigen Wiederholungen kurzer Patterns besteht.

Bei anderen Ritualen, an denen die ganze Gruppe oder wenigstens alle Männer teilnehmen, spielt auch der Tanz eine wesentliche Rolle. Es werden verschiedene Instrumente gespielt, die Ähnlichkeiten mit Panflöten, Klarinetten (Tule genannt) und Rasseln haben.

》➤ **4** *Vollzieht die Wirkung der Musik nach.* ◉ **I|24**
a) Erklärt, was ihr unter Trance versteht.
b) Hört die Musik mit Tule und beschreibt ihren Ablauf. Wieso ist diese Musik geeignet, den Zustand der Trance hervorzurufen?
c) Überlegt, wo in unserer Musikkultur ähnliche Mechanismen wirken.

》➤ **5** *Versetzt euch in die Urzeit und komponiert in Gruppen eine Trance-Musik für eine „Natur-Gottheit".*
a) Überlegt zunächst, welches Naturphänomen angesprochen werden soll (Sturm, Blitz und Donner, Wasser u. a.). Wählt dafür geeignete Instrumente.
b) Erfindet sich ständig wiederholende Motive in einem begrenzten Tonraum und unterlegt sie mit sich ebenfalls wiederholenden Rhythmen. Integriert auch illustrierende Geräusche.
c) Spielt euch gegenseitig eure Musiken vor und erratet die „Natur-Gottheit".

Unter dem Begriff Antike fasst man eine Hochkultur im Mittelmeerraum zusammen, deren Blütezeit etwa um 500 vor Christus begann und die zunächst von den Griechen, später von den Römern dominiert wurde. Mit ihren Mythen und ihrer Philosophie (u. a. Sokrates, Platon und Aristoteles), aber auch durch ihre Kunst und Architektur prägt die Antike die europäische Kultur bis in die Gegenwart. Erstaunlicherweise wissen wir über die griechische Musik und Musiktheorie, obwohl sie älter ist, wesentlich mehr als über die römische.

Apollon mit einer Lyra

Götter und Musikinstrumente der Antike

Dionysos und Marsyas mit einem Aulos

Aus der griechischen Antike sind zahlreiche Sagen von Göttern überliefert, denn viele Phänomene der Welt wurden ihnen zugeschrieben. In den Erzählungen zeigen sie oft sehr menschliche Züge wie Eifersucht oder Unbeherrschtheit. An der Spitze dieser Göttergesellschaft herrschte Zeus auf dem Olymp, der mit vielen Frauen Kinder zeugte. Sein Lieblingssohn war Apollon, der als Gott des Lichts, der Reinheit und Mäßigung sowie als Urheber und Beschützer der Künste galt. Seinen Gesang begleitete er mit einer Lyra oder einer Kithara, zwei recht ähnlichen Saiteninstrumenten.

»➤ **1** *Welche literarische Gattung leitet ihren Namen von der Lyra ab, welche Instrumente gehen sprachlich auf die Kithara zurück? Recherchiert Unterschiede zwischen beiden Instrumenten.*

Einen Gegenpol zu Apollon bildete sein Halbbruder Dionysos, der Gott des Weines, des Rausches, der Ekstase und des Tanzes. Dionysos selbst spielte zwar kein Instrument, aber in seinem Gefolge gab es Marsyas, den Spieler des Aulos. Ein Aulos ist ein Doppelrohrblattinstrument, das einen lauten und wilden Klang erzeugte. Auch weil man beim Spielen des Instruments das Gesicht verzerren musste, hatte der Aulos einen schlechten Ruf.

»➤ **2** *Hört zwei Musikbeispiele antiker griechischer Musik.* ⊚ I | **25, 26**
a) *Ordnet sie dem apollinischen und dem dionysischen Prinzip zu. Welche Instrumente sind zu hören?*
b) *Mit welchen modernen Instrumenten lässt sich die Tonerzeugung des Aulos vergleichen?*
c) *Überlegt, auf welche aktuellen Musikstile sich das Gegensatzpaar apollinisch und dionysisch anwenden lässt.*

»➤ **3** *Betrachtet das Mosaik aus Pompeji mit der Darstellung von Musikern. Wie mag die Musik geklungen haben?*

Reisende Musiker, 2. Jh. v. Chr.

Von der durchweg einstimmigen Musik der Antike ist nur sehr wenig überliefert. Das bekannteste Stück ist ein Lied, welches auf einem altgriechischen Grabstein eines gewissen Seikilos steht (3. Jh. v. Chr.). Es mahnt dazu, sich des Lebens zu freuen, solange man es hat.

Seikilos-Lied

Ho-son zes, phai – nou me – den ho-los_ sy ly – pou

pros o-li-gon es – ti to zen to te-los ho chro-nos a-pai-tei_

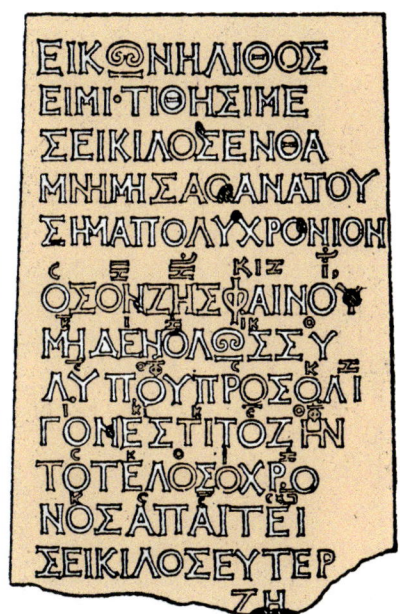

》➤ **4** *Spielt und singt das Seikilos-Lied. Wiederholt es mehrfach und begleitet euch mit Schlaginstrumenten. Versucht dabei, verschiedene Rhythmusstimmen zu entwickeln und diese möglichst fantasievoll zu variieren.* 🖹

Der Mythos von Orpheus

Orpheus, der göttliche Sänger, der durch seinen Gesang wilde Tiere besänftigen und selbst die Felsen zum Weinen bringen kann, verliert seine Gattin Eurydike durch einen Schlangenbiss. Verzweifelt beschließt er, in die Unterwelt zu gehen, um sie zurückzufordern. Es gelingt ihm, den Totengott Hades durch seine Musik zu beschwichtigen und Eurydike zurückzuerhalten – unter einer Bedingung: Er darf sie, solange sie in der Unterwelt sind, nicht ansehen. Die Sehnsucht nach seiner Frau ist aber zu groß. Er dreht sich auf dem Weg um, wodurch er Eurydike ein zweites Mal und für immer verliert. Verzweifelt begibt er sich nach Thrakien, wo er von berauschten Mänaden[2] zerrissen wird; seine Lyra aber wird an den Himmel versetzt, wo sie heute noch als Sternbild zu sehen ist. ➚ S. 154 ff.

➚ S. 154 ff.

》➤ **5** *Setzt euch mit der Aussage auseinander, Mythen[1] seien Menschheitserfahrungen. Welche musikalischen Erfahrungen konkretisieren sich im Orpheus-Mythos?*

1 *griech.* sagenhafte Erzählungen
2 *griech.* „die Rasenden"; berauschte, wilde Frauen aus dem Gefolge des Dionysos

Beginn der Musiktheorie

Eine wichtige Rolle spielten die Griechen bei der Entwicklung der Musiktheorie. So entdeckte Pythagoras (um 570−496 v. Chr.) getreu seinem Grundsatz „Das Sein ist die Zahl", indem er das Gewicht einiger Hämmer in einer Schmiede verglich, dass Töne umso harmonischer zusammenklingen, je einfacher ihr Schwingungsverhältnis ist. Er bestimmte Oktave (2 : 1), Quinte (3 : 2) und Quarte (4 : 3) als Konsonanzen und überprüfte seine Thesen unter anderem am *Monochord*, einem einsaitigen Instrument, das seitdem ein wichtiges Hilfsmittel der Musiktheorie ist. ➚ S. 200 f., 211

Der wichtigste Musiktheoretiker der Antike war Aristoxenos (um 360−300 v. Chr.). Er schuf ein Tonsystem, das sich aus absteigenden Viertongruppen, sogenannten Tetrachorden (*griech.* „Vierton"), zusammensetzt. Die beiden äußeren Töne bilden einen feststehenden Rahmen im Abstand einer Quarte, während die inneren veränderlich sind, was drei verschiedene Musikstile ermöglicht: diatonisch, chromatisch und enharmonisch, wobei Vierteltöne verwendet werden. Im Mittelalter entwickelte man aus dem diatonischen Tetrachord das System der modernen Tonarten. ➚ S. 210

➚ S. 200 f., 211 … ➚ S. 210

》➤ **6** *Führt selbst Experimente durch, um Schwingungsverhältnisse zu prüfen.* 🖹

》➤ **7** *Untersucht, welche Typen von Tetrachorden in den euch bekannten Dur- und Molltonleitern sowie den Kirchentonarten vorkommen.*

Hieronymus Bosch, Die Versuchungen des heiligen Antonius, um 1450–1516

Das Mittelalter übt bis heute eine besondere Faszination aus. Als „finsteres Mittelalter" mit Hexenverfolgung, Folter, Inquisition, Seuchen, verheerenden Kriegen wird die damalige Zeit in Computerspielen und Filmen, Comics oder Romanen lebhaft dargestellt. Ausstellungen, Geschichtsbücher, bunte Mittelaltermärkte vermitteln hingegen das differenziertere Bild einer kulturellen Blütezeit.

Anonym, In einer mittelalterlichen Stadt

Die Musik entwickelte sich im Mittelalter zu großer Vielfalt. Für die Entwicklung der abendländischen Musikkultur wurde die Erfindung der Notenschrift wegweisend. Je nach Funktion und Aufführungsbedingungen unterscheidet man weltliche (profane) und geistliche (sakrale) Musik. Auch Rock-, Pop- und Jazzmusiker integrieren historische Stilelemente in ihre eigene Musik. ↗ S. 127, 190 f.

Um 600 reformierte Papst Gregor der Große den Ablauf der gottesdienstlichen Handlungen (Liturgie). Dabei wurden auch die Gesänge festgelegt, die später als Gregorianische Choräle oder Gregorianik bezeichnet werden. Die oft verbreitete Annahme, Gregor I. habe die Choräle selbst komponiert, hat sich nicht bestätigt.

Die profane Musik wurde von Spielleuten und Vaganten ausgeführt. Als sogenannte fahrende Musiker zogen sie umher, waren von niedrigem sozialen Stand, rechtlos und vogelfrei. Ab dem 13. Jahrhundert schlossen sie sich zusammen. Daraus entstanden später die Zünfte der Stadtpfeifer.

An den Fürstenhöfen wurde die aus Frankreich kommende Kunst der *Troubadours* und *Trouvères* gepflegt, in deren Umfeld der deutschsprachige Minnesang (12. bis 14. Jh.) entstand. Aus ihm entwickelte sich im 15. Jh. der Meistergesang.

»➤ **1** *Schildert die abgebildeten Situationen.*

»➤ **2** *Sprecht über eure eigenen Begegnungen mit dem Mittelalter.*

»➤ **3** *Beschreibt eure Höreindrücke und sucht nach Gründen für die Verwendung mittelalterlicher Musikelemente in aktueller Musik.* ◉ I | **27, 28**

»➤ **4** *Entwickelt eine Übersicht zur Musik des Mittelalters.*
a) *Erschließt die Informationen des Textes stichpunktartig in einer dreispaltigen Tabelle.*
b) *Unterscheidet markante Gestaltungsmerkmale der Musikausschnitte und ordnet sie der Tabelle zu.* ◉ I | **29–31** 🗎

»➤ **5** *Vertieft in Gruppen eure Kenntnisse zur Musik des Mittelalters und erstellt mithilfe verschiedener Quellen und Medien Kurzpräsentationen.* 🗎

Eine Liederhandschrift aus dem Kloster Benediktbeuern

Lieder der Spielleute und Vaganten wurden üblicherweise nicht aufgeschrieben, sondern mündlich weitergegeben. In einzelnen Klöstern wurden jedoch Liedersammlungen angelegt, die auch Melodien in Form von Neumendarstellungen enthalten. ↗ S. 190 Sie geben uns heute Auskunft über die alten Texte und Lieder.

Eine bedeutende Handschrift sind die „Carmina Burana" (*lat.* Lieder aus Benediktbeuern) aus dem Kloster Benediktbeuern (Oberbayern). Bei der Auflösung der Kirchengüter (Säkularisierung) des Klosters wurden sie 1803 gefunden. Vermutlich stammen sie aus dem 13. Jahrhundert. Ein Teil der Sammlung ist bereits im Mittelalter verschollen, die Reihenfolge der Texte und Bilder wurde verändert. Die über 250 überwiegend lateinischen und zahlreiche der auf Mittelhochdeutsch verfassten Texte werden in vier Abschnitte gegliedert:

· moralisch-satirische Dichtungen,
· Liebeslieder,
· Trink- und Spiellieder/geistliche Dramen,
· Nachträge.

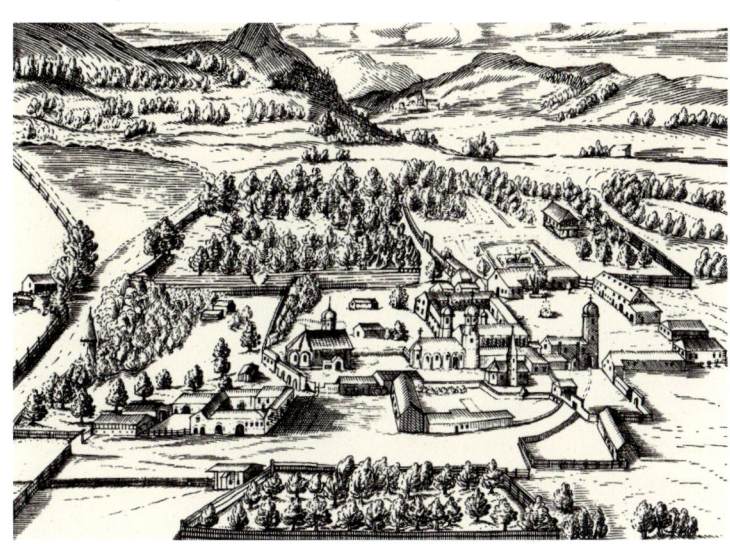

Durch die Veröffentlichung der Texte 1847, die Vertonung von Gedichten aus den „Carmina Burana" durch Carl Orff 1937 und zahlreiche Aufführungen seines Werkes ist die Handschrift heute sehr bekannt. Bei etwa 50 Liedern konnten die Melodien über die Neumendarstellung oder durch Überlieferungen aus anderen Quellen rekonstruiert werden. Einige Lieder der *Carmina Burana* mögen wegen ihrer Sprache befremdlich oder wegen ihrer deutlichen Inhalte anstößig und unsittlich wirken. ↗ S. 82 f. 🗎

Monasteriologia von Stengel, Klosteranlage Benediktbeuern, 1619

Tempus est iocundum   Satz: Stefan Auerswald

»➤ **6** *Erkennt prägende musikalische Merkmale und musiziert „Tempus est iocundum".*
a) *Entwickelt eine passende Rhythmusbegleitung. Hört als Anregung dazu „Ich was ein chint".* 🗎 ◎ I|30
b) *Leitet aus dem Textinhalt die musikalische Gestaltung ab (z. B. Tempo, Dynamik, Gesangsweise).*

In dem Lied *Tempus est iocundum* geht es um die unbändige und liebestolle Sehnsucht eines Mannes nach der Liebe einer Frau.

Der Begriff Renaissance (*frz.* Wiedergeburt) bezeichnet seit seiner erstmaligen Verwendung 1550 eine um 1420 beginnende Kunstperiode, welche an die Kunst der Antike anknüpfte und damit das Mittelalter ablöste. Zum Charakteristikum der Renaissance gehörte das Streben nach Klarheit der Formen und des Denkens. Das fand zum Beispiel in der Berechnung der Perspektive und der umfassenden Rezeption griechischer und arabischer Wissenschaft seinen Ausdruck. Die Entdeckung Amerikas, die Reformation und die Erfindung des Buchdrucks fallen in diese Zeit. Dabei steht das schöpferische Individuum im Mittelpunkt. Von Italien aus breitete sich die Renaissance über ganz Europa aus.

»► **1** *Sammelt Argumente, warum man die Möglichkeit des Buchdruckens als eine der bedeutendsten Erfindungen der Weltgeschichte überhaupt bezeichnen kann.*

Die Musik der Renaissance ist vor allem vom mehrstimmigen Gesang geprägt, obwohl auch Tänze und Instrumentalstücke, beispielsweise für Laute, entstanden. Man spricht auch vom Zeitalter der Vokalpolyfonie. Es war allerdings jederzeit möglich, dass Stimmen von Instrumenten mitgespielt oder auch ganz von ihnen übernommen wurden. Im Jahr 1528 entwickelte der Pariser Verleger Pierre Attaignant eine neue, vereinfachte Drucktechnik für Noten. Bis 1552 druckte er etwa 1700 meist vierstimmige Chansons [ʃãˈsõ] (*frz.* Lieder), und zwar oft nicht in Form einer Partitur (►S. 14 f.), sondern in Einzelstimmen. Einige dieser Werke wurden äußerst populär und immer wieder aufgelegt. Neben heiteren und melancholischen Liebesliedern finden sich zahlreiche groteske und parodistische Stücke, wie *Il est bel et bon* (*frz.* Er ist schön und gut) des Franzosen Pierre Passereau (Lebensdaten unbekannt). Darin geht es um eine Ehefrau, die sich im Gespräch mit einer Frau über ihren Mann lustig macht.

Masaccio, Dreifaltigkeit, Florenz, Santa Maria Novella, um 1426 (Ausschnitt)

Ausschnitt aus dem Originaldruck der Oberstimme, 1534

Meister der weiblichen Halbfiguren, Drei musizierende Mädchen, um 1525

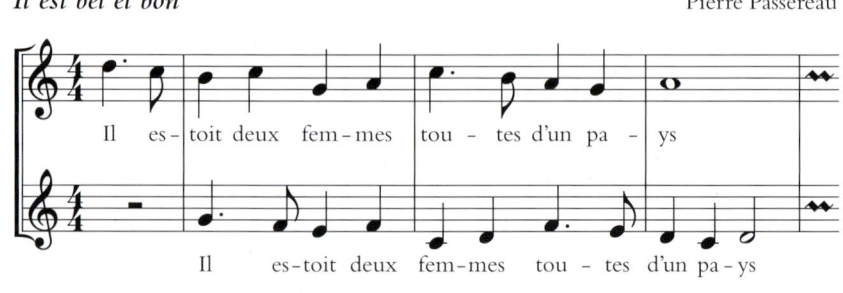

Il est bel et bon   Pierre Passereau

Il es-toit deux fem-mes tou-tes d'un pa-ys

Il es-toit deux fem-mes tou-tes d'un pa-ys

»► **2** *Lernt die Musikpraxis der Renaissance kennen.* ◎ I|32 🗎
a) *Wie wird das Gespräch der Frauen in „Il est bel et bon" dargestellt? Warum könnte das Stück so populär gewesen sein?*
b) *Vergleicht den Originaldruck mit den heutigen Notationsformen. Überlegt, mit welchen Verfahren die Noten gedruckt worden sein könnten. Welche Vor- und Nachteile hatte der Druck in Einzelstimmen? Was verrät das Gemälde über die Musikpraxis der Zeit?*

Die wichtigste weltliche Musikgattung der Renaissance ist das Madrigal. Es entstand um 1535 in Italien und wurde dann auch in andere Länder, wie England und Deutschland, übernommen. Im Gegensatz zu Chansons wie *Il est bel et bon* sind Madrigale häufig stimmtechnisch und musikalisch sehr anspruchsvoll. Anliegen der Komponisten war es, vor allem in der Spätzeit des Madrigals um 1600, den Text möglichst genau und Wort für Wort in ausdrucksvolle Musik zu „übersetzen". Dazu dienten charakteristische Tonfolgen und besondere melodische Konstruktionen, sogenannte *Madrigalismen*. Einer der bedeutendsten Madrigalkomponisten war der Italiener Claudio Monteverdi (1567–1643). ↗ S. 154 f.

A un giro sol

Claudio Monteverdi

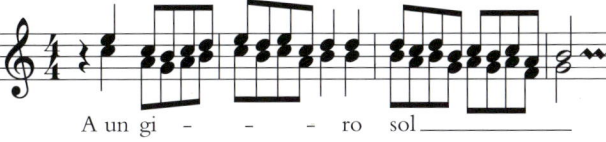

A un gi - - ro sol

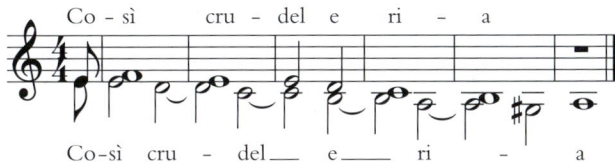

Co - sì cru - del e ri a

Deutsche Übertragung:
Auf ein Umherblicken der schönen leuchtenden Augen hin
lächelt die Luft ringsumher,
und das Meer beruhigt sich, und die Winde,
und der Himmel schmückt sich mit einem neuen Licht;
nur meine Augen sind voll Tränen und traurig.
Sicherlich ist es so, dass, als Ihr geboren wurdet,
so grausam und herzlos,
mein Tod geboren wurde.

»► **3** *Analysiert Monteverdis Madrigal „A un giro sol".* 🔘 I|33 📄
a) *Unterscheidet die Abschnitte: Beschreibt den Gesamtverlauf des Stückes und achtet besonders auf die Madrigalismen.*
b) *Erläutert anhand der Notenbeispiele und des Textes, wie der Komponist den Sinn der Worte in Musik überträgt.*

Inneres des Markusdoms in Venedig

Während Madrigale meist vier- oder fünfstimmig komponiert waren, wurde die Kirchenmusik im Laufe des 17. Jahrhunderts immer prächtiger, was sich auch in einer gesteigerten Stimmenzahl zeigte. Eine wichtige Rolle spielte dabei der italienische Komponist Giovanni Gabrieli (1554/55–1613), der am Markusdom in Venedig arbeitete. Diese Kirche bot die Möglichkeit, die Musiker im Raum zu verteilen. Gabrielis Motette *Omnes gentes plaudite manibus* (lat. Ihr Völker alle, schlagt in die Hände) hat insgesamt 16 Stimmen verteilt auf vier Chöre.

»► **4** *Hört den Beginn von Gabrielis Motette. Bestimmt die mitspielenden Instrumente und überlegt, welche Gründe es dafür gibt, sie zu verwenden.*
🔘 I|34

Die Anfänge der Musik (ca. 33 000–1070 v. Chr.)

um 33 000 v. Chr.: ältester Instrumentenfund

um 3 000 v. Chr.: Entstehung erster Hochkulturen in Ägypten und Mesopotamien

ca. 1550–1070 v. Chr.: Blütezeit des ägyptischen Pharaonenreiches (18.–20. Dynastie)

Die Antike (ca. 1200 v. Chr.–600 n. Chr.)

um 532 v. Chr.: antike Panflöten (Syrinx), erste Dionysos-Feste

5. Jh. v. Chr.: Blüte des klassischen griechischen Theaters mit Dichtern wie Aischylos, Sophokles und Euripides

Ende 1. bis Anfang 3. Jh. n. Chr.: Errichtung und Ausbau des Limes als römische Grenzanlage; Einsatz von Hörnern (lituus) als Signalinstrumente

Das Mittelalter (ca. 500–1420)

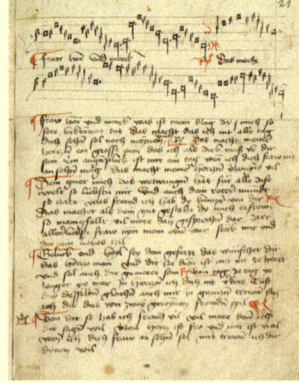

ab dem 9. Jh.: Verwendung von Neumen zur Kennzeichnung des Melodieverlaufs bei Gregorianischen Gesängen

um 1170–1230: Walther von der Vogelweide
1207: angeblicher Sängerkrieg auf der Wartburg, Entstehung einer Liedersammlung

um 1200: Blütezeit des mittelhochdeutschen Minnesangs

1390: erste Papiermühle Deutschlands in Nürnberg
um 1450: Lochamer Liederbuch

Die Renaissance (ca. 1420–1600)

1492 Entdeckung Amerikas durch Christoph Kolumbus
1517 Martin Luther schlägt (angeblich) 95 Thesen an der Schlosskirche
zu Wittenberg an: Beginn der Reformation
1558–1603 Elisabeth I. ist Königin von England

um 1450 Johannes Gutenberg erfindet den Buchdruck mit
beweglichen Lettern
1543 Nikolaus Kopernikus beschreibt das heliozentrische Weltbild

ab 1524 Kirchenliedersammlung Martin Luthers
1595 William Shakespeare schreibt „Romeo und Julia"

1471–1526 Albrecht Dürer
1503 Leonardo da Vinci malt die Mona Lisa (La Gioconda)

Albrecht Dürer, Selbstbildnis,
1500

Michelangelo, David-Skulptur,
1501–1504

Petersdom in Rom,
1506–1626

Aus der Zeit, als es noch keine Aufzeichnungen von Musik gab,
vermitteln uns hauptsächlich Kunstgegenstände (Artefakte) Eindrücke
über die damalige Musik.

»► 1 *Vergleicht die Fundstücke und überlegt, welche Hinweise sie auf Musik
und deren Funktion in der Gesellschaft geben könnten.*

»► 2 *Bestimmt moderne Instrumente und deren frühe Vorfahren in den Abbildungen.* ◎ I|35–38

»► 3 *Beschreibt die Musik des Mittelalters, benannt als Zeit zwischen Antike
und Renaissance, anhand der genannten Fakten. Stellt einen Bezug zum Hörbeispiel her.* ◎ IV|29

»► 4 *Die Entwicklungen innerhalb der Musik weisen oft Parallelen zu den
Bildenden oder Darstellenden Künsten (z. B. Schauspiel, Tanz) auf.*
*a) Welche Bildenden Künste werden durch die Abbildungen zur Renaissance
repräsentiert?*
b) Warum könnte der Buchdruck eine wichtige Rolle für Luther und die Reformation sowie für die Musik gespielt haben?
*c) Tragt Komponisten der Renaissance aus dem Schülerbuch zusammen und
erstellt Biografien.*

BACHFEST LEIPZIG
07.–17. JUNI 2017
WWW.BACHFESTLEIP...

Der Barock

Denkmal für Bach in Köthen

Würden die *Brandenburgischen Konzerte* Johann Sebastian Bachs (1685–1750) nach ihrem Entstehungsort benannt, müssten sie eigentlich „Köthener Konzerte" heißen, denn dort war Bach seit 1717 als „Capelmeister und Director unserer Cammer Music" für den Fürsten Leopold von Anhalt-Köthen tätig. Bevor er diese Stelle annahm, hatte er schon als Organist und Kantor sowie einige Jahre als Hofmusiker in Weimar gewirkt. Zu seinen Verpflichtungen gehörte es, für seinen jeweiligen Dienstherrn regelmäßig für verschiedene Anlässe Musik zu komponieren. Darüber hinaus hatte er weitere Aufgaben als Musiklehrer, Konzertmeister, Orgelprüfer sowie als Chor- und Orchesterleiter zu erfüllen. Mit seiner Arbeit in Köthen war Bach anfangs sehr zufrieden. Er hatte eine angesehene und gut bezahlte Stellung am Hofe, ihm stand ein hervorragendes Orchester zur Verfügung und er hatte mit Fürst Leopold von Anhalt-Köthen einen großzügigen und musikliebenden Dienstherrn. Nach dessen Heirat ließ seine Musikbegeisterung allerdings mit der Zeit nach, sodass Bach eine neue berufliche Anstellung suchte.

≫► **1** *Erschließt aus den Informationen die soziale Stellung sowie Aufgabenbereiche eines Komponisten im Barockzeitalter.*

„Es muste sich aber fügen, daß erwehnter Serenißimus (Anmerkung: gemeint ist Fürst Leopold von Anhalt-Köthen) sich mit einer Berenburgischen Princeßin vermählete, da es denn das Ansehen gewinnen wolte, als ob die musicalische Inclination bey besagtem Fürsten in etwas laulicht werden wolte, zumahln da die neüe Fürstin schiene eine amusa zu seyn."
Schreiben Bachs an den Schulfreund Georg Erdmann

Dem Markgrafen von Brandenburg, der sich bei einem Zusammentreffen 1719 in Berlin lobend über Bachs musikalische Arbeit äußerte, schickte er im Jahre 1721 *Sechs Konzerte mit verschiedenen Instrumenten.*
„Eure Königliche Hoheit beehrte mich mit dem Auftrag, Ihr einige meiner Kompositionen zu senden. (…) Schließlich bitte ich Eure Königliche Hoheit ergebenst die Güte zu haben, mir weiterhin wohlgesonnen zu sein. Eure Königliche Hoheit können überzeugt sein, dass mir nichts so sehr am Herzen liegt als in Ihre Dienste treten zu können." *Schreiben Bachs an den Markgrafen von Brandenburg*
Eine Reaktion des Markgrafen von Brandenburg auf die Konzerte ist nicht bekannt, ob sie von dessen Hofkapelle aufgeführt wurden, ist ungewiss. Jedenfalls nannte man sie später nach ihrem Widmungsträger *Brandenburgische Konzerte*.

Christian Ludwig Markgraf
von Brandenburg-Schwedt
★ 1677
† 1734

≫► **2** *Notiert Hintergründe zur Entstehung der „Brandenburgischen Konzerte".*

Brandenburgisches Konzert Nr. 2 in F-Dur (BWV 1047)

Jedes der sechs Konzerte ist anders aufgebaut und hat eine andere Besetzung. Heute werden die Konzerte entweder mit modernen Instrumenten oder in Anlehnung an die historische Aufführungspraxis mit „alten" Instrumenten, wie sie zu Bachs Zeiten verwendet wurden, gespielt. Beim *Zweiten Brandenburgischen Konzert* wird sogar angenommen, dass die erste Solostimme je nach Gegebenheit von einer Trompete oder einem Horn ausgeführt wurde. Der Klangcharakter unterscheidet sich jeweils deutlich.

Das *Zweite Brandenburgische Konzert* ist nach dem Prinzip des Concerto grosso komponiert: Das gesamte Orchester (Ripieno) musiziert abwechselnd mit einer Solistengruppe (Concertino). So entwickelt sich eine Art musikalischer Wettstreit. In diesem Konzert spielen die Instrumentalisten der Solistengruppe gleichzeitig in den Ripieno-Abschnitten mit.

»► **3** *Beschreibt den Klangcharakter der drei Versionen mit passenden Adjektiven. Achtet besonders auf die Trompete und das Horn sowie die Unterscheidung von modernen und historischen Instrumenten im zweiten bzw. dritten Musikausschnitt.* ⊚ **I | 39–41**

1. Satz, Allegro – Musikalischer Wettstreit

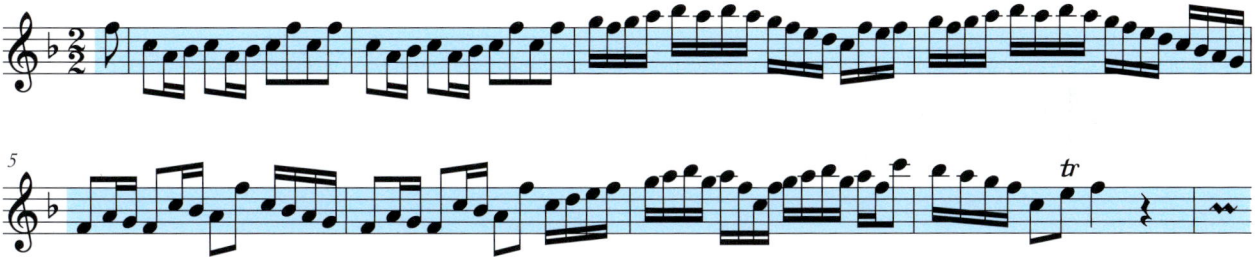

Den gesamten Satz durchzieht ein Thema mit einem markanten Anfangsmotiv, das vom Ripieno gespielt wird. ⊚ **I | 42, 43**

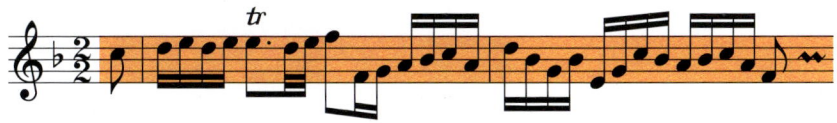

Dieser musikalische Gedanke wird ausschließlich von den Soloinstrumenten des Concertinos gespielt.

»► **4** *Vergleicht die Melodiegestaltung von Ripieno und Concertino.* ⊚ **I | 42, 43**

Verlaufsskizze der Takte 1–118

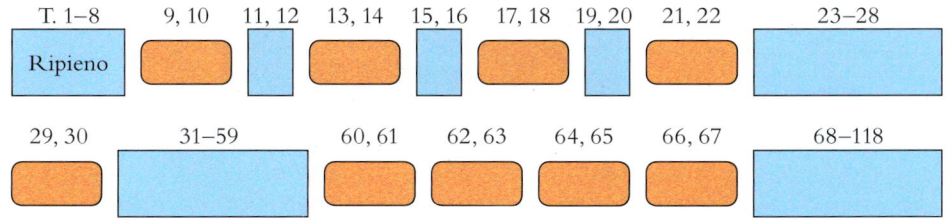

»► **5** *Widmet euch dem Wechselspiel zwischen Solisten und Orchester.* ⊚ **I | 42–44**
a) *Verfolgt beim Hören des gesamten Satzes das Wechselspiel und vervollständigt die Verlaufsskizze. Bestimmt dabei die Reihenfolge der Soloinstrumente.* 🗎
b) *Bildet Gruppen und stellt das Wechselspiel zur Musik mit außermusikalischen Mitteln dar (z. B. Zeigen von unterschiedlichen Gegenständen, Aufstehen und Setzen). Sucht eigene Möglichkeiten zur Umsetzung und probiert sie aus.*

2. Satz, Andante – Ruhiges Wechselspiel

Das musikalische Geschehen des zweiten Satzes basiert auf einem einzigen
Thema, das zunächst von der Solovioline vorgestellt und im weiteren Verlauf
von den anderen Soloinstrumenten imitiert und variiert wird.

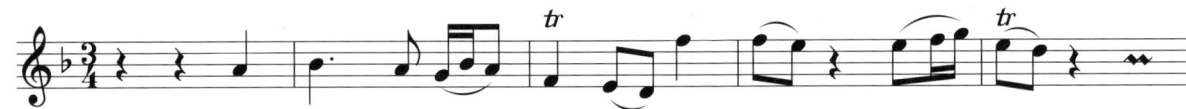

Beginn des 2. Satzes (Partiturausschnitt)

Trio-Musizieren in
der Zeit des Barock

>>► **1** *Analysiert den Partiturausschnitt.* ↗ *S. 14 f.*
*a) Erkennt die Stimmeinsätze in der Partitur und bestimmt die Reihenfolge der ein-
setzenden Instrumente.*
b) Überlegt, weshalb die Trompete im zweiten Satz fehlt.
*c) Erschließt euch durch die Betrachtung der Stimme von Violoncello und Cembalo den
Begriff Basso continuo.*

>>► **2** *Der zweite Satz wird in typischer Kammerbesetzung gespielt. Benennt auf der
Grundlage der Partitur- und Höranalyse wesentliche Merkmale einer solchen.* ◎ I|45

3. Satz, Allegro assai – Auf der Flucht

In abwechslungsreichem Kontrast zum zweiten Satz steht der Schlusssatz dieses
Konzerts. Er ähnelt in seiner formalen Gestaltung einer Fuge (*lat.* fuga, Flucht).
Dieser dritte Satz beginnt mit einem Thema, das in seiner Motivgestaltung eine
Verwandtschaft mit dem Thema des ersten Satzes aufweist. Dazu erklingt eine
Gegenstimme (Kontrapunkt).

3. Satz, Thema und Gegenstimme

Dux und Kontrapunkt

»► **3** *Das Thema und seine Gegenstimme lassen sich in zwei Abschnitte teilen. Findet sie
heraus und begründet.* ◎ I|46

Comes

Das Thema (Trompete) steht in der Grundtonart und führt als *Dux* (*lat.* Führer)
das musikalische Geschehen an. Die nachfolgende Stimme imitiert das Thema
auf einer anderen Tonstufe und wird *Comes* (*lat.* Begleiter) genannt. Nachdem
das Thema alle Stimmen einmal durchlaufen hat, ist die *Fugenexposition* beendet.

Einsatz der Stimmen (Takte 1–35)

Takte	1	7		21	27
Trompete	Dux	Kontrapunkt	Fortspinnung	Kontrapunkt	
Flöte					Comes
Oboe		Comes	Fortspinnung	Kontrapunkt	
Violine				Dux	Kontrapunkt
Violoncello Cembalo	Kontrapunkt	Fortspinnung			

»► **4** *Vollzieht den Anfang des dritten Satzes mit außermusikalischen Mitteln nach.
Orientiert euch an Aufgabe 5 auf der* ↗ *Seite 37.* ◎ I|47

Georg Friedrich Händel (1685–1759) schrieb sein zweieinhalbstündiges
Oratorium *Messiah* im Jahr 1741 innerhalb von nur drei Wochen.

Rezitativ (Nr. 8; Denn sieh, eine Jungfrau wird gebär'n)

Das Libretto ist dreiteilig
und besteht aus damals
populären Bibelzitaten
des Alten und Neuen
Testaments in englischer
Sprache:
I. Voraussagen über das
Erscheinen des Messias
und dessen Geburt,
II. Berichte über den
Leidensweg und die
Auferstehung Jesu,
III. Betrachtungen über
Tod und Erlösung.

Arie (Nr. 9; O du, der uns frohe Botschaft verkündet)

»►1 *Entdeckt Besonderheiten der musikalischen
Gestaltung.*
a) *Schlagt im Musiklexikon nach, was unter den
Begriffen Oratorium,
Rezitativ, Arie zu ver-
stehen ist.*
b) *Ordnet die Aufnahmen
den vereinfachten Noten-
auszügen zu. Ermittelt
Besonderheiten der Beset-
zung sowie deren Wirkung
auf den Zuhörer.*
⊚ 1 | 48–50
c) *Vergleicht die Arie mit
dem Rezitativ. Was passiert
bei den farbig markierten
Noten?*
d) *Erklärt die dramaturgi-
sche Funktion von Rezita-
tiv, Arie und Chor.*

Chor (Nr. 11; Denn es ist uns ein Kind gebor'n)

Der wohl berühmteste Chor *Halleluja* steht am Ende des zweiten Teils des Oratoriums und feiert die Auferstehung Jesu. Halleluja ist ein Ausdruck der Freude und bedeutet „Lobet den Herrn". Der Überlieferung zufolge war der englische König Georg II. von diesem Chor so ergriffen, dass er sich erhob und alle anderen es ihm gleichtaten. Daher ist es in englischsprachigen Ländern üblich, bei diesem Chor aufzustehen.

Halleluja

1

2

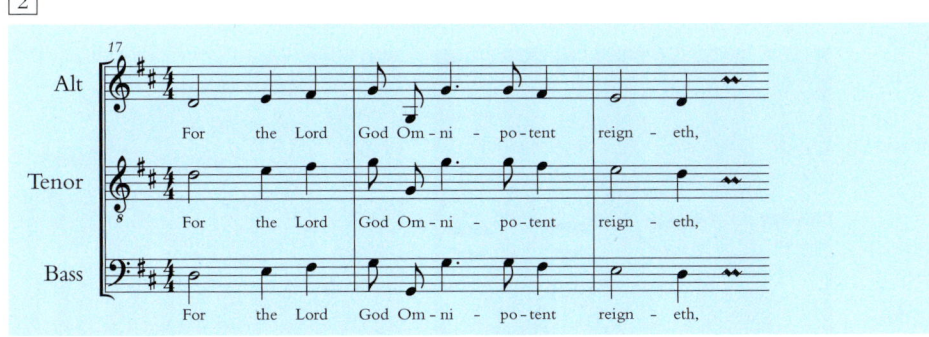

3

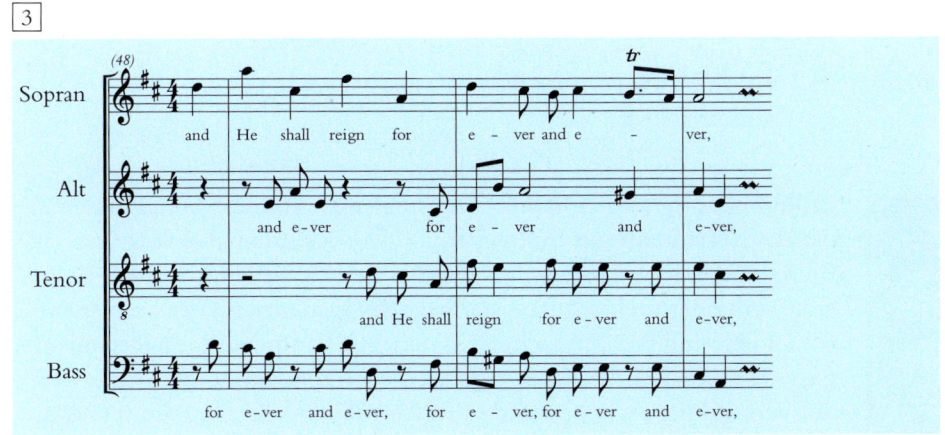

Grabstätte G. F. Händels in der Londoner Westminster Abbey (Ausschnitt)

≫► **2** *Entdeckt, wie Händel die Freude im „Halleluja-Chor" gestaltet.* ◎ I|51–53
a) *Wendet die Begriffe homofon, polyfon und unisono auf die Notenauszüge* 1 *bis* 3 *an und erkennt die Ausschnitte beim Hören wieder.*
b) *Entwickelt ein Hörprotokoll, in welchem ihr den Wechsel der Satzweisen notiert.*

Martin Rost, Kirchenmusiker in der Marienkirche in Stralsund am Spieltisch der Stellwagen-Orgel, 2012

Kein Instrument hat eine größere Klangfülle als die Orgel, deren Blütezeit im Barock begann. Eine der größten erhaltenen Orgeln des 17. Jahrhunderts ist die Orgel in der Marienkirche in Stralsund, 1659 vollendet. Traditionell wurde sie nach ihrem Erbauer benannt, hier Friedrich Stellwagen (1603–1660) aus Lübeck. Große Orgeln bestehen aus mehreren *Werken* mit unterschiedlichem Klang, die über *Manuale* und das *Pedal* gespielt werden. Bei dieser etwa 20 m hohen Orgel lassen sich die Werke sehr gut erkennen. Die *Pedaltürme* flankieren das *Hauptwerk*, über dem sich das *Oberwerk* (hier als „Oberposidiff" bezeichnet) erhebt. Hinter dem Organisten befindet sich das *Rückpositiv*. Ursprünglich war ein Positiv eine kleine tragbare Orgel. Das Rückpositiv der Stellwagen-Orgel ist aber alles andere als tragbar; es enthält circa 1000 *Pfeifen*, deren längste etwa 2,60 m lang sind!

Es gibt zwei Arten von Pfeifen: *Labialpfeifen*, bei denen der Ton wie bei einer Blockflöte erzeugt wird, und *Zungenpfeifen*, die ähnlich wie eine Klarinette funktionieren. Jede Pfeifenreihe bildet ein *Register* (z. B. Prinzipal 8', Posaunenbass 16', Flachflöte 2') und kann einzeln eingeschaltet werden. Die Zahlen entsprechen jeweils der ungefähren Länge der größten Pfeife in Fuß. Nur ein 8'-Register klingt, wie es notiert ist; ein 16'-Register klingt eine Oktave tiefer, ein 4'-Register eine Oktave höher usw.

»➤ **1** *Vollzieht anhand der Fotos die auf diesen beiden Seiten beschriebenen Bauteile der Orgel nach.*

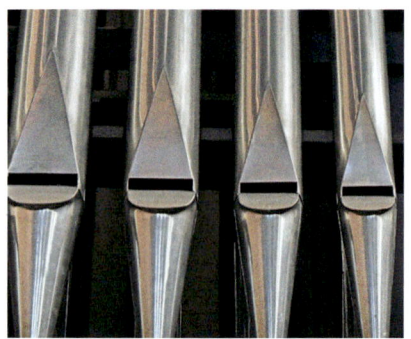

Labialpfeifen

Zungenpfeifen

»➤ **2** *Erläutert, wie bei einer Blockflöte und einer Klarinette der Ton erzeugt wird.*

Israhel van Meckenem, Orgelpositiv, 2. Hälfte 15. Jh.

Früher benötigte der Organist, um spielen zu können, einen Helfer, der das Instrument mit Luft versorgte: Der *Kalkant* (*lat.* calcare, treten) füllte hierzu den *Blasebalg*. Das erledigt heute ein Elektromotor. Erst wenn ein oder mehrere Register gezogen sind, drückt der Spieler auf eine Taste, und die *Traktur* bewegt sich, ein komplizierter Mechanismus aus langen Holzleisten, sogenannten *Abstrakten*, und *Wellen*, der die Verbindung zwischen Taste und Ventil herstellt. Das Ventil lässt die Luft in die *Windlade* strömen und schließlich in die Pfeife(n). Wenn sich der Klang ändern soll, muss der Organist entweder auf ein anderes Manual wechseln oder Register ein- bzw. ausschalten.

Im 19. Jahrhundert begann man, Ventile auch auf andere Art anzusteuern; so gibt es Orgeln mit pneumatischer oder elektrischer Traktur: Die romantische Orgel entstand. Ein Extrembeispiel für eine romantische Orgel ist die größte Orgel der Welt, die Wanamaker-Orgel in Philadelphia. Sie hat 374 Register und 28 522 Pfeifen. Der Klang derartiger Instrumente ist sehr stark dem Orchester mit seinen zahlreichen Klangfarben und seiner Möglichkeit zur allmählichen Veränderung der Lautstärke angenähert, was besonders auffällt, wenn man die Bearbeitung eines Orchesterwerks mit dem Original vergleicht.

Spieltisch der
Wanamaker-Orgel

>➤ **3** *Hört den Ausschnitt aus Richard Wagners „Tristan und Isolde" in der Orchesterfassung und in der Bearbeitung für Orgel. Welche Gemeinsamkeiten und welche Unterschiede gibt es?* ◎ I|54, 55

>➤ **4** *Lernt den Klang der Stellwagen-Orgel kennen, auf welcher Martin Rost ein Stück des Komponisten Dietrich Buxtehude spielt. Wie oft verändert sich der Klang? Vergleicht den Klang der Stellwagen-Orgel mit dem der Wanamaker-Orgel.* ◎ I|56

>➤ **5** *Welche Vor- und Nachteile hat eine Orgel gegenüber anderen Instrumenten? Bezieht bei euren Abwägungen auch das Orgelstück „As SLow aS Possible" von John Cage ein, welches in Halberstadt seit dem Jahr 2001 ununterbrochen zu hören ist.* ➚ S. 91 🗎

Kirchenmusiker

Zu den Aufgaben eines Kirchenmusikers gehört das Orgelspiel im Gottesdienst und bei Konzerten. Das Orgelspiel ist jedoch nur ein kleiner Teil der Arbeit des Kirchenmusikers, weshalb seine Ausbildung sehr vielseitig sein muss. Als Martin Rost in Leipzig studierte, standen zum Beispiel auch Klavier, Dirigieren und Chorleitung auf seinem breit gefächerten Studienplan. Der Kantor (*lat.* cantare, singen) leitet den Chor, erteilt Orgelunterricht und plant Konzertreihen mit Gastorganisten. An vielen Kirchen existieren auch Kinder- oder Gospelchöre, Posaunenchöre, Blockflötenkreise oder Orchester. Alle tragen dazu bei, viele Menschen in das kirchliche Leben einzubeziehen und die Gottesdienste abwechslungsreich zu gestalten.
Aber auch um die Erhaltung und Pflege der Orgel muss sich der Kirchenmusiker kümmern. Als „seine" Orgel von 2000 bis 2008 umfassend restauriert wurde, kam Martin Rost zugute, dass er auch als Orgelsachverständiger der Pommerschen Evangelischen Kirche arbeitete.

>➤ **6** *Besucht einen Kirchenmusiker.*
a) Lasst euch von ihm über seine Arbeit berichten. Erstellt einen Wochenplan, der die verschiedenen Arbeitsgebiete umfasst.
b) Versucht, die Funktionsweise der Orgel vor Ort nachzuvollziehen.

>➤ **7** *Überlegt, worin die Tätigkeit eines Orgelsachverständigen bestehen könnte.*

Fürstentümer und Residenzen im ausgehenden 17. Jahrhundert

In den vielen Fürstentümern Mitteldeutschlands im ausgehenden 17. Jahrhundert eiferten die Herrschenden dem Prunk und glanzvollen höfischen Leben Ludwig des XIV., genannt Sonnenkönig, in Versailles nach. Genau wie ihr Vorbild wollten die Fürsten in aufwändigen Opern und Balletten oft selbst die Hauptrollen tanzen und sich feiern lassen. Zu diesem Zweck holten sie Künstler wie Architekten, Komponisten, Musiker und Choreografen an ihre Höfe, die nur dafür arbeiteten.

»► **1** *Welche Vor- und Nachteile für die Künstler hatte die große Anzahl von Fürstentümern im Deutschland des Barock? Beschreibt ihre Auswirkungen auf die heutige Zeit.*

Ein Geburtstagsfest à la française

Am 6. Januar 1702 fand im Schloss Sondershausen in Thüringen ein besonderes Ereignis statt: Die Feierlichkeiten zu Ehren des 55. Geburtstages des Fürsten Christian-Wilhelm von Schwartzburg-Sondershausen sollten durch die Aufführung eines Singballetts, einer Kombination aus Ballett und Singspiel, gekrönt werden. Seit Jahrzehnten wetteiferten die deutschen Höfe um die gelungenste Inszenierung ihrer Singballett-Aufführungen. Der Riesensaal (benannt nach den Riesen darstellenden Skulpturen) bot durch die speziell für dieses Fest angefertigten Kulissen eine prächtige Bühne. Der in Paris geschulte Tanzmeister hatte die neuesten Tänze dieser Stadt sowie eigene einstudiert. Der gesamte Hof durfte an der Präsentation teilnehmen, in der er gleichzeitig Darsteller und Zuschauer war. Prinz August I. von Sondershausen selbst tanzte und sang die Hauptrolle. Er gehörte zu den bedeutendsten Tänzern der damaligen Zeit.

Riesensaal im Schloss Sondershausen

Tanzmeister, um 1700

»► **2** *Auf die folgenden Tänze der Barockzeit konnte der Tanzmeister für seine Aufführung zurückgreifen. Ordnet die Tänze den Hörbeispielen zu: Menuett, Sarabande, Marsch und benennt musikalische Merkmale (Taktart, Tempo usw.).* 📄 ◉ **I|57–59**

Sekretär Müller tanzt eine Gigue

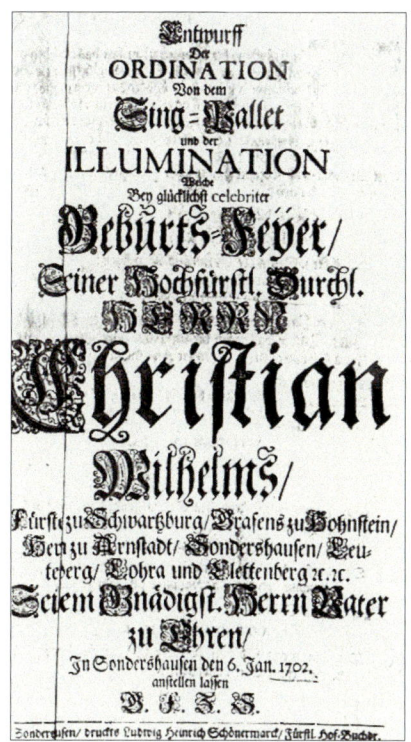

Das Libretto zum Sondershausener Singballett enthielt nicht nur den genauen Ablauf von Text, Musik und Tanz, sondern auch eine detaillierte Beschreibung der Raumgestaltung und der Requisiten.

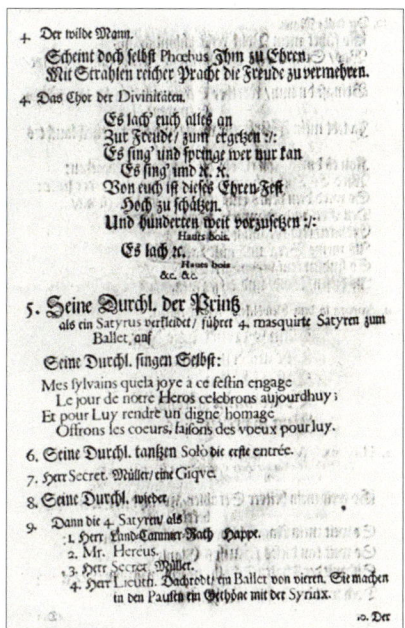

»➤ **3** *Welche Informationen könnt ihr in den originalen Auszügen aus dem Libretto entdecken?*

Die Gigue [ʒiːg] ist ein schneller und lebhafter Tanz, der seine Wurzeln auf den Britischen Inseln hat. Er ist oft Bestandteil der barocken Suite. Typisch ist sein %-Takt und damit die Betonung auf die erste und vierte Achtelnote.

Anonym, Der Tanz, Anfang 18. Jahrhundert

Grundschritt
· Springt von beiden Beinen auf ein Bein und endet mit dem anderen leicht ausgedreht in der Luft.
· Springt auf die zweite Zählzeit in Richtung des vorderen Beines und landet auf ihm.
· dasselbe mit dem anderen Bein
· drei normale Gehschritte vorwärts gefolgt von zwei Schritten

»➤ **4** *Tanzt mit einem Partner gemeinsam die Schrittkombination des Grundschritts, überlegt euch Raumwege, Platzwechsel und entwickelt eine einfache Choreografie.* ◉ I|60 📄

Barock (1600–1750)

Antonio Vivaldi
★ 1678 in Venedig
† 1741 in Wien

Georg Philipp Telemann
★ 1681 in Magdeburg
† 1767 in Hamburg

Johann Sebastian Bach
★ 1685 in Eisenach
† 1750 in Leipzig

Georg Friedrich Händel
★ 1685 in Halle (Saale)
† 1759 in London

1618–1648 Dreißigjähriger Krieg
1643–1715 Ludwig XIV., der „Sonnenkönig", herrscht in Frankreich
1683 Belagerung Wiens durch die Türken
1689 „Bill of Rights": England erhält eine konstitutionelle Monarchie
1694–1733 „August der Starke" ist Kurfürst in Sachsen

1609 Johannes Kepler beschreibt die Bewegung der Planeten
1665 Otto von Guericke erzeugt in Magdeburg ein künstliches Vakuum
1687 Isaac Newton entdeckt das Gravitationsgesetz
1733 Charles François Dufay erforscht die elektrische Ladung

1667 Paul Gerhardt: „Geistliche Andachten" (Liedersammlung)
1673 Molière: „Der eingebildete Kranke"
1668 Hans J. Chr. von Grimmelshausen: „Der Abentheuerliche Simplicissimus"

ab 1661 Schloss Versailles, Residenz des „Sonnenkönigs"
1711–1728 Bau des Dresdner Zwingers durch Matthäus D. Pöppelmann (Wallpavillon)

Rembrandt (van Rijn), Saskia,
Ehefrau des Malers, ca.
1633/34

Jean Marc Nattier, Françoise
Renée, Marquise d'Antin, 1738

> „Was die Sonne am Himmel,
> ist der Herrscher auf Erden."

In der Zeit nach dem Dreißigjährigen Krieg (1618–1648) gewannen absolutistische Herrscher überall in Europa nahezu unbeschränkten („absoluten") Einfluss auf alle Bereiche des politischen und gesellschaftlichen Lebens. Sichtbare Zeichen der Macht und des Reichtums der Herrschenden waren u. a. Schlösser mit prunkvollen Parkanlagen. Sie dienten wie auch Kunst und Musik als glanzvolle Kulisse des höfischen Lebens.

Dem Repräsentationsbedürfnis weltlicher Herrscher und kirchlicher Würdenträger entsprach eine Kunstrichtung, die wir heute als Barock bezeichnen.

Historische Aufführungspraxis

Von späteren Musikergenerationen wurde die Musik des Barock oft dem gewandelten Zeitgeschmack angepasst und die Werke entsprechend auf moderne Instrumente und größere Orchester übertragen. So bearbeitete beispielsweise Wolfgang A. Mozart Händels *Messias*. Erst seit den 1960er-Jahren bemüht man sich darum, die Musik wieder so aufzuführen, wie sie möglicherweise zur Entstehungszeit klang.

> ➤ **1** *Vergleicht zwei Interpretationen von „Jesus bleibet meine Freude" aus der Kantate „Herz und Mund und Tat und Leben" von Bach. Es handelt sich um Einspielungen von Karl Richter (1964) und Joshua Rifkin (1987). Bezieht Stellung zu den Bemühungen, das Klangbild neuer Interpretationen wieder an die Entstehungszeit der Musik anzunähern.* ◉ I | 61, 62

> ➤ **2** *Von „Jesus bleibet meine Freude" gibt es unzählige Bearbeitungen. Beschreibt das jeweils Besondere der Versionen.* ◉ I | 63–66

> ➤ **3** *Welche für Barockmusik typischen Gestaltungsmittel entdeckt ihr in François Couperins (1668–1733) „Le rossignol en amour" (frz., Die verliebte Nachtigall)?* ◉ I | 67

Der Ausklang der Barockzeit ist eine Phase des Übergangs, bezeichnet als *Rokoko, Sturm und Drang* oder *Empfindsamkeit*.

> ➤ **4** *Vergleicht die beiden Porträts auf der linken Seite: Das linke zeigt die bürgerliche Ehefrau des erfolgreichen Malers Rembrandt, das rechte eine Adlige zur Zeit des Rokoko. Was verraten die Bilder über die Gesellschaft und die sich wandelnde Sichtweise auf den Menschen?*

> ➤ **5** *Ludwig van Beethoven soll seine Bewunderung für die Musik Bachs mit dem Spruch zum Ausdruck gebracht haben: „Nicht Bach, sondern Meer sollte er heißen." Was mag er damit gemeint haben und wo findet ihr einen humorvollen Bildbezug im Einstiegsfoto zum Barock-Kapitel?*

Ludwig van Beethoven *Fünfte Sinfonie* (op. 67)

Die Ideen der Aufklärung, der Glaube an die Selbstbestimmung des Menschen in Würde und Freiheit, fanden Ausdruck in der Kunst der Klassik (circa 1760–1815). Das Streben nach Ausgewogenheit in Inhalt und Form sind Ideale der Klassik (*lat.* classicus, mustergültig, vollkommen). In diesem Sinne bildete sich auch die Sonatenhauptsatzform (abgekürzt SHS) aus, in der zwei gegensätzliche Themen einander gegenübergestellt werden. Daraus resultiert ein musikalischer Gegensatz oder Konflikt, den der Komponist lösen muss. Dieser Idee folgt auch der erste Satz der *Fünften Sinfonie* von Ludwig van Beethoven, die 1808 in Wien uraufgeführt wurde.

1. Satz, Allegro – Themenkontrast und Konfliktgestaltung im Sonatenhauptsatz

Als Exposition wird der erste große Abschnitt im SHS bezeichnet. Sie wird oft mit einer langsamen *Einleitung* eröffnet.

Der erste Satz in Beethovens *Fünfter Sinfonie* beginnt mit dem bekannten *Kopfmotiv*.

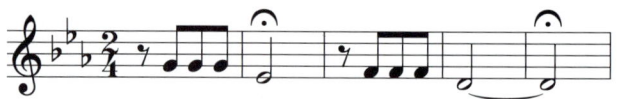

»► **1** *Welche Merkmale bestimmen das Motiv? Charakterisiert den Beginn im Vergleich zu einer langsamen Einleitung.* ◎ **I|68**

Das erste Thema im SHS hat häufig die Bedeutung eines *Hauptthemas*.

»► **2** *Beschreibt die Wirkung des Themas. Welche Rolle spielt dabei das prägende Motiv?* ◎ **I|69–70**

Das ***erste Thema*** der *Fünften Sinfonie* baut sich über mehrere Instrumentengruppen verteilt auf. Man nennt diese Kompositionstechnik, die in der Klassik zum ersten Mal Verwendung findet, *durchbrochener Satz*.

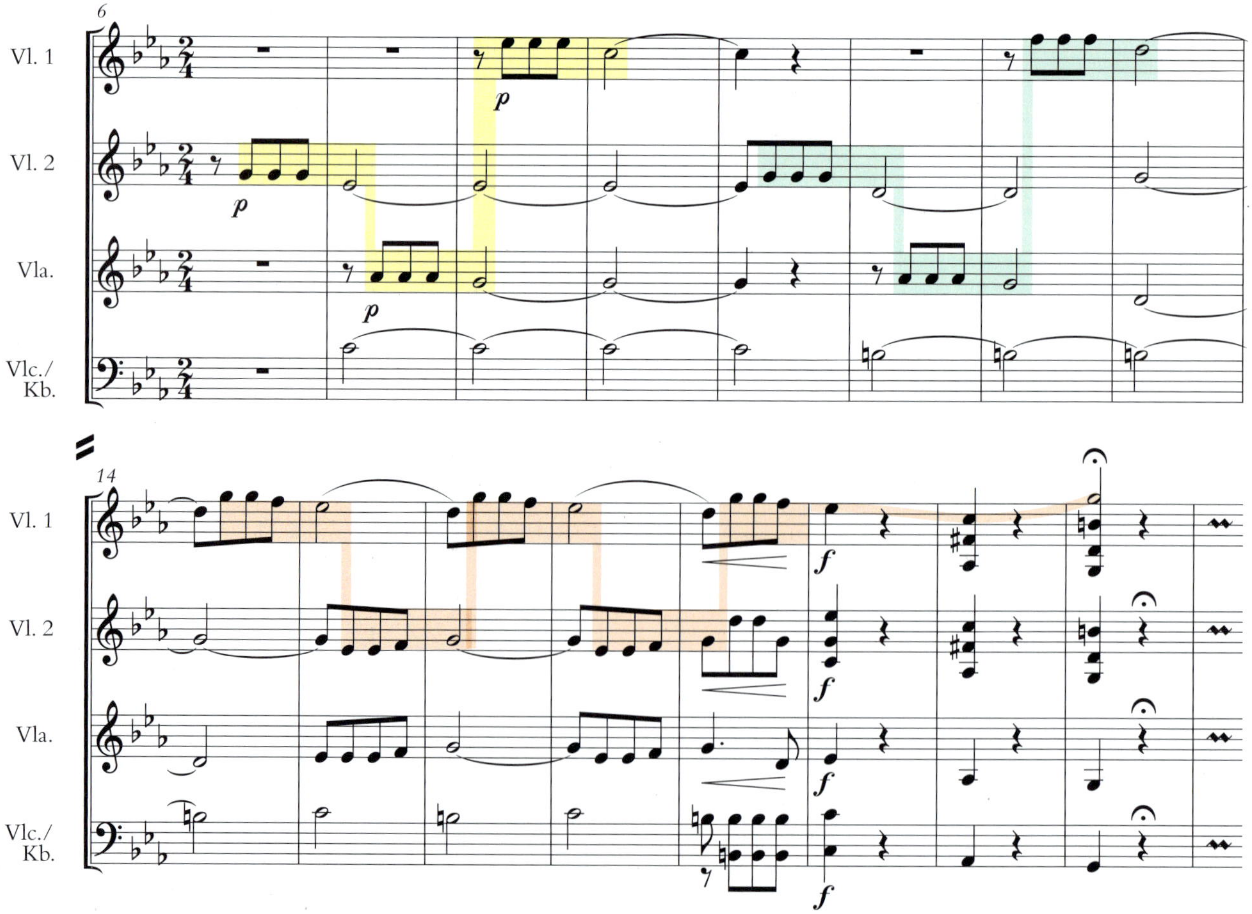

»► **3** *Verfolgt den Melodie-verlauf im Notenbild links unten und erklärt das Prinzip des durchbrochenen Satzes. Spielt selbst.* ◎ I|69

Eine *Überleitung* verbindet im SHS die beiden Themen.
Das zweite Thema (auch *Seitenthema* genannt) steht in Charakter, Melodie und Tonart im Kontrast zum ersten Thema.

Zwei Hörner leiten das zweite Thema ein. ◎ I|71

1. Satz, 2. Thema

»► **4** *Vergleicht das erste und zweite Thema. Inwiefern stehen beide Themen im Kontrast zueinander (Tonart, Instrumentierung, Dynamik)? In welche Stimmen hat sich das Kopfmotiv „eingeschlichen"? Diskutiert die Bedeutung dieser kompositorischen Gestaltung.* ◎ I|71

Die Exposition wird durch eine Schlussgruppe beendet und wiederholt.

In der *Fünften Sinfonie* dominiert das Kopfmotiv die Schlussgruppe der Exposition.

Die Durchführung ist der zweite große Abschnitt im SHS. Hier erfolgt am Themenmaterial der Exposition motivisch-thematische Arbeit.

Die musikalische Entwicklung in der Durchführung ist von großer Dramatik geprägt, enthält aber auch ruhige Momente.

»► **5** *Fertigt beim Hören eine Kurve des musikalischen Spannungsverlaufs an (Dauer: circa 80 Sekunden). Bestimmt das Thema, aus welchem Beethoven vorwiegend die Dramatik entwickelt. Übertragt den musikalischen Verlauf auf eine Gesprächssituation und entwickelt ein knappes Szenario.* ◎ I|73

In der Reprise werden die Themen der Exposition wieder aufgegriffen.
Die tonartlichen Gegensätze sind nun aufgehoben, die Konflikte gelöst.

»► **6** *Arbeitet die Unterschiede in der Instrumentierung zwischen Exposition und Reprise heraus.* ◎ I|68–72, 74–76

Häufig beendet eine Coda als Abschlussteil den Sonatenhauptsatz.

»► **7** *Ein Solo der Oboe unterbricht das erste Thema. Beschreibt die Wirkung.* ◎ I|75

»► **8** *Die Coda des ersten Satzes bei Beethoven wird häufig als eine weitere Durchführung bezeichnet. Benennt mögliche Gründe.* ◎ I|76

»► **9** *Hört den gesamten ersten Satz der „Fünften Sinfonie". Überlegt, ob hier die normalerweise in der Sonatenhauptsatzform angestrebte Konfliktlösung erreicht wird.*
◎ I|68–76

Die Sinfonie als zyklische Form

Die Komponisten der Wiener Klassik haben mit ihren Sinfonien zur Herausbildung eines Formtypus beigetragen, den wir heute als klassische Sinfonie bezeichnen. Sie besteht aus mehreren Sätzen, hat somit eine zyklische Form. Die kompositorische Besonderheit der *Fünften Sinfonie* von Ludwig van Beethoven zeigt sich unter anderem in der engen Verknüpfung der Sätze, die inhaltlich aufeinander Bezug nehmen.

Der zweite Satz ist häufig ein langsamer Satz, der oft in Liedform oder als Variationssatz ausgeführt wird.

2. Satz, Andante con moto

Beethoven bedient sich in diesem Satz des Variationsprinzips. Ausgangspunkt sind zwei Themen:

1. Thema

2. Thema

»►1 *Identifiziert beim Hören die Themen und bestimmt die fehlenden Dynamikangaben im zweiten Thema. Arbeitet Unterschiede der Themen heraus auf der Basis der Noten und des Höreindrucks. Interpretiert euren Befund unter dem Gesichtspunkt Konflikt und Verständigung.* ◉ II|1, 2

Beim dritten Satz einer Sinfonie handelt es sich oft um ein Menuett oder Scherzo in einem gemäßigten Tempo mit kontrastierendem Mittelteil (Trio).

3. Satz, Allegro

In das unruhige, suchende Spiel der tiefen Streicher bricht plötzlich ein heftiges Bläsermotiv:

»►2 *Wodurch korrespondiert dieses Motiv mit den vorangegangenen Sätzen? Erläutert, wie das Orchester auf das Motiv eingeht.* ◉ II|3–4

Der vierte Satz einer Sinfonie (Finale) ist zumeist als Sonatenhaupt-satz, Rondo oder Variationssatz in einem schnellen Tempo angelegt.

4. Satz, Allegro

Der vierte Satz schließt sich ohne Pause an den dritten Satz an. Mehr als 50 Takte lang verharren Violinen, Bratschen und Pauken auf dem Ton c, ehe der letzte Satz unter Aufbietung des vollen Orchesters beginnt. In der Form handelt es sich um einen Sonatenhauptsatz. Neuartig, weil sonst nur in der Militärmusik anzutreffen, ist die Ausweitung des Klangapparates, über die Beethoven schreibt: „Das letzte Stück der Sinfonie ist mit 3 Posaunen und Flautino (Pikkoloflöte), zwar nur 3 Pauken, wird aber mehr Lärm als 6 Pauken und zwar besseren Lärm machen."

»► **3** *Beschreibt die Wirkung des Übergangs zwischen beiden Sätzen, indem ihr nochmals die Analogie einer Gesprächssituation aufgreift. ↗ S. 51*
◎ **II | 5–6**

Bahnbrechend in Beethovens Sinfonie war die Idee, einen das gesamte Werk überspannenden Zusammenhalt zwischen den Sätzen zu schaffen. Ausgangspunkt ist dabei das Kopfmotiv des ersten Satzes:

»► **4** *Beschreibt, wie sich der Charakter des Eingangsmotivs von Satz zu Satz verändert. Benennt anhand der Notenausschnitte die hierbei eingesetzten musikalischen Mittel. Wie in* 2 *abgebildet, erscheint es im zweiten Satz, wie in* 3 *im dritten und wie in* 4 *schließlich im vierten Satz.*
◎ **II | 7–10**

Belgrad Philharmonic Orchestra, Dirigent Christian Mandeal, 2007

Carl Röhling, Begegnung im Kurpark zu Teplitz, 1811

Beethovens Hörrohr

Selbstbewusst und unbeugsam

Beethoven galt bei seinen Mitmenschen als stolzer Mensch. Souverän trat er gegenüber scheinbar Höherstehenden auf. So passierte es bei einem gemeinsamen Spaziergang mit Johann Wolfgang von Goethe, dass er mitten durch eine ihnen entgegenkommende Hofgesellschaft hindurchschritt, während Goethe ergeben zur Seite trat. Über Selbigen wusste er zu berichten, dass diesem die „Hofluft" mehr behage, als es sich einem Dichter zieme. Während eines seiner Konzerte fand eine lautstarke Unterhaltung statt. Beethoven brach sein Spiel ab und soll ausgerufen haben: „Vor solchen Schweinen spiele ich nicht."

Unglücklich im Persönlichen

Trotz seines Ruhms als genialer Musiker war Beethoven persönliches Glück nicht beschieden. Äußerlich wirkte er nicht sehr anziehend. Pockennarbig, klein und äußerlich etwas ungepflegt, zudem schroff und schnell aufbrausend, fand er nie eine Partnerin. Um ein Stück Familie zu erleben, nahm er Karl, den Sohn seines verstorbenen Bruders, zu sich. Die Erziehung des Jungen scheiterte jedoch an den hohen Ansprüchen Beethovens.

Tragische Erkrankung

Bereits mit 28 Jahren zeigten sich bei Beethoven Symptome eines Gehörleidens. Ab seinem 36. Lebensjahr war ein Gespräch nur noch in schriftlicher Form zu führen. Bei der Uraufführung seiner *Neunten Sinfonie* (1824) war Beethoven zwar als Dirigent ausgewiesen, tatsächlich aber gab es einen „assistierenden Dirigenten". Als das Publikum in frenetischen Beifall ausbrach, musste Beethoven zur Menge gedreht werden, um ihn zu hören. Dies führte zu einer persönlichen Krise. Das tragische Ausmaß dieses Zustandes ist in einem Brief Beethovens an seine beiden Brüder nachzulesen:

O ihr Menschen, die ihr mich für feindselig, störrisch oder misanthropisch haltet oder erkläret, wie unrecht tut ihr mir! Ihr wißt nicht die geheime Ursache von dem, was euch so scheinet. Mein Herz und mein Sinn waren von Kindheit an für das zarte Gefühl des Wohlwollens. Selbst große Handlungen zu verrichten, dazu war ich immer aufgelegt; aber bedenket nur, daß seit sechs Jahren ein heilloser Zustand mich befallen, durch unvernünftige Ärzte verschlimmert, von Jahr zu Jahr in der Hoffnung gebessert zu werden, betrogen, endlich zu dem Überblick eines dauernden Übels (dessen Heilung vielleicht Jahre dauern wird oder gar unmöglich ist) gezwungen, mit einem feurigen Temperamente geboren, selbst empfänglich für die Zerstreuungen der Gesellschaft, mußte ich früh mich absondern, einsam mein Leben zubringen. Wollte ich auch zuweilen mich einmal über alles das hinaussetzen, o wie hart wurde ich durch die verdoppelte traurige Erfahrung meines schlechten Gehörs dann zurückgestoßen, und doch war's mir noch nicht möglich, den Menschen zu sagen: Sprecht lauter, schreit, denn ich bin taub. Ach, wie wär es möglich, daß ich die Schwäche eines Sinnes zugeben sollte, der bei mir in einem vollkommeneren Grade als bei andern sein sollte, einen Sinn, den ich einst in der größten Vollkommenheit besaß. (…) Von meinem vernünftigen Arzte aufgefordert, soviel als möglich mein Gehör zu schonen, kam er fast meiner jetzigen Disposition entgegen, obschon vom Triebe zur Gesellschaft manchmal hingerissen, ich mich dazu verleiten ließ. Aber welche Demütigung, wenn jemand neben mir stund und von weitem eine Flöte hörte und ich nichts hörte, oder jemand den Hirten singen hörte, und ich auch nichts hörte. Solche Ereignisse brachten mich nahe an Verzweiflung; es fehlte wenig, und ich endigte selbst mein Leben. – Nur sie, die Kunst, sie hielt mich zurück. Ach, es dünkte mir unmöglich, die Welt eher zu verlassen, bis ich das alles hervorgebracht, wozu ich mich aufgelegt fühlte, und so friste ich dieses elende Leben. *Aus dem „Heiligenstädter Testament", 1802*

Ein Werk – viele Deutungen

Beethoven komponierte seine *Fünfte Sinfonie* in den Jahren 1803–1808, also über einen Zeitraum von mehreren Jahren. Wie bei ihm üblich, hielt er seine musikalischen Ideen zunächst in einem Skizzenbuch fest und arbeitete sie später aus. So kann man auch heute noch verfolgen, wann der Komponist seine ersten Einfälle notierte und wie sie sich entwickelten. Bei der Uraufführung in Wien 1808 waren die Zuhörer ratlos und das Orchester überfordert. Aber nachdem die Noten als Arrangement für Klavier zu vier Händen veröffentlicht wurden, wuchs die Bewunderung für die Sinfonie stetig. Heute gehört das Werk zu den weltweit meistgespielten Orchesterwerken und liegt in zahllosen Aufnahmen vor.

Welche Ursachen hat die Popularität dieser Sinfonie? Ein Grund liegt wohl in den Deutungen, die die *Fünfte Sinfonie* im Laufe der Jahre erfahren hat:
- als „Schicksalssinfonie" mit Sicht auf den persönlichen Leidensweg Beethovens,
- als Sinnbild für den Kampf gegen napoleonische Tyrannei,
- als romantischer Ausdruck des Ungeheuren und Unermesslichen,
- als Ausdruck der nationalsozialistischen Weltauffassung,
- als humanistisches Menschheitsbekenntnis.

Groß ist die Zahl der Bearbeitungen der *Fünften Sinfonie* – als Ausgabe für verschiedene Besetzungen, als Zitat in zeitgenössischer Musik, in Rockmusik oder Filmmusik.

》➤ **1** *Erklärt, warum die Veröffentlichung der Klavierausgabe für die Wertschätzung der Sinfonie so wesentlich war.*

Beethoven-Skulptur

》➤ **2** *Nennt Gründe für ein Zustandekommen unterschiedlicher Deutungen.*

》➤ **3** *Arbeitet heraus, inwiefern sich die Sinfonie auf Beethovens Lebenssituation beziehen lässt.*

》➤ **4** *Ordnet die verschiedenen Deutungen historischen Perioden zu. Beziehet dabei auch die Zitate ein:*

„Durch Nacht zum Licht" – „per aspera ad astra"

Französische Revolution 1789, Kaiserkrönung Napoleons 1804

Ludwig van Beethoven *Fünfte Sinfonie*

„Ich will dem Schicksal in den Rachen greifen." *Ludwig van Beethoven (überliefert)*

„Existenzkampf eines Volkes, das einen Führer sucht und endlich findet" *Arnold Schering, Musikwissenschaftler, 1935*

„…Zuhörer unwiderstehlich fortreißt in das wundervolle Geisterreich des Unendlichen." *E.T.A. Hoffmann, Schriftsteller und Komponist, 1810*

》➤ **5** *Recherchiert und dokumentiert Bearbeitungen und Zitate der „Fünften Sinfonie" von Beethoven in unterschiedlichen Musikgenres. Benennt Bezüge zwischen dem neuen Werk und der Sinfonie.*

》➤ **6** *Vergleicht Einspielungen der „Fünften Sinfonie". Welche Interpretationen entsprechen euren Vorstellungen vom Werk? Begründet eure Entscheidung.*

Wolfgang A. Mozart *Requiem* (KV 626)

Dies irae (transponierter Ausschnitt)

Sopran: Di-es i-rae di-es il-la, sol-vet sae-clum in fa- vil-la: te - ste Da-vid cum Si- byl-la.

Bass: Di-es i-rae di-es il-la, sol-vet sae-clum in fa-vil-la: te-ste Da-vid cum Si-byl-la.

»► **1** *Singt den Ausschnitt aus dem Requiem von Wolfgang A. Mozart und setzt die Melodien in den letzten beiden Takten fort.*

Das Requiem (Heilige Messe für Verstorbene) hat sich etwa im 15. Jahrhundert herausgebildet. Es besteht aus einzelnen Teilen, die sich an der Abfolge der katholischen Totenmesse orientieren. Die Texte dafür sind genau vorgeschrieben.

Latein:
Dies irae dies illa
solvet saeclum in favilla,
teste David cum Sibylla
Quantus tremor est futurus
Quando judex est venturus,
Cuncta stricte discussurus!

Deutsche Übertragung:
Tag der Rache, Tag der Sünden,
wird das Weltall sich entzünden,
wie Sibyll und David künden.
Welch ein Graus wird sein und Zagen,
wenn der Richter kommt, mit Fragen
streng zu prüfen alle Klagen!

Dies irae (2. Ausschnitt, nicht transponiert)

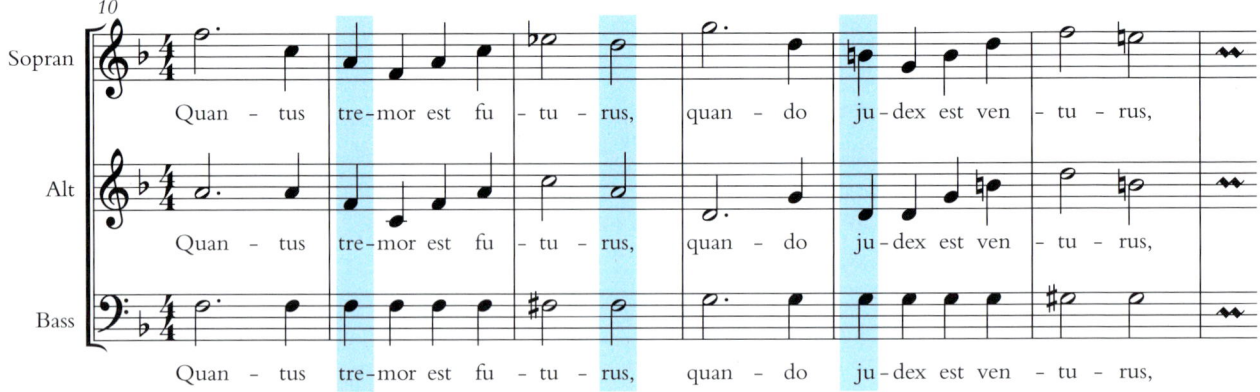

Sopran: Quan - tus tre-mor est fu - tu - rus, quan - do ju - dex est ven - tu - rus,

Alt: Quan - tus tre-mor est fu - tu - rus, quan - do ju - dex est ven - tu - rus,

Bass: Quan - tus tre-mor est fu - tu - rus, quan - do ju - dex est ven - tu - rus,

Adi Holzer, Die verschlüsselte Botschaft, 1987

»► **3** *Überlegt, wie die psychische Situation Mozarts gewesen sein könnte, und bezieht das Gemälde mit ein.*

»► **2** *Analysiert das „Dies irae".*
a) Findet Besonderheiten in der Gestaltung der abgebildeten Stimmen und benennt die verwendeten Harmonien der farbig hinterlegten Noten.
b) Vergleicht beim Hören eure Umsetzung des ersten Ausschnitts mit der von Mozart. Erklärt die Form sowie die ausdrucksvolle Verbindung von Text und Musik. ◎ **II|11**

Das *Requiem* entstand im Auftrag des Grafen Franz Walsegg-Stuppach. Dessen junge Frau war verstorben und so schickte der Graf einen Abgesandten zu Mozart (1756–1791) in Wien und bestellte bei ihm die Komposition. Dafür bekam er eine stattliche Vorauszahlung. Der Abgesandte durfte seinen Auftraggeber aber nicht verraten, denn dieser wollte die Komposition später als seine eigene ausgeben. Während Mozart mit dem Komponieren begann, erkrankte er schwer.

Karl Gottlieb Schweikert,
Franz Xaver Süßmayr, 1825

Mozart konnte das *Requiem* vor seinem Tod nicht mehr vollenden, er hinterließ Teile der Partitur sowie einzelne Skizzen. In Folge versuchte die Witwe Constanze Mozart andere Komponisten zu gewinnen, um das *Requiem* fertigzustellen. Allerdings lehnten zunächst alle Angesprochenen ab. Schließlich erklärte sich Franz Xaver Süßmayr, ein Vertrauter und Schüler Mozarts, dazu bereit. Er war mit der Kompositionsweise vertraut, hatte er doch oft Mozart assistiert.

Confutatis (Streichergestaltung)

»► **4** Entdeckt weitere Besonderheiten in der Kompositionstechnik Mozarts. ◉ II|12
a) Auf welche Weise werden die Gesangsstimmen kontrastreich herausgestellt?
b) Musiziert in langsamem Tempo die Streicherstimmen und beachtet dabei die Artikulation. Wie wird das Motiv in den tiefen Streichern entwickelt? Welche Harmonien prägen die Violinstimme?

»► **5** Mozart hat sich beim „Requiem" auch an einer Kompositionstechnik einer vergangenen Epoche orientiert. Welche könnte es gewesen sein? ◉ II|13

Wenn ein Werk im Sinne eines Komponisten bearbeitet werden soll, dann muss man die Arbeitsweise des Komponisten kennen. Mozart begann zumeist mit den Gesangsstimmen, anschließend wurden charakteristische Begleitfiguren im Bass und weitere Stimmen in den verwendeten Melodieinstrumenten, wie Violine oder Oboe, gesetzt. Die Melodie wurde oft mit den Dreiklängen der einfachen und erweiterten Kadenz harmonisiert. ↗ S. 196 f. Sehr gerne verwendete Mozart in der Begleitstimme Dreiklangstöne, die er in der Abfolge unterschiedlich variierte.

Sanctus   Franz Xaver Süßmayr

D   A   D⁷

San - ctus,   san - ctus,   san - ctus,

»► **6** Arrangiert die Melodie dreistimmig für Sopran, Alt und Bass. Setzt dazu eine entsprechende Bassbegleitung. Singt und musiziert euer Ergebnis und hört anschließend die Fassung von Süßmayr. ◉ II|14 📄

»► **7** Reicht es eurer Meinung nach aus, die Technik eines Komponisten zu kennen, um genauso genial zu komponieren? Begründet eure Meinung.

»► **8** Forscht nach, welche Geheimnisse zur Entstehungsgeschichte des „Requiems" überliefert bzw. ungeklärt sind.

Wiener Klassik (ca. 1750–1820)

Joseph Haydn
★ 1732 in Rohrau (Nieder-
österreich)
† 1809 in Wien

Wolfgang A. Mozart
★ 1756 in Salzburg
† 1791 in Wien

Ludwig van Beethoven
★ 1770 in Bonn
† 1827 in Wien

1740–1786 Friedrich II. „der Große" ist König von Preußen
1789 Französische Revolution

1733 Charles F. Dufay entdeckt die elektrischen Plus- und Minuspole
1765 James Watt verbessert die Dampfmaschine entscheidend
1798 Alois Senefelder erfindet die Lithografie

1733 Daniel Defoe: „Robinson Crusoe"
1781 Friedrich Schiller: „Die Räuber"
1784 Immanuel Kant: „Beantwortung der Frage: Was ist Aufklärung?"
1808 Johann Wolfgang von Goethe: „Faust I."
1810 E. T. A. Hoffmann: Rezension der 5. Sinfonie von Beethoven

Franz Stöber, Das Begräbnis von Ludwig van Beethoven, Wien, 1827

Jacques-Louis David, Der Tod
des Marat, 1793

„Habe Muth, dich deines eigenen Verstandes zu bedienen!"
Immanuel Kant, 1784

Das Schaffen von Joseph Haydn, Wolfgang A. Mozart und Ludwig van Beethoven mit seinem Zentrum in Wien wurde von der Nachwelt als Höhepunkt musikalischer Entwicklung angesehen, weshalb diese Zeit musikgeschichtlich als Wiener Klassik bezeichnet wurde. Dass dabei gerade Wien, die Hauptstadt des Habsburger Reiches, zur europäischen Musikmetropole wurde, war kein Zufall. Im Vielvölkerstaat der Habsburger herrschten mit Kaiserin Maria Theresia (1740–1780) und dem späteren Thronfolger Joseph II. (1741–1790) aufgeklärte Monarchen. Sie traten für Reformen ein und waren den Künsten verbunden. Wien war Sammelpunkt für Menschen, die aus allen Himmelrichtungen und aus allen sozialen Schichten kamen. Volkstümliche Elemente fanden Eingang in die Musik des Adels und des Bürgertums. Ein anregendes und lebendiges Musikleben kennzeichnete die Stadt.

》➤ **1** *Der amerikanische Singer-Songwriter Billy Joel schrieb 1977 das Lied „Vienna" (Wien). Hört es in der deutschen Fassung von Ulla Meinecke (1991) und diskutiert, warum Joel gerade auf diese Stadt anspielt.* ◎ II|15

Im Zeichen der Aufklärung

Die Epoche der Wiener Klassik fällt mit dem Zeitalter der Aufklärung zusammen. Ausgehend von Frankreich stellte sie das vernünftige Denken in den Vordergrund: Statt durch Geburt einem bestimmten Stand anzugehören, wurden alle Menschen als gleichberechtigt und von Natur aus gut gesehen. An Stelle von Aberglaube und Vorurteil sollten Erfahrung und wissenschaftliche Erkenntnis das Handeln leiten. Die Ideen der Aufklärung, der Glaube an die Selbstbestimmung des Menschen in Würde und Freiheit, fanden auch Ausdruck in der Musik. Das Streben nach Natürlichkeit, Einfachheit und Verständlichkeit, nach Ausgewogenheit in Inhalt und Form waren Ideale der Epoche. In ihr entstand auch die Gattung des Streichquartetts. Hierüber sagte Johann Wolfgang von Goethe 1829: „Man hört vier vernünftige Leute sich untereinander unterhalten."

》➤ **2** *Bezieht das Goethe-Zitat auf den Ausschnitt des „Ersten Streichquartetts" von Beethoven. Welche Ideale der Aufklärung lassen sich in der Musik entdecken?* ◎ II|16

Mit dem Niedergang des Absolutismus begann schon vor der Französischen Revolution der Aufstieg des Bürgertums. Das hatte auch Auswirkungen auf das Musikleben. Private Unternehmer veranstalteten öffentliche Konzerte und gründeten Verlage, die Noten herausgaben. Musik war jedermann zugänglich, der dafür zahlen konnte und wollte. Die Entwicklung des „freien Künstlertums" nahm ihren Lauf. Der gebräuchlichste Weg, eine Komposition herauszugeben, war die Subskription. Der Komponist oder Verleger musste, bevor er die Kosten des Notenstichs auf sich nahm, eine bestimmte Zahl von Abnehmern sichern. Durch die Lithografie konnten die Druckkosten für Noten deutlich gesenkt und die Auflagen gesteigert werden.

》➤ **3** *Vergleicht die Lebensläufe von Haydn, Mozart und Beethoven: Was führte jeden von ihnen nach Wien? Welche Rolle spielte dabei das höfische Musikleben, welche das bürgerliche?*

》➤ **4** *Welche Rückschlüsse zieht ihr aus der Darstellung des Begräbnisses für das Ansehen Beethovens in seiner Zeit?*

》➤ **5** *Die Wiener Klassik mit ihren herausragenden Persönlichkeiten und Werken wurde Gegenstand ungezählter Bearbeitungen, Verfilmungen, Parodien. Um welche Komponisten geht es bei den Ausschnitten aus zwei Musicals – das eine ist ein Song der Titelfigur, das andere die Ouvertüre?* ◎ II|**17, 18**

Die Romantik

Abschied vom Walde

Worte: Joseph von Eichendorff
Melodie: Felix Mendelssohn Bartholdy

(transponiert nach C-Dur)

O Tä-ler weit, o Hö-hen, o schö-ner grü-ner Wald, du

mei-ner Lust und We-hen an-dächt'-ger Auf-ent-halt! Da

drau-ßen, stets be-tro-gen, saust die ge-schäft'-ge Welt; schlag'

noch ein-mal die Bo-gen um mich, du grünes Zelt, schlag'

noch ein-mal die Bo-gen um mich, du grü-nes Zelt.

Caspar David Friedrich, Waldinneres bei Mondschein, 1823–1830

»► **1** *Lasst euch durch die Musik und das Bild in die Grundstimmung der Romantik versetzen.* ◉ **II|19**

»► **2** *Welche Kennzeichen könnt ihr auch aus dem folgenden Bild, dem berühmten Märchen- und Liedauszug sowie eurem eigenen Wissen in Bezug auf den Epochenbegriff Romantik ableiten?*

„Aber in der Ecke beim Hause saß in der kalten Morgenstunde das klei-ne Mädchen mit den roten Wangen, mit einem Lächeln um den Mund – tot, erfroren. Der Neujahrsmorgen ging auf über der kleinen Leiche, die mit Schwefelhölzern da saß, von dem ein Bund fast abgebrannt war. Niemand wusste, was sie Schönes gesehen, in welchem Glanz sie mit der alten Großmutter zur Neujahrsfreude eingegangen war."
Hans Christian Andersen, dänischer Dichter und Schriftsteller, 1805–1875

Anna Katrina Zinkeisen,
Das kleine Mädchen mit den
Schwefelhölzern

Der Begriff Romantik geht auf das altfranzösische *romanz* zurück, das wiederum die Grundlage für den Begriff Roman bildete. Der Epochenbegriff beschreibt den Zeitraum vom Ende des 18. bis in die zweite Hälfte des 19. Jahrhunderts. Die Romantik war eine Reaktion auf die vernunftgeleitete Philosophie der Aufklärung, der sie die Bedeutung der Empfindung und der Sehnsucht entgegensetzte. Symbole, wie die blaue Blume und die Nacht, beschreiben die Hin-wendung zum Geheimnisvollen. Die Individualität des Einzelnen und die Liebe zwischen Mann und Frau erhielten einen besonderen Stellenwert. Das künstlerische Genie wurde überhöht und verklärt.

»► **3** *Findet das Geheimnisvolle in der Musik.*
a) Singt Mendelssohn Bartholdys Lied in einer ausdrucksvollen Interpretation.
b) Wie spiegelt sich im Melodieverlauf die Natursehnsucht auch optisch wider? Welche Harmonien gehören nicht zur erweiterten Kadenz in C-Dur? ↗ S. 196

Clara und Robert Schumann

Im Hause seines Klavierlehrers Friedrich Wieck (1785–1873) lernte der 18-jährige Robert Schumann dessen Tochter Clara kennen, die ausgesprochen gut Klavier spielte. Ihr Vater setzte all seinen Ehrgeiz daran, sie zu einer gefeierten Pianistin auszubilden. Auch Robert Schumann strebte die Laufbahn des Instrumentalvirtuosen an. Vorbild waren für ihn Künstler wie der Geiger Niccoló Paganini (1782–1840) und der Pianist Franz Liszt (1811–1886). Er übte wie besessen und erfand eine komplizierte Halterung, mit der er den Fingermuskel des Ringfingers stärken wollte. In Folge wurde der Finger tragischerweise steif, was das Aus seiner erhofften Virtuosenkarriere bedeutete.

》➤ **4** *Worin bestehen wohl die spieltechnischen Herausforderungen in der Konzertetüde „Waldesrauschen" von Franz Liszt?* ◎ **II|20**

Clara und Robert Schumann, um 1850

Als Clara 1835 von einer Konzertreise zurückkehrte, verliebten sich Robert und Clara ineinander. Es sollten aber noch fünf Jahre vergehen, bis die beiden heiraten konnten, da Friedrich Wieck mit allen Mitteln versuchte, diese Bindung zu verhindern. Robert hatte sich inzwischen dem Komponieren zugewandt und war mit dieser unsicheren Arbeit nach Ansicht des Vaters kein angemessener Ehemann für Clara. So musste Robert per Gericht die Einwilligung zur Hochzeit erstreiten.

1839 schrieb er an Clara: „Jetzt gilt es, das Liebste und Höchste zu verteidigen; jetzt rasch vollführt, was wir begonnen haben. Wir haben uns überhaupt viel zu bürgerlich behandeln lassen. Wir müssen viel genialer auftreten. Was kümmert uns die Welt. Jetzt heißt es ‚vorwärts!', und sollen ein paar Philister darüber in Ohnmacht fallen."

Am 12.9.1840 heirateten Clara und Robert schließlich in der Gedächtniskirche in Leipzig-Schönefeld. Clara schrieb in ihr Tagebuch: „Jetzt geht ein neues Leben an, ein schönes Leben, das Leben in dem, den man über alles und sich selbst liebt."

Während Clara in ihrer Ausbildung noch das Komponieren gelernt und auch praktiziert hatte, konzentrierte sie sich später vollkommen auf das Musizieren. Das Komponieren überließ sie Robert. Sie trug durch ihre Konzerttätigkeit wesentlich zur Verbreitung der Musik ihres Mannes bei. Das Künstlerehepaar ergänzte sich also sehr gut, indem es die Rolle der Interpretin und des Komponisten klar trennte, was in der Zeit der Romantik beispielgebend wurde.

》➤ **5** *Erkennt den Kompositionsstil von Robert Schumann im Klavierstück „Marche des ‚Davidsbündler' contre les Philistins" aus „Carnaval" (op. 9, 1834/35).* ◎ **II|21**
a) *Die Davidsbündler waren ein von Schumann gegründeter Künstlerkreis gegen den „Rest der Spießbürger" (Philister). Wie setzt der Komponist seine leidenschaftliche Opposition gegen das Konventionelle romantisch virtuos um?*
b) *In der Klassik werden beispielsweise in der Sonatenhauptsatzform zwei Themen komplex verarbeitet. Wie geht Schumann mit dem musikalischen Thema um?* ➚ *S. 50ff.* ▤

Bösendorfer Hammerflügel, Wien, 1867

Das Ringen Robert Schumanns um die Beziehung zu Clara findet auch seinen Niederschlag in dem *Klavierkonzert in a-Moll*, in welchem die Grundgedanken um Sehnsucht, Leidenschaft und Glück sehr gut zum Ausdruck kommen. Sie haben es zu dem typischen romantischen Klavierkonzert schlechthin gemacht. Die Uraufführung fand 1845 in Dresden mit Clara Schumann als Solistin statt. Robert Schumann nutzte die neuesten klanglichen und spieltechnischen Möglichkeiten des Hammerflügels vollständig aus: das Gestalten von Melodien, das Begleiten mit flächigen, gebrochenen Akkorden unter Einbeziehung des Pedals, den großen Tonumfang sowie die Umsetzung rasanter Skalen. Somit ergeben sich auch vielfältige Variationen der Korrespondenz mit dem Orchester. Dieses spielt nach der kurzen Einleitung das erste Thema, welches vom Klavier anschließend übernommen wird.

1. Satz, 1. Thema (vereinfacht, im Original eine Oktave höher)

Dieses Thema wird im ersten Satz immer wieder variiert aufgegriffen, mal in Moll, mal in Dur, vom Klavier solistisch gespielt oder vom Orchester gestaltet und durch das Klavier begleitet.

»➤ **1** *Musiziert das erste Thema original in Moll und prägt es euch gut ein. Versucht die ersten beiden Takte auch in Dur zu spielen. Für welche Grundgedanken könnten die beiden Versionen stehen?*

Beispiel für Klavierklang mit Streichern

»➤ **2** *Welche Beziehung besteht zwischen beiden Stimmen? Wählt neben dem Klavier ein weiteres Instrument und spielt beide Stimmen, die Klavierstimme zunächst mit Akkorden, dann mit gebrochenen Dreiklängen, wodurch sich ein neuer Effekt ergibt.*

1. Satz, weiteres Thema

》➤ 3 *Singt dieses weitere Thema und vergleicht es in seiner Gestaltung und Wirkung mit dem ersten.*

Eine wichtige Rolle in einem Klavierkonzert spielt auch die Kadenz, bei der der Solist sein Können besonders hervorhebt. Bis in die Klassik war es üblich, dass Solisten ihre Kadenzen selbstständig gestalteten, im Konzert von Schumann ist sie dagegen komplett durchkomponiert.

》➤ 4 *Hört den Anfang des ersten Satzes, erkennt die Themen und verfolgt das Wechselspiel von Orchester und Klavier. Welche kompositorischen Mittel setzt Schumann ein, um beispielsweise Leidenschaft darzustellen und zu steigern?* ◎ II | 22–24

Themen im 2. Satz

expressivo

Der zweite Satz steht in F-Dur und ist mit *Intermezzo* überschrieben, einem Zwischenspiel, das nahtlos in den dritten, finalen Satz des Konzertes übergeht. Auch in diesem Satz verwendet Schumann mehrere kontrastierende Themen.

》➤ 5 *Welche Instrumente spielen am Beginn des Intermezzos die abgebildeten Themen? Begründet auch die Wahl des Instruments für das expressive zweite Thema.* ◎ II | 25

Clara Schumann
★ 1819 in Leipzig
† 1896 in Frankfurt a. M.

Clara Schumann bekam acht Kinder, eins davon starb noch vor dem ersten Geburtstag. Nach dem frühen Tod ihres Mannes im Jahre 1856 heiratete sie nicht wieder. Sie versorgte die Familie durch ihre Konzert- und Unterrichtstätigkeit. Zu offiziellen Anlässen trug Clara dunkle Kleider und ein schwarzes ins Haar geflochtenes Band, das sie als Witwe kennzeichnete. Ihr ganzes Leben lang blieb sie eine in Europa gefeierte Pianistin, was zu diesen Zeiten alles andere als selbstverständlich war. Das *Klavierkonzert in a-Moll* spielte Clara über 100 Mal als Solistin. Damit machte sie es zu einem der bekanntesten romantischen Klavierkonzerte, das auch heute an Popularität nichts eingebüßt hat und auf vielen Spielplänen großer Konzerthäuser steht.

》➤ 6 *Hört im Finale des dritten Satzes den Sieg der Liebe über alle Widerstände hinweg.* ◎ II | 26

》➤ 7 *Forscht nach, wie der Stand der Wissenschaften in Bezug auf Robert Schumanns Ableben ist.*

»►**1** *Entdeckt romantische Bezüge im Bühnenbild.* ↗ S. 62

Inszenierung am Theater Lope de Vega, Madrid, 2012

Die Hinwendung der Menschen zur Natur beeinflusste in der Romantik auch die Tänzer und Choreografen. Die Sehnsucht, es den Vögeln und Luftgeistern gleichzutun, und das Ideal des märchenhaft Verträumten ließen im Tanz die Ballerina auf die Spitze steigen und sich leichtfüßig drehend und scheinbar schwerelos springend über die Bühne bewegen. Die Männer standen weniger im Rampenlicht. Ihre Anmut stellten sie durch kunstvolle Hebungen heraus.

Ballett am Zarenhof in Russland

Mit dem französischen Choreografen Marius Petipa (1818–1910) erlebte das russische Ballett seine Blüte. Bis zu seinem Tod gestaltete er nicht weniger als 50 Ballette. Seine Choreografien dienen heute noch bei Wiederaufführungen romantischer Ballette als Vorlage.

»►**2** *Welche Vor- und Nachteile kann es für heutige Choreografen geben, wenn sie sich auf die Originalchoreografie von Petipa und seine Notizen berufen wollen?*

Christine Walsh und David Ashmole, 1988

»►**3** *Befragt Mitschüler, die eine Tanzausbildung absolvieren, zu ihren Tanzerfahrungen.*

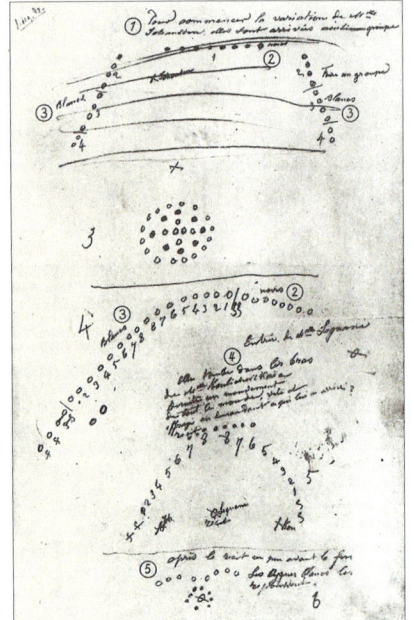

Marius Petipa, Choreografische Notizen zu *Schwanensee*

Petipa arbeitete intensiv mit Komponisten wie beispielsweise Peter I. Tschaikowski (1840–1893) zusammen. Dabei gab er die musikalisch rhythmische Struktur zumeist vor, der Komponist sollte also die Musik zu einer schon bestehenden Choreografie schreiben. Nur wenige Komponisten waren in der Lage, diese Arbeitsweise nicht als Einengung ihrer Kreativität zu sehen und trotzdem eine kunstvolle Musik zu komponieren. Der Hintergrund für dieses Vorgehen lag auch in der anspruchsvollen Tanztechnik, die ein intensives Training voraussetzte. Hierbei wurden bestimmte Bewegungsfolgen einstudiert, die unterschiedlich kombiniert und von der Komposition aufgegriffen werden mussten. ↗ S. 208

Peter I. Tschaikowski *Schwanensee* (op. 20)

Die Geschichte: Prinz Siegfried wird 21 Jahre alt. Seine Mutter ermahnt ihn, dass er sich auf dem kommenden Ball eine Braut suchen soll. In melancholischer Stimmung geht der Prinz auf die Jagd. Am Schwanensee trifft er auf die vom Zauberer Rotbart in einen Schwan verwandelte Prinzessin Odette. Diese kann nur durch einen Schwur von ewiger Liebe und Treue erlöst werden. Siegfried schwört dies der Prinzessin und wird dabei vom Zauberer belauscht. Rotbart schickt sein Geschöpf Odile, Odettes negatives Ebenbild, auf das Fest des Prinzen. Dieser glaubt, seine geliebte Odette zu erkennen, und hält um ihre Hand an. Der Zauberer und Odile verlassen triumphierend den Festsaal, während Siegfried verzweifelt zum See läuft. Dort bittet er Odette um Verzeihung und sie vergibt ihm. Beide stürzen sich in die Fluten und sterben.

》➤ **4** *Hört das Finale des Balletts. Wie wird der Tod in der Musik gedeutet?* ◎ **II | 27**

Natalie Portman im Film „Black Swan" (USA 2010) als Odette und Odile

Das Ballett *Schwanensee* wurde 1877 am Moskauer Bolschoi-Theater uraufgeführt. Aufgrund der schlechten Inszenierung fiel das Werk beim Publikum komplett durch. Erst 1895 wurde es von Marius Petipa und Lew Iwanow (1834–1901) am Mariinski-Theater in Sankt Petersburg erfolgreich aufgeführt.

Das Ballett enthält eine der darstellerisch und tänzerisch anspruchsvollsten Rollen für eine Ballerina, denn Odette (weißer Schwan) und Odile (schwarzer Schwan) werden von nur einer Tänzerin getanzt.

Ballettfans besuchen auch gerne eine Aufführung „nur", um die Virtuosität der Tänzer zu bewundern, die Musik ist dabei manchmal zweitrangig. Als besondere Herausforderung gilt die Umsetzung von sogenannten Fouettés (*frz.* sinngemäß gepeitscht) durch Odile, bei denen die Tänzerin sich 32 Mal auf der Spitze stehend dreht, ohne sich vom Platz wegzubewegen.

》➤ **5** *Vergleicht die Musik zu Odette und Odile. Beschreibt Charakterzüge, die durch die Musik zum Ausdruck kommen.* ◎ **II | 28, 29**

》➤ **6** *Benennt, in welcher Reihenfolge das Wasser des Sees zu hören ist, wann der Prinz mit Odette einen „Pas de deux" (frz. Schritt zu zweit) tanzt und zu welchem Zeitpunkt die restlichen Schwäne auftreten.* ◎ **II | 30**

》➤ **7** *Mit welchen Mitteln unterstützt die Musik die schwungvollen Bewegungen von Odile?* ◎ **II | 31**

Antonín Dvořák *Sinfonie Nr. 9 in e-Moll* (op. 95)

》➤ **1** *Welche inneren Bilder entstehen beim Hören der Musik?* ⊚ ‖ **32, 33**

In Folge der Französischen Revolution (1789–1799) fühlten sich viele Völker Europas im 19. Jahrhundert ermutigt, sich gegen herrschende Regime aufzulehnen. Der dabei entstandene Wunsch nach nationaler Identität beeinflusste auch die Komponisten, die in ihren Werken Elemente der Volksmusiken aufgriffen. Es bildeten sich sogenannte Nationale Schulen.

Auch der tschechische Komponist Antonín Dvořák (1841–1904) verwendete in seinen Kompositionen Elemente der Volksmusik. 1892 verlässt er seine Heimat für drei Jahre, um in New York die Stelle des Direktors am National Conservatory anzutreten. In den USA wurde ihm bewusst, dass er zu einem ganz besonderen Zweck nach New York eingeladen worden war. Er schrieb an einen Freund: „Die Amerikaner erwarten große Dinge von mir, vor allem soll ich ihnen den Weg ins gelobte Land und in das Reich der neuen, selbstständigen Kunst weisen, kurz, eine nationale Musik schaffen."

Pferdetaxen in New York im 19. Jahrhundert

Nelahozeves, Geburtsort Dvořáks

Dvořák komponierte nun eine „amerikanische" Sinfonie, *Aus der neuen Welt* genannt. Er ließ sich von der musikalischen Vielfalt seines Gastlandes inspirieren, ohne jedoch seine künstlerische Heimat auszublenden. Die Sinfonie wurde 1893 in der Carnegie Hall in New York erfolgreich uraufgeführt.

》➤ **2** *Überlegt, welche Spannungen sich durch die verschiedenen Welten für Dvořáks Arbeit ergaben.*

1. Satz, 1. Thema

》➤ **3** *Musiziert und hört die beiden Themen, verfolgt das zweite in der Partitur auf der* ➚ *Seite 14. Ordnet folgende programmatische Schlagworte zu: erhabene Weite der Prärie und tänzerische Folklore. Begründet eure Entscheidung auch anhand der melodischen und rhythmischen Form der beiden Themen.* ⊚ ‖ **34** ⊚ 📄

Für die Hauptmelodie des zweiten Satzes ließ sich Dvořák von dem amerikanischen Volksdichter Henry Wadsworth Longfellow und dessen Dichtung „The Song of Hiawatha" (siehe Abbildung rechts) inspirieren. Sie erzählt vom Leben des Ojibwa-Häuptlings Hiawatha und dessen Umgang mit den „Weißen".

2. Satz, 1. Thema

Das Thema wird von einem besonderen Instrument, dem Englisch-horn gespielt. Dieses Instrument gehört zur Oboenfamilie, klingt aber als transponierendes Instrument eine Quinte tiefer als notiert.

Englischhorn

》➤ **4** *Analysiert das erste Thema im zweiten Satz.*
a) *Musiziert die Melodie und gestaltet eine Begleitung. Achtet auf die Phrasierung und Tempoangaben. Erkennt die Liedform.*
b) *Welche Instrumente geben der Einleitung ihren choralartigen Charakter und welche begleiten das Englischhorn?* ◎ **II|35**
c) *Singt eine Liedfassung zu diesem Thema.* ➚ *S. 229*

3. Satz, Scherzo, Thema

Die von Flöten und Oboen vorgetragene Melodielinie beschreibt eine indiani-sche Hochzeit aus Longfellows Gedicht.

1 etwas getragen, ruhig

》➤ **5** *Inwiefern stehen hier das Hochzeitsmotiv, die Taktart und die Überschrift Scherzo in einem Zusammenhang? Wie ist die Beglei-tung im Orchester gestaltet? Versucht das Thema entsprechend zu spielen.* ◎ **II|36**

Im vierten Satz schafft Dvořák durch das energische Hauptthema und das Ver-wenden von Motiven der vorangegangenen Sätze einen kraftvollen Abschluss.

Cover zur Gedicht-sammlung „The Song of Hiawatha"

》➤ **6** *Hört euch das Ende der Sinfonie an.* ◎ **II|37**
a) *Welche Emotionen ruft diese Stelle bei euch hervor? Beschreibt euren Eindruck bezogen auf Melodik, Rhyth-mik, Dynamik, Instrumentation.*
b) *Diskutiert, ob es Dvořák eurer Meinung nach gelungen ist, hier eine amerikanische Kunstmusik zu schaffen.*

》➤ **7** *Recherchiert zu den Komponisten Edvard Grieg, Bedřich Smetana und Peter I. Tschaikowski des 19. Jahr-hunderts sowie jeweils zu einem ihrer Werke, das den Bezug zu den Nationalen Schulen herstellt.*

„Aufforderung zum Tanz" – der Ball ist eröffnet. „Sobald das Signal ertönt, (…) eilt der Herr zu der Dame, mit welcher er engagiert ist. (…) Er verneigt sich vor seiner Dame, sie erhebt sich (…) und nimmt den ihr angebotenen rechten Arm." *Kurt Adelsfeld, Das Lexikon der feinen Sitten, 1897*

Raumwege und Formationen zur Polonaise

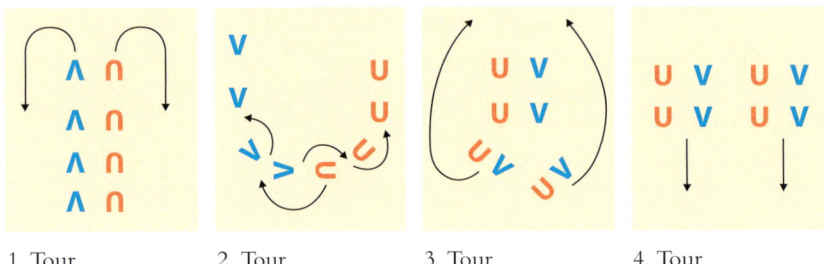

1. Tour   2. Tour   3. Tour   4. Tour

René Reinicke, Die erste Tanzstunde mit Herren, um 1890

≫➤ 1 *Gestaltet den Beginn eines Tanzballs in der zweiten Hälfte des 19. Jahrhunderts. Imitiert die beschriebenen Gepflogenheiten und setzt paarweise mit Schritten im Metrum die Musik der Polonaise um. Beachtet die Raumwege.*

◉ II|38 🗎

Die Industrielle Revolution im 19. Jahrhundert führte zur Entwicklung des Bürgertums. Tanzen wurde zum allgemeinen Vergnügen und es entstand eine ausgeprägte Ballkultur mit eigenen Tanzordnungen. Um daran partizipieren zu können, war es für die damalige Jugend unerlässlich, Tanzschulen zu besuchen. Diese vermittelten nicht nur die notwendigen Schritte, sondern auch die ausgefeilten Verhaltensregeln für das soziale Miteinander: das Erlernen einer grazilen Körperhaltung und das Einüben gesellschaftlicher Umgangsformen insbesondere für Mädchen, damit diese den bürgerlichen Repräsentationspflichten gewachsen waren.

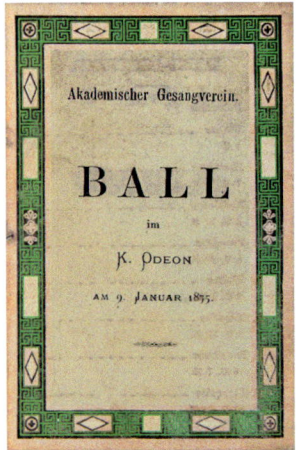

Tanzkarte

„Wenn die Einladung auf 8 Uhr abends lautet, so braucht eine junge Dame ihre Toilette für den großen Moment keineswegs vor 5 Uhr nachmittags zu beginnen. 2 ½ Stunden sind vollauf genügend." Bei sogenannten Hausbällen wurde die Reihenfolge der Tänze im Voraus festgelegt und den eingeladenen Tänzern zugesandt. Auf diesen Tanzkarten wurden auch die Namen der Tanzpartner eingetragen. „Wir jungen Mädchen legten Wert darauf, mindestens vor dem ersten Walzer, womöglich schon in der vorhergehenden Woche, sämtliche Tänze vergeben zu haben." *Zitate aus einem Benimmbuch*

≫➤ 2 *Welche Gründe könnte es für die Gestaltung von Tanzkarten gegeben haben?*

Der Siegeszug des Wiener Walzers

Johann Strauß (Sohn) (1825–1899) entstammte einer berühmten Wiener Musikerfamilie. Schon sein Vater hatte mit Tanzkompositionen einen gewissen Ruhm erlangt. Nach dessen Tod 1849 übernahm der Sohn das Orchester seines Vaters. Er selbst wurde einer der berühmtesten Geiger, Kapellmeister und Komponisten des 19. Jahrhunderts in Wien. Durch seine etwa 150 Walzer-Kompositionen wurde dieser Tanz zum wichtigsten des 19. Jahrhunderts. In der Musikgeschichte wird Strauß (Sohn) daher als „Walzerkönig" bezeichnet, zumal es ihm gelang, mit seiner Musik sehr viel Geld zu erwirtschaften. 1863 wurde er Hofball-Musikdirektor und leitete bis zu seinem Tod alle kaiserlichen Hofbälle.

» 3 *Erfasst die musikalische Form im Ausschnitt des Walzers „An der schönen blauen Donau".* ◉ **II | 39**

Der Wiener Walzer ging aus dem Ländler und den Besonderheiten bayerisch-österreichischer Volksmusik, wie *Dreher* und *Schuhplattler*, hervor. ↗ S. 218 f. Als Folge der Tanzbegeisterung im 19. Jahrhundert entstanden riesige Ballsäle. Strauß konnte dort mit einem großen Orchester auftreten. Auch dadurch hatte er die Möglichkeit, die Form des Walzers wesentlich zu erweitern und farbig zu instrumentieren. Das Walzertanzen wurde musikalisch durch das schwungvolle Tempo und das leichte Vorziehen des zweiten Viertels im Takt unterstützt.

An der schönen blauen Donau (Ausschnitt)   Johann Strauß · Satz: Ines Mainz

Die Tradition der Tanzbälle hat sich bis heute erhalten. In Österreich sorgt vor allem der Wiener Opernball für internationalen Glanz, aber auch viele Schulen veranstalten jährlich einen Schulball. Und selbstverständlich zeigen dort die Schüler ihr Können beim Walzertanzen. Strauß war ebenfalls Vorbild und Namensgeber für das Orchester des niederländischen Geigers André Rieu. Er leitet genau wie Strauß sein gleichnamiges Orchester, indem er auf seiner Geige vor dem Orchester dem Publikum zugewandt spielt und deshalb im eigentlichen Sinne auch nicht dirigiert.

» 4 *Musiziert den Ausschnitt aus „An der schönen blauen Donau" und tanzt dazu den Walzerschritt.* 📄

Romantik (ca. 1820–1890)

Robert Schumann
★ 1810 in Zwickau
† 1856 in Endenich (bei Bonn)

Johann Strauß (Sohn)
★ 1825 in St. Ulrich
† 1899 in Wien

Peter I. Tschaikowski
★ 1840 in Wotkinsk
† 1893 in St. Petersburg

Antonín Dvořák
★ 1841 in Nelahozeves
† 1904 in Prag

1813 Völkerschlacht bei Leipzig: Napoleon wird entscheidend geschlagen
1815 Wiener Kongress, politische Neuordnung Europas
1832 Hambacher Fest, Treffen freiheitlich gesinnter Bürger und Studenten
1848 Deutsche Revolution, Nationalversammlung in der Frankfurter Paulskirche
1869 Gründung der SPD in Eisenach
1871 Gründung des Deutschen Reiches („Gründerzeit")

1835 erste Eisenbahnlinie in Deutschland (Nürnberg-Fürth)
1837 Samuel Morse entwickelt den Schreibtelegrafen
1879 Thomas A. Edison erfindet die Glühlampe
1887 Emil Berliner konstruiert das Grammophon

1812–1822 Brüder Grimm: „Kinder- und Hausmärchen"
1814/15 E. T. A. Hoffmann: „Nachtstücke in Callots Manier"
1819 Arthur Schopenhauer: „Die Welt als Wille und Vorstellung"
1867 Karl Marx: „Das Kapital"

Caspar David Friedrich, Frau
vor der untergehenden Sonne,
um 1818

> „Musik ist die Sprache der Leidenschaft."
> *Richard Wagner*

Das 19. Jahrhundert umfasst eine Zeit der Umbrüche und Widersprüche. Einerseits gilt diese Zeit als Epoche der Romantik, in der Dichter, Maler und Musiker erstmals ein „romantisches Lebensgefühl" ausdrückten. Andererseits veränderten neue Erfindungen und Techniken die Arbeitsprozesse und Lebensbedingungen. Die Industrialisierung begann. Eine neue gesellschaftliche Klasse, das Bürgertum, sorgte als Handel treibende Mittelschicht für wirtschaftlichen Aufschwung. Doch nach dem Wiener Kongress (1815) wurden fortschrittliche gesellschaftliche Strömungen zurückgedrängt, um die alten Machtverhältnisse wiederherzustellen (Restauration). Es herrschte strenge Pressezensur, politisch Andersdenkende wurden verfolgt. Die Hoffnung vieler Deutscher auf einen einheitlichen Nationalstaat hatte sich nicht erfüllt. ↗ S. 170

Musikvereins-
gebäude Wien
(1863–1870)

Auch im 19. Jahrhundert galt Wien als Musikhauptstadt Europas. Das Musikleben wurde wesentlich von den Bürgern und ihrem Unterhaltungsbedürfnis geprägt. 1812 gründete sich der Musikverein, der im Jahr 1870 selbstbewusst ein bis heute bespieltes Gebäude errichtete.

»► **1** *Charakterisiert die Architektur und zieht geschichtliche Vergleiche.*

»► **2** *Setzt Besonderheiten der musikalischen Form in Beziehung zur Funktion der Musik als Tanzmusik. Welche Rückschlüsse auf die technischen Entwicklungen könnte man im Vergleich beider Kompositionen ziehen?* ◎ **II | 40, 41**

Neben Konzerten erfreuten sich Tanzveranstaltungen großer Beliebtheit. Vor allem Johann Strauß, Vater wie Sohn, gelang es, mit immer wieder neuen Tanzkompositionen, die sich oft zu Gassenhauern entwickelten, das Bedürfnis nach neuer Musik zu befriedigen. Als 1837 die Eisenbahnstrecke zwischen Wien und Deutsch-Wagram eröffnet wurde, stellte Johann Strauß Vater den *Eisenbahn-Lust-Walzer* (op. 89) vor. 1864 ließ Johann Strauß Sohn einen *Vergnügungszug* (op. 281), eine Polka, folgen.

Die Menschen reagierten unterschiedlich auf die Verwirrungen dieser Zeit: Manche zogen sich ganz aus dem öffentlichen Leben in die Stille und Behaglichkeit der eigenen vier Wände zurück. Diese Lebenshaltung fand ihren Ausdruck in einer Kunstrichtung, die später als „Biedermeier" bezeichnet wurde. Andere kämpften im Verborgenen für freie Meinungsäußerung und ein moderneres Staatswesen. Einige suchten die vermeintliche Idylle in der Natur wiederzufinden, besannen sich auf die „gute, alte Zeit" (Märchen, Mythen, Historismus) oder träumten von einer besseren Zukunft.

Ludwig Richter, Hausmusik im Winter, 1858

»► **3** *Schildert die Bedeutung der Hausmusik im Biedermeier am Beispiel des Holzschnitts von Ludwig Richter.*

Aufbruch in die Moderne

Edouard Manet, Mondschein über dem Hafen, 1869

In der Vergangenheit waren die meisten Maler bemüht, Personen, Gegenstände oder Landschaften naturgetreu darzustellen. Gegen Ende des 19. Jahrhunderts versuchten französische Maler ihren persönlichen Eindruck (*frz.* impression) einer Landschaft oder Szene einzufangen. Damit stießen sie zunächst auf allgemeines Unverständnis und wurden von ihren Kritikern als „Impressionisten" beschimpft. So etablierte sich der Begriff Impressionismus und bezeichnete fortan eine Stilrichtung, die sich neben der Kunst auch in der Musik und Literatur wiederfand. In der Musik wurde dieser Begriff vor allem für den Stil der französischen Komponisten Claude Debussy (1862–1918) und Maurice Ravel (1875–1937) übernommen.

➤ **1** *Beschreibt die Verbindung von Farben und Musik: Stellt euch vor, wie das Mondlicht die Umgebung auf dem Bild stimmungsvoll variieren könnte. Bringt wahrnehmbare Entwicklungen in der Musik mit möglichen Veränderungen im Bild (emotionaler Ausdruck, Veränderungen in Licht und Schatten) in Bezug, macht euch Notizen und stellt eure Ergebnisse vor.* ◎ **II|42**

Claude Debussy *Clair de lune* (Anfang, transponierte Fassung in C-Dur)

➤ **2** *Entdeckt die Klangfarben im Klavierstück „Clair de lune" (frz. Mondschein): Musiziert erst auf Tasteninstrumenten und überlegt euch mögliche Instrumentationen. Verteilt die Stimmen auf vorhandene Instrumente oder experimentiert mit dem Computer.* ◎ **II|42** ◎

Prélude à l'après-midi d'un faune

Es ist der 29.05.1912. Im Pariser Théâtre du Châtelet erwartet das Publikum eine Ballettpremiere. Choreografiert hat der berühmte Solotänzer der Ballets Russes Vaslav Nijinsky (1890–1950) zu einer Musik von Debussy. Das Publikum ist auf ein Feuerwerk sensationeller Sprünge gespannt, für die Nijinsky berühmt ist. Stattdessen präsentiert sich der Tänzer aber mit spartanischen Bewegungen, die Tänzerinnen schreiten wie lebendig gewordene Abbildungen auf antiken griechischen Vasen über die Bühne. Der Tänzer stellt ihnen nach, sie eilen davon, er kann nur ein Tuch erhaschen. Symbolisch verehrt er es, legt sich schließlich auf dieses und – das Publikum glaubt seinen Augen nicht zu trauen – deutet mit seinen Bewegungen eine Onanie an. Der Skandal ist perfekt.

Vaslav Nijinsky, 1912

So wie die choreografische Umsetzung durch Nijinsky die Richtung für einen völlig neuen Tanzstil eröffnete, nimmt Debussys *Prélude à l'après-midi d'un faune* (*frz.* Vorspiel zum Nachmittag eines Faun) selbst eine Schlüsselfunktion für die weitere Entwicklung der Musik im beginnenden 20. Jahrhundert ein. Basis für die sinfonische Dichtung bildete eine Ekloge (*griech.* Auswahl eines Gedichts; hier Hirtengedicht) des französischen Dichters Stéphane Mallarmé (1842–1898). Die Musik folgt dem Gedicht aber nicht programmatisch, vielmehr gestaltet sie in eigener Weise wie die impressionistischen Maler eine Momentaufnahme. Zu Beginn erklingt ein Flötensolo:

»➤ **3** *Spielt die Töne langsam nacheinander und analysiert den Anfang des Flötensolos in Bezug auf die Intervalle: Welches Intervall gestaltet eine Pendelbewegung?*

Das gesamte Stück bildet eine dreiteilige Form A – B – A'. Im B-Teil dominiert eine pentatonische Melodik. ➚ S. 211 Im letzten A'-Teil werden die melodischen Bausteine von A und B geführt. Der Reiz des *Préludes* ergibt sich auch aus der Rhythmisierung und Instrumentierung sowie den an- und abschwellenden Spannungsbögen.

»➤ **4** *Entschlüsselt den Partiturausschnitt der Takte 63 bis 65 und vergleicht mit dem Klangbild.*
a) Welche Besonderheiten in der Instrumentierung könnt ihr entdecken? ➚ S. 14
b) Musiziert nach Möglichkeit die Stimmen der Flöten und Violinen erst einzeln, dann gleichzeitig. Setzt sie in Beziehung zu der Harfenstimme. Wie werden Kontraste umgesetzt?
c) Wodurch werden in der Musik teils spannungsgeladene, teils sphärische, fast schwebende Momente erzeugt? Benennt Elemente aus anderen musikalischen Zusammenhängen. ◎ **II|43**

Tanz auf neuen Wegen

Der Leiter der vor allem in Westeuropa berühmten Ballets Russes Sergej Djagilew (1872–1929) beauftragte den Tänzer Vaslav Nijinsky (1889–1950), zur Musik des von ihm sehr geförderten Igor Strawinsky (1882–1971) ein Ballett zu choreografieren. Der Tänzer verzweifelte fast an der Aufgabe. ↗ S. 76 f.

Der Komponist hatte ein ungewöhnliches Thema gewählt. Sein Werk *Le sacre du printemps* (*frz.* „Das Frühlingsopfer") trug als Untertitel *Bilder aus dem heidnischen Russland in 2 Teilen*. Im Verlauf der Musik wechselten immer wieder die Takt- und Tonarten. Das machte es für Nijinsky nicht leichter. Welche Bewegungen passten dazu?

»➤ **1** *Versetzt euch in die Rolle von Nijinsky. Vor welchen Herausforderungen würdet ihr und eure Tänzer stehen?* ⊚ II|44

»➤ **2** *Gestaltet selbst den Ausschnitt, in welchem die „Propheten des Frühlings" erscheinen.* ⊚ II|45

a) *Verfolgt im Ablauf der Musik den Wechsel der rhythmischen und melodischen Passagen.*
b) *Findet durch Zählen (¾-Takt) die unterschiedlichen Betonungen in den rhythmischen Teilen und notiert euer Ergebnis.*
c) *Setzt die folgende Tanzbeschreibung um: Bildet stehend einen Außenkreis um eine zweite kleinere Gruppe, die sich hockend in ihm befindet. Der Außenkreis wippt auf die durchgängigen Achtel und erfindet auf die unregelmäßigen Akzente der Musik individuelle Armgesten. Beim Einsatz der Melodie richten sich die Tänzer des Innenkreises langsam auf und fallen am Ende der Phrasen zurück in die Ausgangsposition (Hocke). Auf den Abschlussakkord nehmen alle Tänzer des Außenkreises eine „Konfrontations-Pose" gegen die Innengruppe (Opfer) ein.*

Konfrontations-Szene, Maurice Béjart, Tokyo Ballet, Gastspiel an der Deutschen Oper, 1999

Die Uraufführung des Balletts fand 1913 im Théâtre des Champs-Elysées in Paris statt und führte bereits ein Jahr nach der ebenfalls aufsehenerregenden Premiere zu einer Choreografie Vaslav Nijinskys zu einem weiteren Theaterskandal der Geschichte – hier mit Polizeieinsatz. Das Publikum empfand in diesem Fall die Musik als Provokation. Was war daran neu? Strawinsky erweiterte das klassische Orchester vor allem durch zusätzliche Holz- und Blechblasinstrumente und ein umfangreiches Schlagwerk. Er verwendete viele Volksliedthemen aus seiner russischen Heimat, die er teilweise übereinanderschichtete. Außerdem mischte er unterschiedliche Tonarten, die gleichzeitig gespielt wurden (Polytonalität), Taktwechsel und übereinanderliegende Rhythmen (Polyrhythmik) ergaben eine komplexe Musik. ↗ S. 194 f. Inhaltlich wird das Ritual eines Mädchenopfers beschrieben. Die beiden Teile des Balletts sind mit *Verehrung der Erde* und *Das Opfer* betitelt.

Der Opfertanz (Ausschnitt, vereinfacht)

»► **3** Erkennt die besondere Gestaltung des Finales.
a) Spielt den Partiturausschnitt auf geeigneten Instrumenten und entdeckt die musikalischen Besonderheiten.
b) Hört den „Opfertanz". Wie gelingt es Strawinsky, die Spannung in der Musik zu steigern? ⊚ II|46
c) Vergleicht euren Höreindruck mit der Reaktion des Publikums bei der Uraufführung.

Der Ausdruckstanz

Für die Darstellung der Handlung in *Le sacre du printemps* brach Nijinsky mit den Körper- und Bewegungsvorstellungen des klassischen Balletts der Romantik. In Deutschland entstand zu Beginn des 20. Jahrhunderts der Ausdruckstanz. Im Zuge der Jugendbewegung entwickelte sich ein Interesse am Körper und an ursprünglichen Bewegungen in freier Natur. Das Empfinden des Einzelnen sollte sich im Tanz widerspiegeln. Wegweisende Tänzerinnen, wie Mary Wigman (1886–1973) oder ihre Schülerin Gret Palucca (1902–1993), wirkten nicht nur als Künstlerinnen, sondern entwickelten auch die Tanzpädagogik weiter. Noch heute existiert die weltweit bekannte Palucca-Schule in Dresden. ↗ S. 66 f., 208
Der Nationalsozialismus integrierte den sehr beliebten Ausdruckstanz in seine Ideologie und missbrauchte ihn für seine Zwecke. Trotzdem beeinflusst der Ausdruckstanz bis heute verschiedene Tanzströmungen.

Gret Palucca mit Schülern beim Vortanzen, 1955

Das Tanztheater

Aus dem Ausdruckstanz entstand nach dem Zweiten Weltkrieg das Tanztheater. Die Choreografin Pina Bausch (1940–2009), Begründerin des gleichnamigen Tanztheaters in Wuppertal, entwickelte diese spezielle Form dramatisch weiter. Sie suchte in der Verbindung von Tanz mit Gesang, Pantomime, Artistik und Schauspiel nach neuen Ausdrucksmöglichkeiten, um Gefühle darzustellen. In ihrer Inszenierung des *Sacre* musste das Frauenopfer, das nur von Männern auserwählt wurde, bis an den Rand der Erschöpfung tanzen.

Pina-Bausch-Inszenierung, Tanztheater Wuppertal, erstes Gastspiel im Berliner Festspielhaus, 1999

»► **4** Forscht in Gruppen zu Aufführungen des „Sacre du printemps" seit seiner Entstehung bis heute. Sammelt jeweils Informationen zur Choreografie, zur Inszenierung, zum Bühnenbild und gestaltet eine Präsentation.

Stress, es war einfach zu viel Stress geworden: der Termindruck der Musicalproduktionen am Broadway, Konzerte, Einladungen. Mit noch nicht einmal 30 Jahren schien George Gershwin (1898–1937) alles erreicht zu haben, was sich ein Komponist wünschen kann: Er war berühmt, beliebt und zahllose seiner vom Jazz inspirierten Songs waren zu regelrechten Hits geworden. Genug Geld hatte er. Aber er hatte auch noch einen Traum.

Die Hektik seiner Geburtsstadt New York wollte Gershwin deshalb für ein halbes Jahr hinter sich lassen und in Europa neue Eindrücke sammeln. Vor allem Paris zog ihn an, die pulsierende Kunstmetropole, wo spannende Entwicklungen der zeitgenössischen Künste ihren Ausgangspunkt genommen hatten. Paris bot für Gershwin gleichzeitig die Gelegenheit, seinem Traum näher zu kommen, nämlich Kompositionsunterricht bei einem der von ihm bewunderten Komponisten der modernen Musik zu nehmen: Maurice Ravel, Igor Strawinsky und Sergej Prokofjew. Der Amerikaner wollte mehr über Musik lernen. Die Gefragten lehnten ab, denn sie fanden, dass die Musik Gershwins so einfallsreich und so besonders war, dass er gar keinen Unterricht brauchte. „Warum wollen Sie ein zweitklassiger Ravel werden, wenn Sie ein erstklassiger Gershwin sein können?", fragte Ravel 1928. Dennoch genoss Gershwin seine Reise, bei der er miterlebte, dass seine Werke, allen voran die *Rhapsody in Blue*, auch in der „Alten Welt" die Konzertbesucher zu Beifallsstürmen hinrissen.

Trotz aller Begeisterung für Paris befiel Gershwin manchmal Heimweh nach seiner Heimatstadt. Er begann ein neues Werk zu skizzieren. Einem Freund beschrieb er dessen Inhalt: „Ein Amerikaner schlendert über die Champs-Elysées, bestaunt eine Kathedrale, leidet unter Heimweh … – nun, und so weiter." Nach Gershwins Rückkehr erlebte die einsätzige Tondichtung am 13. Dezember 1928 in der New Yorker Carnegie Hall ihre umjubelte Uraufführung: *Ein Amerikaner in Paris*. Auch wenn Gershwins Komposition keine Programmmusik ist, so lassen sich doch programmatische Bezüge sowohl im Aufbau der Komposition als auch in der Gestaltung der Themen erkennen.

Pariser Eiffelturm

»► **1** *Lernt musikalische Einflüsse kennen, die von Gershwin in seiner Komposition aufgegriffen wurden. Hört Ausschnitte aus einem Cancan, einem Blues, einem Charleston und benennt charakteristische Merkmale. Informiert euch über Hintergründe dieser Musik. Welche Bedeutung könnte der Blues, welche der Charleston haben?* ◉ II|47–49

»► **2** *Prägt euch die musikalischen Themen der Komposition ein. Orientiert euch dabei an ihren programmatischen Bezügen.* ◉ II|50–53

Gemächlich schlendert der Besucher durch Paris …

… ungeduldig hupend bahnen sich Taxis ihren Weg …

… aus einem Lokal dringt eine Cancan-Melodie.

Blues (Originaltonart: B-Dur)

》➤ **3** *Spielt das Thema zu einer Bluesbegleitung und beachtet die Blue Notes. Stellt den programmatischen Bezug her.* ↗ *S. 122* ◉ **II|55**

Charleston (Originaltonart: B-Dur)

》➤ **4** *Versucht die Betonungen des Charleston-Themas zu spielen. Klatscht dazu fortlaufende Achtel auf euren Oberschenkeln im Wechsel von linker und rechter Hand. Beginnt langsam und steigert das Tempo bis zur Vorgabe der Einspielung.* ◉ **II|56**

Fotomontage aus einem Magazin, 1927

Die Freiheit einer neuen Musiksprache

Obwohl der Titel des Werkes gewisse Vorgaben macht, war es Gershwin wichtig, dem Hörer nicht vorzuschreiben, wie er die Musik hören sollte: „Jeder Hörer kann in die Musik hineindeuten, was ihm seine Einbildungskraft nur alles auszumalen vermag."

》➤ **5** *Verfolgt den Übergang vom Paris-Teil zum Blues. Unterscheidet zwischen der Beschreibung der Musik und der Interpretation als Programmmusik.* ◉ **II|54, 55**

„Das New York der Zwanzigerjahre war voller Hoffnung, die künftige amerikanische Musik könnte von einer Mischung der Stile oder gar Rassen geprägt werden, von einer Musik, die ihre Wurzeln in Europa hätte, jedoch charakterisiert wäre durch Harmonik, Rhythmik und Ethos des amerikanischen Volkes als eines Ganzen. (…) In einem so mannigfaltigen Land wie Amerika sollte für die gesamte Spannweite von Musik Raum sein." *John Rockwell, Musikwissenschaftler*

》➤ **6** *Beschreibt auf der Grundlage des Zitates, warum Gershwin mit seiner Komposition „Ein Amerikaner in Paris" als einer der Begründer der amerikanischen Konzertmusik gesehen werden kann.*

Inschrift: Fortune rota volvitur: descendo minoratus;
alter in altum tollitur: nimis exaltatus
rex sedet in vertice – caveat ruinam!

Übersetzung: Fortunas Rad, es dreht sich: Ich sinke, werde weniger;
den anderen trägt es hinauf: Gar zu hoch erhoben
sitzt der König auf dem Grat – Er hüte sich vor dem Falle!

Anonym, Das Schicksalsrad,
um 1230 (Ausschnitt)

1937 wurde die weltliche Kantate *Carmina Burana* (lat. Lieder aus Benediktbeuern) von Carl Orff (1895–1982) uraufgeführt. ⬈ S. 29

»➤ **1** *Erklärt, wie Orff das wankelmütige Schicksal (lat. Fortuna) in Musik umsetzte. Wodurch wird die gewaltige Wirkung erreicht? Achtet auch auf die Gestaltung der Stimmen im Chor und auf die Instrumentierung.* ◉ **III|1**

1923 besuchte Orff den Musikwissenschaftler Curt Sachs (1881–1959) in Berlin und lernte dort eine Fülle von außereuropäischen Perkussionsinstrumenten kennen, die ihn inspirierten. Ein Jahr später gründete er mit Dorothee Günther eine Schule in München. Dort sah er die Möglichkeit, seine Vorstellungen von einer elementaren Musikerziehung in der Verbindung von Musik, Sprache, Rhythmus und Bewegung zu verwirklichen. Diese grundständige Idee spiegelt sich auch in seiner Komposition *Carmina Burana* wider, einem für die erste Hälfte des 20. Jahrhunderts meisterhaften Chorwerk, dessen Popularität bis heute anhält.

Fortune plango vulnera

1. For – tu – ne plan – go vul – ne – ra stil – lan – ti – bus o – cel – lis,
quod su – a mi – chi mu – ne – ra sup – – tra – hit re – bel – lis.

1. Ve – rum est, quod le – gi – tur fron – te ca – pi – la – ta,

1. Spieler
2. Spieler
3. Spieler   3. Spieler 3. Spieler

sed ple – rum – que se – qui – tur Oc – ca – sio cal – va – ta.

3. Spieler

»➤ **2** *Singt und musiziert „Fortune plango vulnera".*
a) *Hört in der Musik, wann Männer allein, zweistimmig oder gemeinsam mit den Frauen singen. Ahmt dies nach und unterstützt die Gesangsstimmen mit Stabspielen.*
b) *Gestaltet die Begleitung abwechslungsreich mit Orff-Instrumenten und Klavier: Beachtet die Artikulation und stellt die farbig gestalteten Motive (* *) deutlich hörbar heraus.* ◉ **III|2**

Übersetzung: Die Wunden, die Fortuna schlug, beklage ich mit nassen Augen,
weil sie ihre Gaben mir entzieht, die Widerspenstige.
Zwar, wie zu lesen steht, es prangt ihr an der Stirn die Locke,
doch kommt dann die Gelegenheit, zeigt sie meistens ihren Kahlkopf.

In der *Carmina Burana* griff Orff auf Texte einer im 13. Jahrhundert entstandenen Sammlung von Liebes-, Trink- und Spielliedern zurück. Musikalisch verknüpfte er Elemente mittelalterlicher Musik, wie Einstimmigkeit und kirchentonale Melodiestrukturen, mit zeitgemäßen musikalischen Ausdrucksformen. ⬈ S. 28 f. **1** Chor und Gesangssolisten werden von einem großen Orchester begleitet, das zusätzlich zu den herkömmlichen Orchesterinstrumenten auch außereuropäische Percussionsinstrumente wie Xylofon, Glockenspiele und Röhrenglocken verwendet. Zudem sind zwei Klaviere mit melodischen und rhythmischen Aufgaben integriert.

》➤ 3 *Wie gestaltet Orff die Verbindung von mittelalterlicher Musikauffassung und modernen Ausdrucksformen in „Veris leta facies" (lat. Frühlings heiteres Gesicht)?* ◎ III|3

Das Werk besteht insgesamt aus drei großen Abschnitten (I–III), die von dem sinfonischen Chorsatz *O Fortuna* (lat. Huldigung an Fortuna, die römische Schicksalsgöttin) umrahmt werden. Es war als szenische Kantate gedacht, wird aber oft konzertant aufgeführt oder als Ballett inszeniert.

Gliederung des Werkes

Fortuna Imperatix Mundi	O Fortuna
I Primo vere	Im Frühling
II In Taberna	In der Schänke
III Cour d'amours	Liebeshof
Fortuna Imperatix Mundi	O Fortuna

Gonzalo Galguera, Ballett und Theater Magdeburg, 2012

Die Verbindung von Sprache, Rhythmus und Bewegung ist auf vielfältige Weise in das Werk integriert. Orffs neuer Stil ist gekennzeichnet durch:

- einfache, tonale Melodiestrukturen unter Verwendung von Liedformen,
- ein erweitertes, großes Orchester, oft mit paralleler Stimmführung (z. B. Melodie in Terzen),
- eine klar strukturierte und damit prägnante Rhythmisierung.

》➤ 4 *Begleitet den Tanz „Uf dem Anger" (lat. Auf dem Felde) aus dem ersten Teil mit Körperinstrumenten. Achtet besonders auf die Taktwechsel.* ◎ III|4

》➤ 5 *Wenn ihr Regisseur wäret, wie würdet ihr die folgende Kneipenszene umsetzen?* ◎ III|5

Stetit puella (Stand da ein Mägdelein)

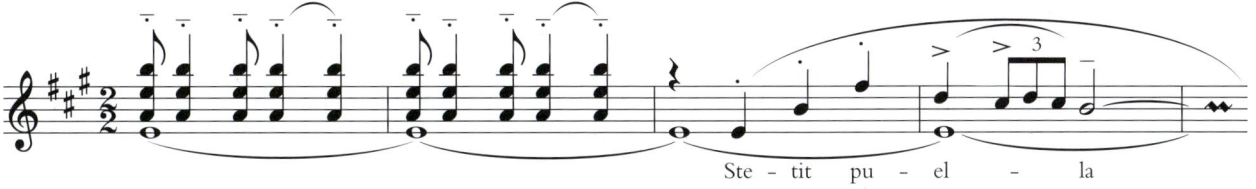

》➤ 6 *Welche Intervalle kennzeichnen sowohl in der Begleitung als auch in der Melodie die Liebessehnsucht? Wie wird der Zwiespalt zwischen Hinwendung und „Angst davor" musikalisch gestaltet?* ◎ III|6

Der Expressionismus – Arnold Schönberg

Anfang des 20. Jahrhunderts entstand ausgehend von der Bildenden Kunst eine neue Kunstrichtung: der Expressionismus (*lat.* expressio, Ausdruck). Geprägt wurde er von der Suche nach individuellen Formen des Ausdrucks, die sich über bestehende Konventionen hinwegsetzten. Einer der bekanntesten Vertreter dieser Richtung war der deutsche Maler Franz Marc (1880–1916).

»➤ **1** *Setzt das Bild in Bezug zu seinem Titel: Welche Gestaltungsmerkmale lassen den persönlichen Ausdruck des Malers besonders deutlich erkennen?*

Franz Marc, Gazellen, 1913/14

Zu den Komponisten, die damals ebenfalls auf der Suche nach immer intensiverem Ausdruck waren, gehörte der Wiener Arnold Schönberg (1874–1951). Er verzichtete in seiner Musik weitgehend auf Dreiklänge, da er diese als „verbraucht" empfand. Stattdessen strebte er die „Emanzipation der Dissonanz" an, um durch sie der Musik Spannung zu verleihen. ➚ S. 200 f.

»➤ **2** *Überprüft, inwiefern Schönberg in seiner Komposition „Nacht" aus dem Zyklus „Pierrot Lunaire" diesem Grundsatz folgt und dadurch zu einem unkonventionellen klanglichen Ergebnis kommt.* ◉ III|7

Komposition nach neuen Regeln

So wie andere Komponisten der Zeit hatte Schönberg die Grenzen der Tonalität überschritten und die Bindung einer Komposition an eine Grundtonart aufgelöst. Mit der Absicht, ein neues Ordnungsprinzip für die Musik zu finden, entwickelte Schönberg seine „Methode der Komposition mit zwölf nur aufeinander bezogenen Tönen". Diese Zwölftontechnik, auch Dodekaphonie genannt *griech.* dodeka, zwölf, phone, Ton, Stimme), folgt strengen Regeln. Grundlage bildet eine Reihe, in der alle zwölf Töne der chromatischen Tonleiter vorkommen. Sie sollte keine Dreiklangsbildungen enthalten. ➚ S. 211 **2**

Der *Walzer* aus den *Fünf Klavierstücken* (op. 23) von 1923 ist eines der ersten Stücke, die Schönberg in dieser Technik schrieb. Er beruht auf der folgenden Zwölftonreihe.

Zwölftonreihe des Walzers

← *Krebs*

In einer streng dodekaphonen Komposition werden die Töne immer in der Abfolge verwendet, die durch die zu Beginn festgelegte Zwölftonreihe vorgegeben wird.

»➤ **3** *Werdet selbst zu Zwölftonkomponisten.*
a) Spielt die Reihe vorwärts und rückwärts (← Krebs). Bestimmt die Intervalle zwischen den Tönen. ➚ S. 200 ff., 211 **3**
b) Erfindet eine eigene Reihe: Wählt eine Taktart und gestaltet mit den Tönen der Reihe eine Melodie. 🗎

Walzer (Anfang)   Arnold Schönberg

»➤ **4** *Ordnet die Töne vom Anfang des „Walzers" der Zwölftonreihe auf der linken Seite zu. Beachtet, dass sich dieselben Töne mit unterschiedlichen Vorzeichen darstellen lassen.* ↗ *S. 210* **1** 📄

»➤ **5** *Welche Gestaltungsmöglichkeiten nutzt der Komponist, die nicht durch die Reihe vorgegeben sind? Beachtet auch den Titel der Komposition und vergleicht mit dem Gemälde von Franz Marc.* ⊚ **III|8**

Aus den Tönen der Reihe, die immer vollständig ablaufen muss, können sowohl Melodien als auch Klänge gestaltet werden. Oft werden auch zwei Reihenformen gleichzeitig verwendet, wobei keine Oktavverdopplungen entstehen sollen. ↗ S. 211 **2**

In späteren Werken erweiterte Schönberg die Zwölftontechnik durch Umformungen der Reihe: Neben dem Krebs führte er auch die Umkehrung ein und deren Krebs. Die so entstandenen vier Reihen können elf Mal transponiert werden. Somit stehen dem Komponisten 48 unterschiedliche Anwendungsformen zur Verfügung.

Umkehrung der Zwölftonreihe

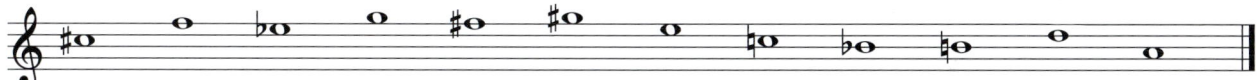

← *Krebs der Umkehrung*

Schönberg als Wegbereiter der Moderne

Schönberg hat mit seiner Zwölftontechnik die Entwicklung der Kompositionstechniken im 20. Jahrhundert maßgeblich beeinflusst. Insbesondere seine Schüler Alban Berg (1885–1935) und Anton Webern (1883–1945) trugen zur Verbreitung der Zwölftontechnik in der sogenannten Zweiten Wiener Schule bei. Weiterentwickelt wurde diese Technik dann in der seriellen Musik. Hier werden fast alle musikalischen Parameter, wie Tonhöhe, Tondauer, Dynamik, Artikulation, organisiert und festgelegt. Einfluss hatte dieses musikspezifische Denken auch auf die Herausbildung der elektronischen Musik. ↗ S. 93, 97, 130 ff.

»➤ **6** *Vertieft eure Kenntnisse.*
a) *Beschreibt die Beziehung der Umkehrung zur Grundgestalt der Reihe.*
b) *Erweitert eure Melodie durch eine Umformung der Reihe. Ergänzt eine Begleitung. Spielt das entstandene Stück und überlegt euch einen Titel.* 📄

»➤ **7** *Recherchiert selbstständig und erstellt eine Dokumentation über Alban Berg und Anton Webern mit Texten, Bildern und Klangbeispielen.*

Arnold Schönberg,
Blaues Selbstportrait, 1910

Aufbruch in die Moderne (1890–1945)

Claude Debussy
★ 1862 in Saint-Germain-en-
  Laye
† 1918 in Paris

Igor Strawinsky
★ 1882 in Oranienbaum
  (bei St. Petersburg)
† 1971 in New York

Carl Orff
★ 1895 in München
† 1982 in München

George Gershwin
★ 1898 in New York
† 1937 in Los Angeles

1889 Weltausstellung in Paris (Eiffelturm)
1914–1918 Erster Weltkrieg
1933 Machtergreifung der Nationalsozialisten
1939–1945 Zweiter Weltkrieg

1885 Carl Benz baut das erste Auto
1887 Erfindung des Grammophons durch Emil Berliner
1912 Untergang der Titanic
1927 Charles Lindbergh fliegt nonstop von den USA nach Europa

1895 Theodor Fontane: „Effi Briest"
1914 Heinrich Mann: „Der Untertan"
1927 Hermann Hesse: „Der Steppenwolf"

1895 Gebrüder Lumière in Paris: Beginn der Stummfilmära mit Musikbegleitung
1927/28 Beginn der Tonfilmzeit in den USA bzw. Deutschland
1931 Charlie Chaplin: „Lichter der Großstadt" (USA, Musik: Charlie Chaplin)
1933 „King Kong" (USA, Musik: Max Steiner): Standards der Hollywood-Sinfonik

Otto Dix, Großstadt (Triptychon), 1927/28

„Kunst und Wissenschaft sind die wichtigsten
Fluchtwege, die die Menschheit sich geschaffen hat."
Albert Einstein, Physiker, Nobelpreisträger, 1936

Der Übergang vom 19. Jahrhundert in das 20. Jahrhundert wird
geprägt von großen technischen Fortschritten und tiefgreifenden
Veränderungen der Lebenswelt der Menschen. Die Industrialisierung
lässt die Städte wachsen und immer mehr Menschen verlassen ihren
ländlichen Lebensraum. Sie siedeln sich in den Großstädten mit ihrem
Lärm, ihrer Hektik und ihren beengten Wohnverhältnissen an.
Einerseits bieten die Großstädte attraktive und moderne Unterhal-
tungsangebote, locken mit technischen Neuerungen, andererseits ist
das Leben anonymer als in einer kleinen Stadt oder auf dem Dorf.

》➤ **1** *Überlegt, welchen Einfluss die links aufgelisteten Daten von Wissenschaft
und Technik auf das Leben der Menschen und ihre Erwartungen an technischen
Fortschritt gehabt haben mögen.*

》➤ **2** *Beschreibt, wie Otto Dix das Leben in der Großstadt darstellt. Welche
„Fluchtwege" zeigt er und wie interpretiert er die Situation?*

In den Künsten spiegelt sich die moderne Zeit nachdrücklich
im Expressionismus. Themen wie Großstadt, Leiden des
Individuums an der Welt, Zivilisationskritik werden gestaltet,
die realistische Anmutung von Bildern wird durch verzerrte
Perspektiven, unnatürliche Farben vermieden. Neben der
Musik und dem Film prägt der Expressionismus auch die
Lyrik der Zeit.

Städter   Alfred Wolfenstein

Dicht wie die Löcher eines Siebes stehn
Fenster beieinander, drängend fassen
Häuser sich so dicht an, dass die Straßen
Grau geschwollen wie Gewürgte stehn.

Ineinander dicht hineingehakt
Sitzen in den Trams die zwei Fassaden
Leute, ihre nahen Blicke baden
Ineinander, ohne Scheu befragt.

Unsre Wände sind so dünn wie Haut,
Dass ein jeder teilnimmt, wenn ich weine.
Unser Flüstern, Denken ... wird Gegröle ...

Und wie still in dick verschlossner Höhle
Ganz unangerührt und ungeschaut
Steht ein jeder fern und fühlt: alleine.

》➤ **3** *Wie beschreibt Alfred Wolfenstein 1914
das Leben in der Stadt, die Stadt selbst wie auch
die Menschen? Erörtert, welche expressionistischen Motive in dem Gedicht anklingen. Gestaltet eine Montage aus Gedicht und Musik:
Komponiert zu jeder Strophe ein kurzes zwölf-
töniges Musikstück. Tragt Gedicht und Musik
im Wechsel von Strophe und Musik vor.*

》➤ **4** *Arbeitet den Kontrast zwischen zeit-
gleichen Stilrichtungen der Bildenden Künste
heraus. Bezieht neben dem Werk von Otto Dix
(linke Seite) auch die expressionistischen
Gemälde auf ➚ Seite 85 f. und das Jugendstil-
haus auf ➚ Seite 75 ein. Recherchiert die Herkunft der Bezeichnung „Jugendstil".*

Einen musikalischen Aufbruch erlebte
die Musik zusammen mit dem Film: die
Geburt der Filmmusik und ihre Entwicklung vom Stummfilm zum Tonfilm.

》➤ **5** *Knüpft an eure Kenntnisse an und erstellt
eine Übersicht über die Entwicklung der Filmmusik vom Beginn bis zur Hollywood-Sinfonik.
Recherchiert die weitere Entwicklung bis zur
Gegenwart.*

Die Moderne

„I can't understand why people are frightened of new ideas. I'm frightened of the old ones." *John Cage in einem Gespräch mit Arnold Jay Smith, 1977*

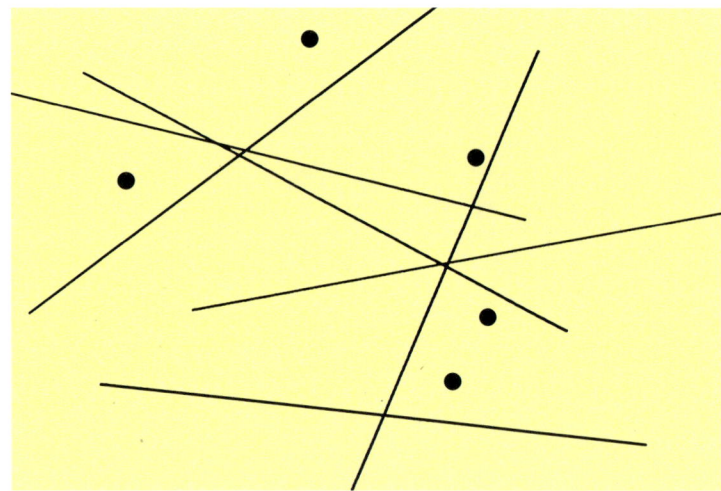

Anordnung von John Cages „Variations II", 1961

》➤ **1** *Die Komposition „Variations II" besteht aus elf Folien mit Strichen und Punkten, die in beliebiger Anordnung übereinanderliegen.*
a) Überlegt, für welche musikalischen Aktionen und Klänge die Striche und Punkte stehen könnten.
b) Vereinbart Spielregeln und realisiert John Cages „Variations II" in einer Besetzung eurer Wahl.
c) Vergleicht eure Realisation mit der Aufnahme.
◎ III|9

Die Aleatorik (*lat.* alea, Würfel) entwickelte sich seit den 1950er-Jahren als ein Kompositionsverfahren, das den Zufall einbezieht. Es lässt Interpreten am Entwicklungsprozess eines Werkes beispielsweise durch die Vertauschbarkeit musikalischer Abschnitte und Veränderbarkeit von Abläufen teilhaben. Damit wird jede Aufführung einmalig, zufallsabhängig. Der Komponist gibt seine Spielanweisungen meist in Form bildlicher Vorlagen als grafische Notation oder musikalische Grafik, die den ausführenden Musikern den nötigen Spielraum lässt. Er sagt den Interpreten nicht mehr genau, was sie zu welcher Zeit spielen sollen.

Der US-amerikanische Komponist John Cage (1912–1992) unterscheidet zwischen Zufall und Unbestimmtheit (*engl.* chance und indeterminacy). Der Zufall kann Entscheidungen bei der Komposition oder bei der Interpretation lenken. Cage befragte auch das chinesische Weisheitsbuch „I Ging" („Buch der Wandlungen"), um bei einzelnen Kompositionen Tonhöhen, Tondauern und Klangfarben festzulegen. Unbestimmtheit hingegen öffnet die Aufführungssituation für unkalkulierbare Einflüsse.

》➤ **2** *Überlegt, warum Cages „Variations II" als aleatorisch bezeichnet werden können. Versucht die Begriffe Zufall und Unbestimmtheit auf das Werk anzuwenden.*

》➤ **3** *Wo spielt der Zufall eine Rolle? Entwickelt auf der Grundlage eurer Überlegungen ein eigenes musikalisches Spielkonzept, in das ihr sowohl Zufallsoperationen als auch Aspekte der Unbestimmtheit einbezieht.*

4′33″ – Ein musikalischer Skandal?

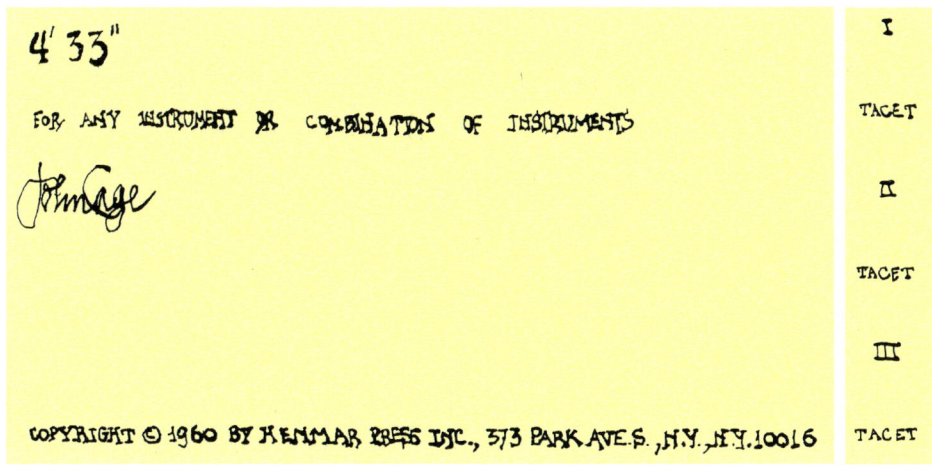

John Cages handschriftliche
Partitur von *4′33″*, 1952

Am 29.8.1952 spielte der amerikanische Pianist David Tudor in New York die
Uraufführung einer neuen Komposition. Er nahm am Flügel Platz, öffnete den
Klavierdeckel, harrte exakt 4 Minuten und 33 Sekunden an seinem Instrument
aus und schloss den Deckel wieder. Tudor spielte nichts. Die Zuhörer reagierten
mit Irritation, begannen zu tuscheln, verließen den Saal oder empörten sich.
Manche wussten nicht einmal, dass sie überhaupt eine Komposition gehört
hatten. Der Urheber des Stücks war John Cage. Er hatte damit etwas geschaffen,
was es in der abendländischen Kunstmusik bis dahin noch nicht gab.

Nichts, gleichnamige Ausstellung, Schirn
Kunsthalle, Frankfurt, 2006

»➤ **4** *Versetzt euch in die Situation der damaligen Konzertbesucher.*
a) *Nennt Gründe dafür, warum das Publikum empört auf die Aufführung
reagierte.*
b) *Untersucht Cages Partitur: Was bedeuten die Ziffern, was heißt „*TACET*"?*
c) *Diskutiert: Was ist an „4′33″" typisch für ein Musikstück, was nicht? Zieht
Parallelen zur Idee der Kunstausstellung.* ➚ *S. 14*
d) *Konzipiert in der Klasse eine eigene Aufführung von „4′33″". Zeichnet
während der Dauer eurer Aufführung alles, was ihr wahrnehmt, grafisch auf
und vergleicht eure Ergebnisse.*

Durch seine ungewöhnlichen Ideen inspirierte Cage zahlreiche Musiker.
Im Dezember 2010 brachten britische Popmusiker zu Ehren von Cage
eine Aufnahme mit dem Titel „4′33″ – Cage Against the Machine" heraus. Der Song sollte zum Weihnachtshit des Jahres werden. Im Rahmen
des Gesamtprojekts entstanden mehrere Fassungen.

»➤ **5** *Diskutiert anhand eines Ausschnitts daraus den Zusammen-
hang zwischen dieser Aufnahme und den Ideen von Cage.* ◎ III|10

»➤ **6** *Der Titel eines weiteren Werkes von Cage lautet „As SLow aS
Possible". Recherchiert unter dem Stichwort „ASLSP" im Internet
über das gleichnamige Projekt in Halberstadt. Welche musikalische
Intention verfolgt der Komponist eurer Meinung nach mit diesem
Werk? Bezieht das Zitat auf der linken Seite oben mit ein.* 📄

Wegweiserschild in Halberstadt

Die musikalische Moderne ist geprägt von der Suche nach ungewöhnlichen Klängen, die neue Ausdrucksmöglichkeiten eröffnen sollten. Auch traditionelle Musikinstrumente wie das Klavier wurden in die Suche einbezogen.

»➤ **1** *Experimentiert mit Instrumenten eurer Wahl und sucht nach besonderen Klangeffekten. Gestaltet daraus eine Komposition und gebt ihr einen Namen. Achtet darauf, dass die Instrumente nicht beschädigt werden.*

The banshee (Takte 6–11)   Henry Cowell

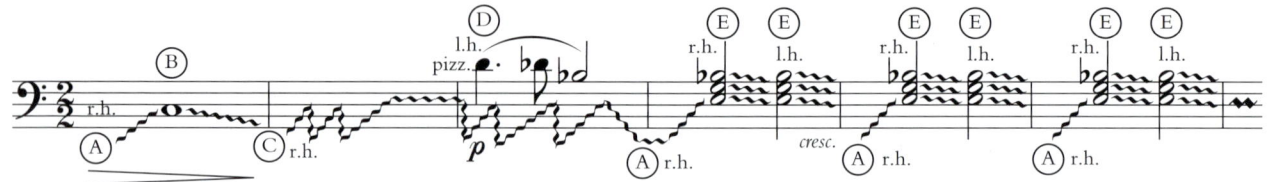

Bereits in den 1920er-Jahren hatte John Cages Lehrer Henry Cowell (1897–1965) mit ungewohnten Spieltechniken am Klavier experimentiert. In den Spielanweisungen von 1925 zu *The banshee* (engl. die Todesfee) heißt es: „Das Stück wird von zwei Personen gespielt. Ein Spieler steht am geöffneten Flügel und spielt die Saiten. Ein anderer Spieler sitzt an der Tastatur und hält das Dämpferpedal während des ganzen Stücks getreten:

A Mit der Fingerkuppe von der tiefsten bis zur geschriebenen Note quer über die Saiten streichen.
B Mit der Fingerkuppe an der Saite des angegebenen Tones entlangstreichen.
C Zwischen dem höchsten A und dem tiefsten B des Stückes hin und her streichen.
D Den Ton zupfen.
E Mit den Fingern an den Saiten der drei angegebenen Töne entlangstreichen."

»➤ **2** *Lernt die Klangwelt Cowells kennen.*
a) *Hört einen Ausschnitt aus „The banshee". Stellt einen Bezug zum Titel her.* ◉ III|11
b) *Probiert Cowells Spieltechniken am Klavier aus und spielt den Ausschnitt.*

John Cage an präpariertem Flügel, 1949

Einen anderen Weg ging Cage mit seinem *präparierten Klavier*: Je nach Komposition bereitete er die Saiten im Inneren eines Flügels an genau benannten Stellen vor (präparieren). Er nutzte unterschiedliche Gegenstände und Materialien wie Schrauben, Gummikeile oder Filzstreifen.

»➤ **3** *In dem Werk „And the earth shall bear again" (1942) sollte das präparierte Klavier eine „afrikanische Atmosphäre" schaffen.* ◉ III|12
a) *Vergleicht die Klänge mit denen im Stück von Cowell. Welche musikalischen Assoziationen zu Afrika könnten Cage geleitet haben?*
b) *Entwickelt eine gemeinsame Klavierpräparation und haltet sie schriftlich fest.* 📄

»➤ **4** *Welche Instrumente werden in den Kompositionen von Olivier Messiaen (1908–1992) und Conlon Nancarrow (1912–1997) ungewöhnlich verwendet? Beschreibt die Klänge und deren Wirkung auf euch. Spekuliert über die Spielweisen.* ◉ III|13, 14

Elektroakustische Musik

Inspiriert durch technische Entwicklungen wie Rundfunk und
Tonbandaufzeichnung, hatten bereits in der ersten Jahrhunderthälfte
des 20. Jahrhunderts Komponisten neue Klangwege beschritten.
Tonbandaufnahmen mit Geräuschen des Alltags wurden zu
Geräuschkompositionen montiert oder durch spezielle Geräte wiedergegeben. Elektronische Musikinstrumente wie das *Theremin* (1924)
erzeugten bislang ungehörte Klänge und bereiteten den Boden für den
Synthesizer der 1960er-Jahre. ↗ S. 128
Komponist Miklós Rózsa verwendete das Theremin in der Filmmusik
zu dem Alfred-Hitchcock-Klassiker „Spellbound – Ich kämpfe um
dich" (USA 1945). Es geht um einen traumatisierten Patienten in einer
psychiatrischen Klinik, der unter Halluzinationen leidet.

Lev Termen am seinem
Instrument, um 1935

»► **5** *Beschreibt den Klangeindruck und diskutiert, warum dieses
Instrument für diese Filmmusik eingesetzt worden sein könnte.* ◎ III|15

Karlheinz Stockhausen und Herbert
Eimert, Studio Köln, 1952

Diese Traditionslinie elektroakustischer Musik wurde seit den
frühen 1950er-Jahren vom Studio für elektronische Musik
Köln fortgesetzt. In diesem weltweit ersten Studio seiner Art
experimentierten junge Komponisten mit den neuesten technischen Möglichkeiten der Klangproduktion und -bearbeitung.
Komponisten wie Herbert Eimert oder Karlheinz Stockhausen
überraschten mit völlig neuen Klangideen. ↗ S. 133

»► **6** *Erfahrt das Neuartige an der Komposition „Epitaph für Aikichi
Kuboyama" von Eimert.* ◎ III|16
a) *Lest die Grabinschrift (Epitaph) für den japanischen Fischer, das erste
Strahlenopfer von Atombombenversuchen im Pazifik.* 📄
b) *Gestaltet den Text als ausdrucksvollen Gruppenvortrag: Nehmt
ihn auf und bearbeitet ihn mit den Mitteln eines modernen Computer-
programms (Sequenzerprogramm, Audioeditor).* 📄
c) *Vergleicht die Gestaltung der Sprachklangkomposition mit eurer
Interpretation.*

Rebecca Saunders – eine moderne Klangsucherin

Eine interessante Art, besondere Klänge zu finden und aus
ihnen Kompositionen zu gestalten, stammt von Rebecca
Saunders (geboren 1967): das Komponieren mit Klang-
paletten. Zunächst wählt die Komponistin Instrumente,
Alltagsgegenstände oder stimmliche Mittel aus und erforscht
deren klangliche Möglichkeiten. Diese notiert sie auf ihrer
„Palette" und mischt sich sozusagen die Klänge ihrer Komposition. Stille und die Anordnung im Raum spielen dabei
auch eine wichtige Rolle, denn so können die Klangereignis-
se intensiver Wirkung entfalten. Gegen Ende der Komposition können unerwartete neue Klangeffekte für Über-
raschung sorgen.

»► **7** *Komponiert nach dem Modell
von Saunders Klangpalettenverfahren.*
a) *Hört einen Ausschnitt aus
„Dichroic seventeen" von Saunders
und identifiziert Instrumente.* ◎ III|17
b) *Gestaltet selbst: Komponiert,
probiert, führt auf und zeichnet das
Ergebnis auf.*

»► **8** *Setzt die geschilderten Klang-
entwicklungen in Beziehung zur
Rock- und Popmusik.* ↗ S. 130 ff.

Ruine der Dresdner Frauenkirche, 1960

Im Jahr 1960 reiste der russische Komponist Dmitri Schostakowitsch (1906–1975) nach Dresden: Er sollte hier die Musik zu einem Propagandafilm über die Rettung der Dresdener Kunstschätze durch die sowjetische Armee schreiben. Stattdessen schuf er unter dem Eindruck der nach der Bombardierung am 13. Februar 1945 immer noch in Trümmern liegenden Stadt eine seiner persönlichsten Kompositionen, das *Achte Streichquartett* in fünf zusammenhängenden Sätzen. Schostakowitsch reagiert in diesem Werk auf das Erlebnis des Krieges und des stalinistischen Terrors, dem viele seiner Freunde zum Opfer gefallen, die ermordet oder in Arbeitslager verschleppt worden waren. Auch er selbst hatte als Komponist unter dem Regime gelitten, nachdem 1936 in der staatlichen Zeitung „Prawda" (*russ.* Wahrheit) eine Oper von ihm attackiert worden war. In einer von Todesangst geprägten Atmosphäre wandten sich alle von Schostakowitsch ab, seine Musik durfte nicht mehr gespielt werden.

„Zu viele unserer Landsleute kamen an unbekannten Orten um. (...) Ich würde gern für jeden Umgekommenen ein Stück schreiben. Doch das ist unmöglich. Darum widme ich ihnen meine ganze Musik. Ich denke ständig an diese Opfer. Und fast in allen meinen großen Arbeiten geht es mir darum, auch andere an sie zu erinnern. (...) Als ich das *Achte Quartett* komponierte, wurde es (...) als ‚Entlarvung des Faschismus' angekündigt. Um das zu tun, muss man taub und blind sein; denn in diesem Quartett ist alles klar wie in einer Fibel. (...) Das *Achte Quartett* ist ein autobiografisches Quartett."
Dmitri Schostakowitsch

Arbeitslager Workuta im Nordural, 1946

》► **1** *Überlegt, wie ein Komponist unter einem diktatorischen Regime mit seiner Musik Kritik an den herrschenden Zuständen äußern kann.* ↗ *S. 161* 🗒

In allen Sätzen des Streichquartetts findet sich das Vierton-motiv D–Es–C–H, das die Anfangsbuchstaben von Schostakowitschs Namen (in deutscher Schreibweise) enthält. Es ist mit dem Motiv verwandt, das sich aus dem Namen des von ihm verehrten Johann Sebastian Bach B–A–C–H bilden lässt. Auch die meisten anderen Melodiebewegungen werden von den gleichen Intervallen geprägt:

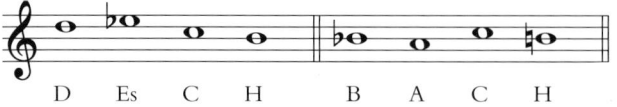

D   Es   C   H   B   A   C   H

》► **2** *Welche Gemeinsamkeiten und Unterschiede weisen beide Motive auf? Spielt sie und beschreibt ihre Wirkung.*

》► **3** *Versucht euch das Motiv „D–Es–C–H" einzuprägen und verfolgt den ersten Satz. Beschreibt den Aufbau des Stückes und das Wechselspiel der Instrumente.* ◎ **III|18**

Häufig zitiert Schostakowitsch Themen aus seinen
früheren Werken. Im zweiten Satz des *Achten Streich-*
quartetts ist ein Thema aus seinem *Klaviertrio* von
1944 zu hören, das dem Andenken des jüdischen
Freundes Iwan Sollertinski gewidmet ist. Er war
einer der wenigen, die auch dann immer zu Schostakowitsch gestanden hatten, als dies lebensgefährlich
war. Sollertinski, künstlerischer Leiter der Leningrader Philharmonie, war 42-jährig in Novosibirsk
gestorben, wohin das Orchester wegen der fast drei
Jahre währenden Leningrader Blockade durch die
deutsche Armee während des Zweiten Weltkriegs
evakuiert worden war.

Iwan Sollertinski
und Dmitri
Schostakowitsch
(rechts), um 1925

„In diesem Quartett wird auch das jüdische Thema aus dem
Trio aufgegriffen. Ich glaube, wenn man von musikalischen
Einflüssen spricht, so hat die jüdische Volksmusik mich am
meisten beeindruckt. Ich werde nicht müde, mich an ihr zu
begeistern. Sie ist so facettenreich. Sie kann fröhlich erscheinen und in Wirklichkeit tief tragisch sein. Fast immer ist es
ein Lachen durch Tränen. Diese Eigenschaft der jüdischen
Volksmusik kommt meiner Vorstellung, wie Musik sein soll,
sehr nahe. Die Musik muss immer zwei Schichten enthalten.“
Dmitri Schostakowitsch

Jüdisches Thema (vereinfacht)

»➤ **4** *Lasst den zweiten Satz auf euch wirken.* ⊚ III | **19, 20**
a) *Beschreibt seine Dramatik und den entsprechenden*
Ausdruckscharakter.
b) *Wie oft kommt das jüdische Thema vor? Weshalb mag*
Schostakowitsch gerade dieses Thema in seinem „Achten
Streichquartett“ zitiert haben?

»► **1** *Beschreibt den Eindruck, den die Ausstellung auf euch macht, und überlegt, welche Gestaltungsidee ihr zugrunde liegt, sowohl der einzelnen Objekte als auch der Räumlichkeit.*

Donald Judd, Hamburger Bahnhof – Museum für Gegenwart, Berlin, 2006

Clapping music (vereinfacht)   Steve Reich

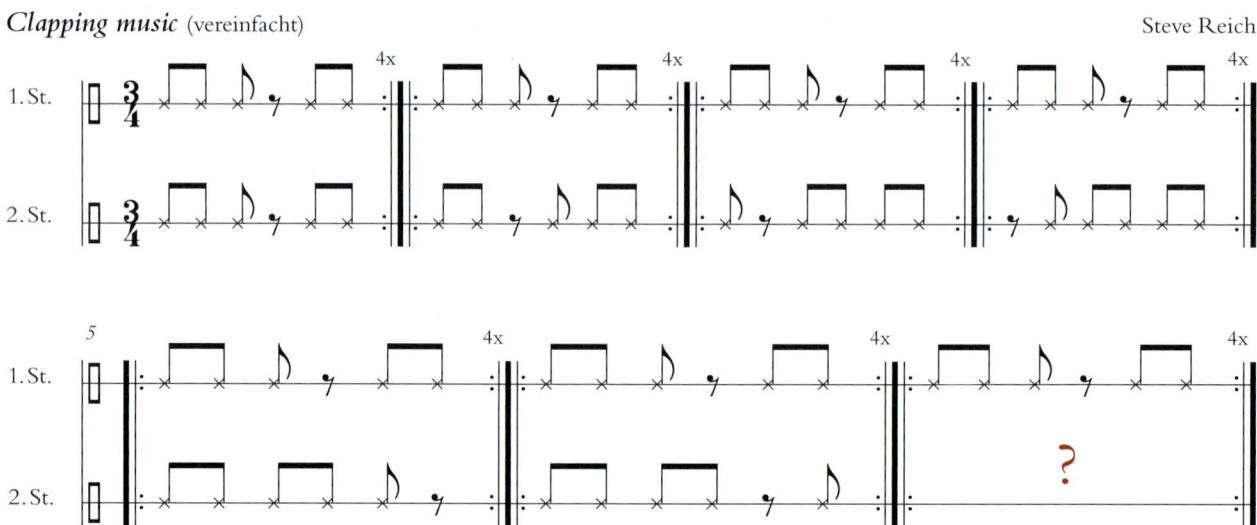

»► **2** *Musiziert „Clapping music" (1972) von Steve Reich.*
a) Findet heraus, nach welchem Prinzip das Stück aufgebaut ist: Setzt dazu die Ober- mit der Unterstimme in Beziehung. Ergänzt die Unterstimme im letzten Takt.
b) Übt zunächst beide Stimmen in langsamem Tempo. Spielt anschließend in zwei Gruppen. Ein Dirigent kann helfen, dem Ablauf zu folgen.
c) Hört das Originalwerk. Schildert die Wirkung der Musik und vergleicht mit eurer eigenen Version. ◎ III|21

Seit den 1960er-Jahren entwickelten amerikanische Komponisten einen neuen Musikstil, der sich bewusst von der europäischen Musiktradition absetzte. Nicht mehr Spannung, Kontrast und dramatische Steigerung, sondern ständige Wiederholungen kleinster musikalischer Patterns prägen diese Musik. Kaum merkliche Veränderungen in dem scheinbar endlosen Klangfluss ergeben sich z. B. durch minimale Verschiebungen des jeweiligen Patternbeginns (Phasenverschiebung) oder durch das sukzessive Erweitern eines Patterns durch einzelne neue Töne. Die Komponisten dieser sogenannten Minimal Music (*engl.* minimalistische Musik) orientierten sich dabei nicht nur an Bildern und Objekten der zeitgleich entstandenen *Minimal Art*, sondern auch an Gestaltungsweisen außereuropäischer Musik. ↗ S. 178

Ellsworth Kelly, Colors for a Large Wall, 1951

»► **3** *Hört „In C" (1964) von Terry Riley. Betrachtet dazu die abgebildeten Objekte und Kunstwerke: Nennt Gemeinsamkeiten und Unterschiede in der Gestaltung und Wirkung von Musik und Kunst. Diskutiert, welche Gründe es aus Sicht von Komponisten und Künstlern für die Wiederholung immer gleicher Elemente geben könnte.* ◎ III|22

Minimal Music lässt sich auch als Sonderform *serieller Musik* sehen. Bei dieser Ende der 1940er-Jahre entstandenen Kompositionsweise (*Serialismus*) werden die musikalischen Parameter (Tonhöhe, -dauer, Dynamik usw.) vorab durch Reihen determiniert. Als Vorläufer der Komposition mit Reihen gilt Arnold Schönberg mit seiner *Zwölftontechnik.* ↗ S. 84

»➤ **4** *Hört als Beispiel für eine Reihenkomposition die „Zweite Klaviersonate" von Pierre Boulez. Erörtert, welche Parallelen ihr zu „Clapping music" erkennen könnt.* ◎ III | 23

Drumming (vereinfacht und transponiert)   Steve Reich

»➤ **5** *Hört das Stück „Drumming" (1970/71) von Reich und verfolgt dabei den Notentext. Welche Kompositionsprinzipien erkennt ihr?* ◎ III | 24

»➤ **6** *Komponiert nach diesem Modell eine eigene Minimal Music und führt sie auf.*

Minimal Music – maximal kontrovers

„Minimal Music hat es stets (…) fertig gebracht, nichts zu sagen, und dies mit enormem Aufwand. (…) Der Aufwand betrifft vor allem die Dauer der Stücke. Mini-Komponisten haben da, anders als Mini-Maler, eine ethische Verpflichtung dem Publikum gegenüber. Wieso? Geht man in eine Ausstellung, so hat man die Freiheit zu entscheiden, wie viel Zeit man jeweils mit einem Gemälde oder einer Skulptur verbringen will; ist das Objekt interessant, vielleicht mehrere Minuten, ist es reizlos, so kann jede Minute zu viel sein. Sitzt man im Konzert, ist man dem Komponisten ausgeliefert, und es gibt genügend treuherzige Menschen, die selbst noch nach 20 Minuten nichtssagendem Geklingel hoffen, das alles sei nur ein Vorspiel, und irgendwann werde sich etwas ereignen. Nach 50 Minuten mag das Stück zu Ende sein, ohne dass sich etwas ereignete, und so hat man ihnen 50 Minuten ihrer kostbaren Zeit geraubt." *Wolf Rosenberg, Musikkritiker, 1984*

„Alles in der Minimal Music geht so vor sich, als hätte das Prinzip der Wiederholungen kein anderes Ziel, als den Zuhörer zu hypnotisieren. Beim ersten Mal klingt solche Musik ‚primitiv‘ und ‚monoton‘, wenn man allerdings in sie hineinfallen kann, hat man die Möglichkeit zu tiefer Selbsterfahrung." *Peter Michael Hamel, Komponist, 1980*

»➤ **7** *Diskutiert gemeinsam.*
a) Welcher Meinung würdet ihr euch anschließen?
b) Entwickelt Tipps zum Hören von Minimal Music für unerfahrene Hörer.
c) Zieht Parallelen zu den Ursprüngen der Musik. ↗ *S. 24 f.*

Klangästhetische Vorstellungen der Minimal Music wurden einem großen Hörerkreis bekannt durch Filmmusiken von Philip Glass (geboren 1937) oder Michael Nyman (geboren 1944).

»➤ **8** *Hört Filmmusik von Glass zu „Koyaanisqatsi" (USA 1982) und von Nyman zu „Das Piano" (Australien/Neuseeland/Frankreich 1993). Welche musikalischen Charakteristika könnten zur großen Beliebtheit beider Filmmusiken beigetragen haben?* ◎ III | 25, 26

Claude Monet,
Gare St. Lazare,
1877

Am Beispiel von Vertonungen einer Bahnfahrt
können unterschiedliche Entwicklungen
und Auffassungen von Musik in ihrer jüngeren
Geschichte verdeutlicht werden.

»➤ **1** *Untersucht die Bildkompositi-
on. Beachtet den unterschiedlichen
Grad der Schärfe und Detailgenauig-
keit sowie Farben und Lichteffekte.
Welche Position mag der Maler zum
technischen Fortschritt seiner Zeit
eingenommen haben?*

Pacific 231

Der französisch-schweizerische Komponist Arthur Honegger (1892–
1955) macht die Bewegung einer Lokomotive zum Gegenstand seines
Orchestersatzes *Pacific 231*: „In *Pacific 231* wollte ich nicht den Lärm
der Lokomotive nachahmen, sondern einen visuellen und physischen
Genuss ins Musikalische übersetzen." Als Eisenbahnfan benannte
Honegger sehr genau, an welchen Lokomotiventyp er dabei gedacht
hatte: eine Dampflokomotive für Gütereilzüge mit der Achsreihen-
folge 2–3–1, das heißt 2 Achsen im vorderen Drehgestell, 3 Treibach-
sen unter dem Kessel und 1 Nachlaufachse. Lokomotiven dieses Typs
wurden ausgehend von Amerika als Pacific bezeichnet und waren die
schnellsten Güterzuglogs ihrer Zeit.
Der Komponist nannte seine Komposition im Untertitel *Mouvement
symphonique*. Dies lässt sich übersetzen als „sinfonischer Satz" oder
„sinfonische Bewegung".

»➤ **2** *Verfolgt den Verlauf
der Musik und bezieht ihn
auf den Untertitel der
Komposition. Mit welchen
Mitteln setzt Honegger sein
Thema um? Wodurch ist
erkennbar, dass es sich um
eine Dampflokomotive
handelt?* ◎ III|27

Speed kills

Die englische Band Ten Years After gestaltet das Thema Eisenbahn als
Rocktitel. Dabei lässt sie sich inspirieren von amerikanischer Musik.

»➤ **3** *Beschreibt, wie das Klangbild einer Eisenbahnfahrt zusammengesetzt
wird und welchen Beitrag die einzelnen Instrumente leisten. Worin findet sich
der amerikanische Einfluss wieder?* ◎ III|28

Mord im Orientexpress

Im Jahr 1974 kam ein All-Star-Film in die Kinos nach einem
Kriminalroman von Agatha Christie: „Mord im Orientex-
press". Auf seiner Fahrt von Istanbul über Wien nach Paris
wird ein Reisender ermordet. Da der Luxuszug in einer
Schneewehe stecken bleibt, muss der Täter noch an Bord
sein. Der ebenfalls mitreisende berühmte Privatdetektiv
Hercule Poirot ermittelt.

»➤ **4** *Charakterisiert die
Musik, die die Abfahrt des
Zugs in Istanbul begleitet,
und sucht Parallelen zu
„Pacific 231". Welcher
Tanz verbirgt sich in der
Musik und was könnte ein
Grund hierfür sein?* ◎ III|29

Das Auge hört

Der gebürtige Franzose Bernard Parmegiani (1927–2013) ist Klangkünstler. Alle denkbaren Geräusche kommen für seine musikalische Arbeit infrage, so auch Geräusche einer U-Bahn-Fahrt.

»► **5** *Schildert eure Eindrücke beim Hören der Komposition. Welche technischen Möglichkeiten könntet ihr nutzen, um eine eigene Geräuschkomposition nach diesem Vorbild zu gestalten?* ◉ III|30

Different trains: America – Before the War

Während des Zweiten Weltkriegs unternahm der Komponist Steve Reich lange Zugreisen zwischen New York und Los Angeles, um seine Eltern zu besuchen. Jahre später kam ihm in den Sinn, dass in derselben Zeit in Europa Juden mit der Eisenbahn in Vernichtungslager transportiert wurden. Auch ihn selbst als Jude hätte dieses Schicksal treffen können. Dies war die Ausgangsidee für seine Komposition *Different trains,* die von Holocaust-Überlebenden gesprochen wird, mit den Sätzen *America – Before the War, Europe – During the War, After the War.* Die Ersteinspielung erhielt 1990 einen Grammy, den bedeutendsten Schallplattenpreis.

Einfahrt zum Konzentrationslager Auschwitz–Birkenau

»► **6** *Welche Einflüsse und Gestaltungsmöglichkeiten der musikalischen Moderne spiegeln sich in der Komposition? Welches klassische Instrumentalensemble steht im Zentrum der Musik?* ◉ III|31

»► **7** *Vergleicht die unterschiedlichen kompositorischen Gestaltungsmittel, die in den fünf Hörbeispielen zur Anwendung kommen. Was sagen sie über die Musik des vergangenen Jahrhunderts aus? An welchen Orten könntet ihr euch besonders eindrucksvolle Aufführungen der Werke vorstellen?*

Musik für das 21. Jahrhundert

„Als ich noch zur Schule ging, gab es nur eine einzige Art und Weise, Musik zu komponieren. Heute dagegen kann man alles machen, niemand regt sich auf. Ob das gut oder schlecht ist? Ich weiß es nicht; heute steht kein Genre, sondern jede einzelne Komposition auf dem Prüfstand. Die Barrieren werden immer durchlässiger und die Künstler werden vermehrt den Wildwechsel von einem Revier zum anderen und zurück vollziehen.
Die Beatles hatten den Kopf schon über dem Zaun, der Pop und Klassik trennt. In einigen Jahrzehnten werden wir die seriösen Künstler im Club um die Ecke finden.“ *Steve Reich*

»► **8** *Sind herkömmliche und überlieferte Musikeinteilungen überhaupt noch sinnvoll? Wie stellt ihr euch die Musik der Zukunft vor?*

Die Moderne (ab ca. 1950)

John Cage
★ 1912 in Los Angeles
† 1992 in New York

Sofia Gubaidulina
★ 1931 in Tschistopol
   (Tatarstan/Russland)

Steve Reich
★ 1936 in New York City

Rebecca Saunders
★ 1967 in London

1945 Ende des Zweiten Weltkriegs
1949 Gründung von BRD und DDR
1961 Bau der Berliner Mauer
1968 Studentenunruhen, „Prager Frühling"
1989–1990 friedliche Revolution in der DDR, Wiedervereinigung Deutschlands
2001 Terroranschlag auf das World Trade Center in New York
2011 Atomkatastrophe von Fukushima (Japan)

1946 Erfindung des Computers durch Konrad Zuse
1957 erster künstlicher Satellit „Sputnik" (UdSSR)
1969 erster Mensch auf dem Mond (USA)
1989 erste deutsche Internetanschlüsse
1990–2003 weltumspannendes Projekt zur Entschlüsselung des menschlichen Erbguts

1954 Die Stratocaster E-Gitarre von Leo Fender kommt auf den Markt.
1959 Günter Grass: „Die Blechtrommel"
1967 Summer of Love, The Beatles *Sgt. Pepper's Lonely Hearts Club Band* (LP)

1969 Woodstock Festival
1981 MTV nimmt seinen Sendebetrieb auf

Frank Lloyd Wright, Guggenheim-Museum in New York
(1956–1959)

Frank O. Gehry, Guggenheim-Museum in Bilbao
(1991–1997)

> „Die Neugierde ist grenzenlos."
> *Mauricio Kagel, Komponist*

》➤ 1 *Tragt zusammen, für welche musikalischen Entwicklungen nach dem Zweiten Weltkrieg die aufgeführten Komponisten stehen. Was sagen die Hinweise in der linken Übersicht über Veränderungen der Zeit und ihre Auswirkungen auf die Gegenwart aus?*

Sofia Gubaidulina

Auch wenn männliche Komponisten in den Fokus rücken, sobald es um Neuerungen in der Musik nach dem Zweiten Weltkrieg geht, so gibt es doch sehr erfolgreiche Komponistinnen, die zu den prägenden Persönlichkeiten gegenwärtiger Musik gehören. Hierzu zählt die in Deutschland lebende Russin Sofia Gubaidulina.

》➤ 2 *Erstellt eine Präsentation über die Komponistin und ihre weltweite musikalische Bedeutung. Verschafft euch einen ersten Höreindruck anhand ihres zweiten Violinkonzertes „In tempus praesens" (2006/07).* ◎ III|32

Klangradar 3000

Die stilistische und klangliche Vielfalt moderner Musik eröffnet ein grenzenloses Feld eigener musikalischer Gestaltungsmöglichkeiten. Dies lässt sich für musikalische Projekte in der Klasse nutzen, zur Gestaltung einer Filmmusik, einer Sequenzerkomposition oder einer aleatorischen Komposition.

》➤ 3 *Informiert euch über das Schülerprojekt Klangradar 3000 (siehe Foto) und lasst euch zu einem eigenen Gestaltungsvorhaben anregen.*

Stimme – Sprache – Schweigen – Singen!

Eine besondere Rolle spielt in der Moderne die Stimme. Eignet sie sich noch, zusammen mit der Musik Botschaften zu vermitteln, oder ist sie nur ein Musikinstrument neben anderen? Da jeder Mensch Zugang zu diesem Instrument hat, könnte gerade sie aber auch besonders geeignet sein, global über Musik Gemeinschaft zu stiften …

》➤ 4 *Beschreibt den Umgang mit der menschlichen Stimme in den Hörbeispielen und vergleicht mit dem Epitaph für Aikichi Kuboyama.* ↗*S. 91* ◎ III|16, 33–35

》➤ 5 *Verschafft euch einen Eindruck von den virtuellen Chorprojekten des Komponisten Eric Whitacre, bei denen Tausende Sänger neue Chormusik aufführen.* ◎ III|36

Moderne und Postmoderne

Moderne Architektur lässt sich durch ihre Versachlichung und Funktionalität getreu der Devise „form follows function" charakterisieren. Für postmoderne Architektur gilt, dass mit Stilen und Zitaten gespielt wird, dass mit Fantasie Geschichten erzählt werden: „form follows fiction".

》➤ 6 *Erörtert die knappe Beschreibung von Moderne und Postmoderne anhand der beiden Guggenheim-Museen und des Einstiegsfotos zum Kapitel. Diskutiert, ob sich der Begriff der Postmoderne auf Musik übertragen lässt. Bezieht das Hörbeispiel aus Aufgabe 4 als Anregung ein.* ◎ III|35

Jazz

»➤ **1** *Welche Instrumente erkennt ihr auf dem Foto? Aus welchem Anlass könnte es entstanden sein? Lasst die Musik auf euch wirken.* ◎ III|37

King Oliver's Creole Jazz Band, ca. 1923

Europäische Siedler brachten ihre musikalischen Traditionen mit nach Amerika. Gleiches taten die Sklaven, die aus Westafrika in die Neue Welt verschleppt wurden. Um 1900 entwickelte sich in den Südstaaten der USA aus der Verschmelzung von afrikanischen und europäischen Musiziertraditionen eine neuartige Musik, die etwa ab 1915 als Jazz bezeichnet wurde. Bis heute ist umstritten, woher der Name Jazz stammt und was er meint. Durch Zeitungen und Schallplatten wurde er bald zum Modewort und auf recht unterschiedliche Musik angewendet. Zu den wichtigsten Voraussetzungen für den Jazz gehörte, dass nach dem Ende des Amerikanischen Bürgerkrieges (1861–1865) die Sklaverei verboten wurde und dass zahlreiche Militärorchester aufgelöst wurden. Jetzt konnte man Musikinstrumente – vor allem Blasinstrumente – preiswert erwerben. Auch die ehemaligen Sklaven durften nun Instrumente besitzen und spielen. Sie gründeten vielerorts Musikkapellen, die vergleichsweise gute Verdienstmöglichkeiten boten. Diese „Marching Bands" ahmten die Militärmusik der Weißen nach, wobei sich afrikanische und europäische Musizierweisen miteinander vermischten, die Grundlage der Entstehung des Jazz.

»➤ **2** *Untersucht die musikalischen Wurzeln des Jazz.*
a) Benennt zwei eigenständige Vorformen des Jazz. ◎ III|38,39
b) Erläutert anhand der Hörbeispiele europäische und afrikanische Einflüsse. ◎ III|40–42 📄

Der in den Jahren bis etwa 1930 entstandene Jazz wird als Oldtime oder Traditional Jazz bezeichnet. Als seine Brutstätte gilt die Stadt New Orleans im Mississippi-River-Delta mit ihrem Vergnügungsviertel Storyville. Dort verdienten schwarze Musiker in durchschnittlichen Kapellen etwa viermal so viel wie schwarze Fabrikarbeiter, Bandleader und Solisten sogar noch viel mehr. Das war also eine attraktive Karrierechance.
Der älteste Jazzstil ist der New-Orleans-Stil, der geprägt ist von Kollektivimprovisationen. Hierbei gestalteten mehrere der Musiker ihre parallel laufenden Stimmen recht frei über einem stabilen rhythmischen Fundament.
Etwa ab 1920 entstand im Norden der Chicago-Stil, bei dem die Soloimprovisation hingegen zunehmend in den Vordergrund tritt.

»➤ **3** *Bestimmt die Instrumente und ordnet die Einspielungen des „Royal Garden Blues" mithilfe der genannten Merkmale den beiden Stilrichtungen zu.* ◎ III|43,44

Charakteristische Merkmale des Jazz

Seit seiner Entstehung hat sich der Jazz immer weiterentwickelt. Im Rückblick lässt sich die Geschichte des Jazz als Abfolge von unterschiedlichen Stilen beschreiben, bis sich die Musik in eine unüberschaubare musikalische Vielfalt auflöst. Dies macht es schwierig zu definieren, was überhaupt Jazz ist. Die folgenden Merkmale werden häufig zur Beantwortung dieser Frage genannt.

Improvisation	Viele Musiker des frühen Jazz konnten nicht oder kaum Noten lesen. Ein Großteil dessen, was sie spielten, war vorher nicht festgelegt, wurde spontan erfunden, also improvisiert. Hier liegt der Ursprung für den überwiegend improvisatorischen Charakter des Jazz. Basis für die Improvisation ist der harmonische Verlauf, manchmal auch die Melodie. ↗ S. 208 f.
Tonbildung	Das Klangideal der Instrumente entspricht dem rauen Klang des Bluesgesangs: Jazzmusiker lassen ihre Instrumente „sprechen". Dies ist vielleicht ein Grund dafür, dass sich Blasinstrumente besonderer Beliebtheit erfreuen, allen voran Alt- und Tenorsaxofone. Töne werden verschliffen oder absichtlich unsauber gespielt *(Dirty Tones)*. Der Personalstil eines Musikers findet auch in einer individuellen Tonbildung Ausdruck.
Rhythmus	Im Laufe seiner Geschichte haben sich im Jazz die Schwerpunkte im ¼-Takt von den Zählzeiten 1 und 3 auf die Zählzeiten 2 und 4 verlagert *(After Beat* oder *Back Beat)*. Zusätzlich werden Melodie und Begleitakkorde aber auch gegen die Zählzeiten verschoben gespielt *(Off Beat)*. So entsteht eine vorwärts drängende Spannung, der *Drive*.
Phrasierung	Das für den Jazz charakteristische *Swingfeeling* wird erreicht, indem die eigentlich gleichlangen *binären* Achtel (♪ ♪) *ternär* (triolisch, ♩ ♪) gespielt werden. ↗ S. 137

»➤ **4** *Welche der genannten Merkmale sind in der Aufnahme von „All the things you are" aus dem Jahr 1954 mit dem Saxofonisten Coleman Hawkins besonders gut zu hören?*
◉ **III|45** 📄

»➤ **5** *Singt „Heaven is a wonderful place" mit binärer und mit ternärer Phrasierung. Vergleicht die Wirkung.* ↗ S. 233

Morton Roberts, Marching Band in New Orleans

Als Swing eroberte der Jazz in den 1930er-Jahren die Tanzsäle der amerikanischen Großstädte. Bigbands spielten dort zum Tanz auf. Ausgeklügelte Arrangements sorgten für den typischen Bigbandsound und boten den Instrumentalisten Gelegenheiten, bei Soloimprovisationen in den Vordergrund zu treten. ↗ S. 17

Take the A-train (Verlaufsskizze) Billy Strayhorn

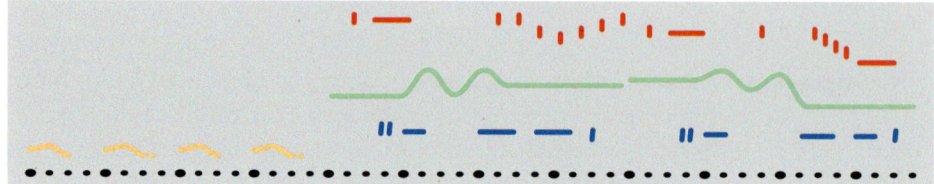

»▶ 1 *Erkundet den Bigbandsound des Swingklassikers „Take the A-train" (1941).* ◉ **III|46**
a) Beschreibt anhand der Musik und des Fotos die typische Besetzung einer Bigband.
b) Duke Ellingtons Arrangeur Billy Strayhorn baute die Instrumentengruppen in den Ablauf des Titels geschickt ein. Ordnet den Farbverläufen in der Verlaufsskizze die Instrumentierung zu.
c) Bestimmt die klangliche Besonderheit der ersten Soloimprovisation.
d) Welches Instrument spielt die Bassstimme? Warum wird eine solche Stimme wohl als „Walking Bass" bezeichnet? ↗ S. 119, 123 📄
e) Findet heraus, wie das Stück zu seinem Namen kam.

Duke Ellington (am Klavier) mit seiner Bigband

Um die beliebtesten Bandleader mit ihren Bigbands entstand ein regelrechter Starkult: Ihre Schallplatten verkauften sich in großen Stückzahlen, Konzerte wurden im Radio übertragen und Fans rissen sich um Eintrittskarten. Die Bandleader traten meist auch als Instrumentalsolisten in Erscheinung wie die Pianisten Duke Ellington und Count Basie, der Klarinettist Benny Goodman oder der Posaunist Glenn Miller. Jede Band war bemüht, sich von den anderen abzusetzen, etwas Besonderes zu sein. Dazu gehörte auch, dass sie ihre größten Hits als Erkennungszeichen einsetzten, wie Ellington beispielsweise mit *Take the A-train*. Man sprach von *Signature Tunes*. Besonders spannend wurde es, wenn Bigbands zu musikalischen Wettkämpfen gegeneinander antraten, den legendären *Battles of the Bands*. Dabei wurde auch getanzt und die Fans feuerten ihre Musiker an. Manchmal übertrug das Radio die Konzerte, denn das Interesse daran war groß. Liest man heute Zeitungsberichte aus der damaligen Zeit, so wird deutlich, dass es allen vorrangig um den Spaß an der Musik ging: Musikern wie Fans.

»▶ 2 *Die Glenn Miller Band verwendete als Signature Tune „In the mood", Count Basie „One o' clock jump". Benennt das jeweils Charakteristische der Titel und warum man sie schon nach wenigen Sekunden erkennen kann.* ◉ **III|47, 48**

»▶ 3 *Welche musikalischen Wettkämpfe kennt ihr? Wie sind die Spielregeln?*

Swing – nur harmlose Tanzmusik?

In den 1930ern und bis zur Mitte der 1940er-Jahre war der Swing
in den USA die übliche Unterhaltungsmusik. Dabei wurden einzelne
Musiktitel so beliebt, dass viele verschiedene Bands und Sänger sie
ins Repertoire aufnahmen. Die Titel wurden zu sogenannten Jazzstandards. Da deren Melodien und Akkordabfolgen vielen Musikern
bekannt waren, konnten sie auch gut genutzt werden, um ohne zu
proben über diese Musiktitel zu improvisieren.

Obwohl der Jazz ursprünglich die Musik der Afroamerikaner war,
gab es viele erfolgreiche Bigbands, die ausschließlich mit weißen
Musikern besetzt waren. Doch nach und nach mischten sich im Swing
Amerikaner unterschiedlicher Herkunft. Dies sorgte bei weißen
US-Bürgern bisweilen für Proteste wie im Fall von Benny Goodman,
als er mit seiner Bigband in Dallas (Texas) auftrat und zwei schwarze
Musiker mitspielten.

Filmplakat zu „Swing Kids" (USA 1993)

»► **4** *Erstellt eine Dokumentation über schwarze und weiße Swingmusiker.
Recherchiert ihre Karrieren und wählt besonders ansprechende Musiktitel aus.
Berücksichtigt dabei auch den Film „Swing Kids".* ↗ S. 20

Auch in Europa erlangte die Swingmusik Popularität. Als in Deutschland 1933 die Nationalsozialisten die Herrschaft übernahmen, wurde
der Swing jedoch verdrängt. Er galt als „Negermusik". Für jugendliche
Fans dieser Musik bedeutete dies, dass sie ihre Lieblingsmusik nur noch
heimlich hören durften. Zunächst in Hamburg, später auch in Berlin
und anderen Großstädten bildeten sich heimliche Jugendgruppen, die
sich in Abgrenzung zur Hitlerjugend „Swingjugend" nannten, eine
Art Geheimbund von Swingfans, die sich zum ausgelassenen Swing-
tanzen und Musikhören trafen. Im August 1941 wurden in einer Poli-
zeiaktion 300 Mitglieder der Swingjugend verhaftet und unter
Anklage gestellt. Dies führte dazu, dass einige der eigentlich unpoliti-
schen Musikfans nun mit Oppositionellen sympathisierten.

Buchcover zur Ausstellung
„Entartete Musik",
Düsseldorf, 1938

»► **5** *Welche Gründe könnte es für die Nationalsozialisten gegeben haben,
Swingmusik zu verbieten? Bezieht auch die Abbildung in eure Argumentation
mit ein.*

Es gehört zu den Merkwürdigkeiten der nationalsozialistischen Musik-
politik, dass trotz des offiziellen Verbots der Swingmusik nicht wenige
hohe Parteifunktionäre im privaten Bereich gerne Jazz hörten. Auch
gab es Charlie and His Orchestra, eine sehr gute Bigband, die in englischsprachigen Propaganda-Sendungen des Reichsrundfunks Jazz
spielte. So wollten sich die Machthaber im Ausland als modern und
weltoffen präsentieren. Und in Unterhaltungsfilmen wie „Wir machen
Musik" (D 1942), die in Kriegszeiten von der zunehmend hoffnungs-
losen Situation ablenken sollten („Durchhaltefilme"), durfte sich sogar
die Musik überraschend auffällig in Richtung Jazz entwickeln.

»► **6** *Versetzt euch in die Swingära zurück und tanzt zu „In the
mood".* ◎ III | 47 ↗ S. 234f.

Der Bebop lässt sich als Gegenbewegung zum Swing deuten, der immer mehr zur kommerziellen Tanzmusik verflacht war und von weißen Unterhaltungsbands dominiert wurde. Nach dem Ende des Zweiten Weltkrieges gingen die Auftrittsmöglichkeiten für Bigbands zurück, denn das Freizeitverhalten vieler Amerikaner änderte sich: Die zunehmende Verbreitung des Fernsehens brachte das Unterhaltungsangebot in die Wohnzimmer. So mussten sich etliche Bigbands auflösen und die jungen, musikalisch versierten Musiker suchten in kleineren Ensembles (Combos) nach neuen musikalischen Wegen. Vor allem in New York entstand in den 1940er-Jahren rund um die 52nd Street eine brodelnde Szene, die aufhorchen ließ und die Ära des Modern Jazz einleitete. Bebop ist ein lautmalerischer Ausdruck aus dem Scatgesang (*engl.* to scat, hasten, jagen), der gut zu den fallenden Intervallsprüngen passt, wie sie in dieser Musik oft am Ende einer Phrase zu finden sind. Improvisiert wurde über teilweise sehr komplizierte Akkordfolgen, wobei sich die Spieler regelrecht blind aufeinander verlassen können mussten. Als Vorlage griffen die Musiker auch auf Jazzstandards zurück.

»➤ **1** *Stellt die Aufnahme von „Take the A-train" aus dem Jahr 1955 dem Original gegenüber. Achtet auf die Besetzung, das Tempo und die Improvisationen.* ◎ III|46,49

»➤ **2** *Versetzt euch in die Aufführungssituation des Musikbeispiels. Was könnte die Zuhörer an dieser Musik begeistern?* ◎ III|50

Die zweite Aufnahme stammt aus dem Soundtrack des Spielfilms „Bird" (USA 1988) über das Leben des Altsaxofonisten Charlie „Bird" Parker (1920–1955), der den Bebop maßgeblich prägte. Aus einer alten Aufnahme des Musikers wurden alle Begleitinstrumente herausgefiltert und von bekannten Jazzmusikern neu eingespielt. Nur das Saxofonspiel Parkers blieb erhalten. Dieses hatte Regisseur Clint Eastwood bei einem Konzertbesuch tief beeindruckt.

Das Charlie Parker Quintet: Bud Powell (Kl.), Charles Mingus (Bass), Max Roach (Schlagzeug), Dizzy Gillespie (Trp.), Charlie Parker (Altsax.), Massey Hall, Toronto, 1953

»➤ **3** *Lernt die Bedeutung Charlie Parkers für den Jazz kennen.*
a) Welche Gründe könnte es für das Vorgehen der Filmproduzenten gegeben haben?
b) Informiert euch über Parker, seine Künstlerlaufbahn, die Herkunft seines Spitznamens „Bird" und die Ursache für seinen frühen Tod. 🗒

»➤ **4** *Hört euch den Titel „Anthropology" des Charlie Parker Quintets an, wie er 1945 in New York aufgenommen wurde.* ◎ III|51
a) Beschreibt den Ablauf und sucht nach passenden Adjektiven für die Musik.
b) Leitet daraus Kennzeichen des Bebop ab und haltet sie stichpunktartig fest (Besetzung, Rhythmik, Harmonik und Melodik).

Cool Jazz und West Coast Jazz

Die Entwicklung des Jazz wurde oft von Gegensätzen geprägt, wie im Falle des Cool Jazz, der die Aufgeregtheit des Bebop durch eine betont zurückhaltende und ruhige Spielweise kontrastierte. Auch klassisch ausgebildete Musiker begeisterten sich für diesen Jazzstil. Einflüsse europäischer Kunstmusik konnten dabei Eingang in den Jazz finden. Stilprägend war der Trompeter Miles Davis, der mit Charlie Parker gespielt hatte und nun stilistisches Neuland suchte.

»➤ **5** *Vergleicht den Klangeindruck des Davis-Titels „Boplicity" (1949) mit der auf der linken Seite kennengelernten Bebop-Nummer „Anthropology" von Parker.* ⊚ III|51, 52

Modern Jazz Quartet, 1970

Der Rückgriff auf Elemente aus der europäischen Tradition verschaffte dem Cool Jazz auch in Europa eine breite Anhängerschaft. Paris wurde dabei regelrecht zur Jazzhauptstadt Europas.

»➤ **6** *Der Titel „Versailles" (1956) des Modern Jazz Quartet enthält bereits im Titel einen Hinweis auf eine bedeutende Epoche europäischer Kunst, von der auch die Musik Anregungen empfing. Findet den Zusammenhang.* ⊚ III|53

Dem Cool Jazz verwandt waren der brasilianische Bossa Nova (➚ S. 195) und der sogenannte West Coast Jazz, der seine Heimat in Kalifornien hatte. Er wird oft in Zusammenhang mit weißen Musikern gebracht. Zu den bekanntesten gehörte Dave Brubeck (1920–2012). Der Pianist studierte bei berühmten Komponisten, obwohl er wegen seiner Kurzsichtigkeit am Anfang seines Studiums keine Noten lesen konnte. Mit seinem Dave Brubeck Quartet wurde er vor allem durch den Superhit *Take five* auch außerhalb der Jazzszene bekannt. Brubeck integrierte immer wieder Elemente der europäischen Tradition in seine Musik.

Blue rondo à la turk   Dave Brubeck

»➤ **7** *Lernt einen der großen Erfolge von Brubeck aus dem Jahr 1959 kennen: „Blue rondo à la turk".* ⊚ III|54
a) *Klopft oder klatscht die Rhythmen der Ober- und Unterstimmen. Steigert das Tempo und begleitet den Anfang der Aufnahme.*
b) *Verteilt die Stimmen auf mehrere Instrumente und musiziert zusammen.*
c) *Probiert aus, ob es sinnvoll wäre, eine andere Taktart anzugeben.*
d) *Hört den gesamten Ausschnitt und vergleicht den Ablauf mit dem Titel.*

Cover des Time Magazine, 1954

In den 1960er-Jahren entwickelte sich mit dem Soul Jazz eine Stilrichtung, die sich an den Musiziertraditionen von Blues und Gospel orientierte. Der Name lehnt sich an die populäre „schwarze" Rock-Popmusik der Zeit an: den Soul. ↗ S. 124 ff.

Den erfolgreichsten Musiktitel dieser Stilistik komponierte der österreichische Jazzmusiker Josef „Joe" Zawinul (1932–2007) für den Saxofonisten Julian „Cannonball" Adderley mit *Mercy, mercy, mercy!* (1966). In der Live-Einspielung des Cannonball Adderley Quartets zusammen mit dem Komponisten eroberte der Instrumentaltitel 1967 überraschend die amerikanischen Hitparaden und wurde mit einem Grammy ausgezeichnet, dem begehrten amerikanischen Musikpreis, der seit 1959 jährlich verliehen wird. Inzwischen gilt das Stück als Jazzstandard.

»► 1 *Notiert typische Merkmale von Blues, Gospel und Soul. Hört anschließend den Titel und vergleicht mit euren Hörerwartungen.* ↗ S. 122 ff. ◎ III|55

Mit dem Soul Jazz gewann der Jazz neue Hörerschichten, weil es sich um eine sehr eingängige Musik handelte, die auch vertraute Instrumente und Klangfarben der zeitgenössischen Hitparadenmusik enthielt. Dies brachte der Musik den Vorwurf der Kommerzialität ein. Doch diese Musik verstand sich nicht immer nur als Unterhaltungsmusik. Der Song *Compared to what?* (1969) ist dafür ein gutes Beispiel. Das Lied ist eine politische Kritik am Vietnamkrieg der USA und spricht die Zerrissenheit der amerikanischen Gesellschaft an. ↗ S. 124 Der Singer-Songwriter Gene McDaniels (1935–2011) hatte es geschrieben, als er einige Jahre in Skandinavien lebte. Sein Heimatland USA hatte der Afroamerikaner nach der Ermordung Martin Luther Kings verlassen. In einer Live-Version des Pianisten Les McCann (geboren 1935) mit dem Saxofonisten Eddie Harris (1934–1996) wurde der Titel zum Hit.

Les McCann (Klavier, Gesang), Eddie Harris (Tenorsaxofon)

»► 2 *Erarbeitet euch den Song.* ◎ III|56
a) Rappt den Text und begleitet euch mit Körperinstrumenten.
b) Vergleicht eure Interpretation mit der Einspielung. Welche Jazzmerkmale weist sie auf?
c) Wodurch prägt sich die Musik so gut ein, dass sie sogar bei politischen Demonstrationen gesungen wurde?

Compared to what?   Gene McDaniels

The President, he's got his war,
folks don't know just what it's for.
Nobody gives us rhyme or reason,
have one doubt, they call it treason.
We're chicken feathers
all without one nut,
God damn it,
tryin' to make it real,
compared to what?

Free Jazz

Die Benachteiligung von Schwarzen war in einigen Staaten der USA in den 1950er-Jahren noch alltäglich. Erst 1956 verbot der oberste Gerichtshof nach gewaltfreien Protesten jegliche Rassentrennung. Es entwickelte sich eine schwarze Bürgerrechtsbewegung, deren Leitfigur der Pfarrer Martin Luther King wurde. Nicht zuletzt durch dessen gewaltlose Protestaktionen durchlief die amerikanische Gesellschaft turbulente Entwicklungen, traditionelle Werte und Autoritäten wurden infrage gestellt. Es entwickelte sich ein neues schwarzes Selbstbewusstsein.

„Was in den stürmischen Sechzigerjahren geschah, (…) spiegelte sich klar in den Musikarten wider, die typische Ausdrucksformen der damals in Aufruhr oder Unruhe befindlichen Gesellschaftsgruppen darstellen: im Jazz und in allem, was vom Jazz abgeleitet ist." *Arrigo Polillo, Jazzforscher, 1975*

Bürgerrechtsmarsch mit Martin Luther King

Ornette Coleman

In diesem gesellschaftlichen Klima sorgte der schwarze Saxofonist Ornette Coleman (1930–2015) mit seiner Schallplatte „Free Jazz – A Collective Improvisation by the Ornette Coleman Double Quartet" 1960 für Aufsehen. Die Veröffentlichung der fast vierzigminütigen Improvisation gab einer neuen Musikrichtung ihren Namen, die sich von allen Normen befreite, die bis dahin gültig waren. An die Stelle eines vorab festgelegten musikalischen Verlaufs tritt das spontane Zusammenspiel. Alle Musiker sind prinzipiell gleichberechtigt. Das einzige, was zählt, ist ihr musikalisches Ausdrucksbedürfnis. Diese Art zu musizieren sorgte für Widerspruch sowohl beim Publikum als auch bei vielen Musikern.

„Sich von den Normen des *beat*, der Formschemata und eines überkommenen jazzspezifischen Klangideals zu lösen hieß also nicht, dass all dies nun nicht mehr sein *durfte*, sondern nur, dass es nicht mehr sein *musste*. Free Jazz als Stilbegriff ist deshalb nur dann tauglich, wenn die durch das Wörtchen *free* versprochene Freiheit als eine Freiheit der Wahl zwischen einer quasi grenzenlosen Zahl von Alternativen begriffen wird und nicht nur als eine bloße Auflehnung gegen die Tradition." *Ekkehard Jost, Musikwissenschaftler und Jazzmusiker, 1975*

»➤ **3** *Hört einen Ausschnitt aus dem Album „Free Jazz" und beschreibt eure Assoziationen. Findet einen Hinweis darauf, dass für den Ablauf eine Vorabsprache getroffen wurde.*

◎ III|57

»➤ **4** *Schätzt die Bedeutung der Schallplatte „Free Jazz" für die Entwicklung des Jazz ein.*
a) Stellt einen Bezug zwischen der politischen Stimmung in den USA, der Musik und dem Zitat von Arrigo Polillo her.
b) Welche Kritik haben das Publikum oder andere Jazzmusiker wohl geübt?
c) Was könnte Coleman gemeint haben, als er sagte: „Lasst uns die Musik spielen und nicht den Hintergrund!"?
d) Bezieht das Zitat von Ekkehard Jost sowie die Aufnahme ein. ◎ III|63

Jazzrock in den USA

Ende der 1960er-Jahre begann der Jazz zunehmend mit anderen Stilen zu verschmelzen, vor allem mit der Rockmusik. Der neue Stil wurde deshalb als Jazzrock, Rockjazz oder als Fusion (engl. Verschmelzung) bezeichnet. Eine der ersten Formationen, die solche Musik spielte und damit die Hitparaden erobern konnte, war die US-amerikanische Band Blood, Sweat & Tears.

》➤ **1** *Beschreibt den Sound der Band im Song „Smiling phases" (1969).*
a) *Bestimmt die Instrumente und vergleicht die Besetzung mit der einer üblichen Rockband.*
b) *Charakterisiert die Spielweise der Instrumente und den Einsatz der Singstimme. Verwendet dazu auch die folgenden Adjektive und Beschreibungen: einfach, abwechslungsreich, zum Tanzen, zum Hören, intensiv, ruhig, akzentuiert, gleichförmig, virtuos, aggressiv, weich.* ⊚ III|58

Blood, Sweat & Tears mit ihrem Sänger David Clayton-Thomas, 1972

Aus dem Rock übernimmt der Jazzrock oft die binäre Spielweise (♩=♪ ♪), wodurch das *Swingfeeling* der ternären Metrik verloren geht (♩=♩ ♪). Trotzdem lassen sich typische Rhythmen in Rock und Jazzrock unterscheiden.

Jazzrock-Pattern

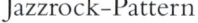

Rock-Pattern

》➤ **2** *Die Patterns enthalten typische Bass- und Schlagzeugfiguren des Rock und des Jazzrock. Vergleicht die beiden Begleitmuster und übt sie ein. Nutzt bei Bedarf die Playbacks oder MIDI-Dateien.* ↗ S. 134 ff., 205 ⊚ III|59, 60 ⊚ 🗎

Einer der bekanntesten Standards des Jazzrock ist der Titel *Birdland* (1977) des Keyboarders Joseph „Joe" Zawinul und seiner Band Weather Report. In dem Titel wurden damals hochmoderne Synthesizer verwendet. ↗ S. 130 Die Komposition ist nach dem legendären New Yorker Jazzclub (1949–1965) benannt, der seinen Namen wiederum zu Ehren von Charlie „Bird" Parker, dem großen Bebop-Saxofonisten, erhielt. ↗ S. 108

Weather Report, 1976

Riffs aus *Birdland*   Josef Zawinul

»➤ **3** *Probiert die Riffs zu musizieren. Spielt dazu fortlaufende Viertel (= Metrum). Worin besteht die größte Schwierigkeit?*

»➤ **4** *Hört euch den Anfang von „Birdland" an. Benennt Instrumente und beschreibt den Ablauf anhand der Riffs. Spielt den Anfang des Titels einschließlich des Schlagzeugs mit.* ◎ III|61

Klaus Doldinger

Jazzrock in Deutschland

Die neuen Ausdrucksmöglichkeiten, die der Jazzrock eröffnete, faszinierten nicht nur Musiker in den USA, sondern auch in Europa. In Deutschland war es vor allem der Saxofonist Klaus Doldinger (geboren 1936), ein international geschätzter Jazzmusiker, der diese Musikrichtung populär machte. Mit der von ihm 1971 gegründeten Band Passport errang er weltweit Anerkennung und bot jungen talentierten Musikern die Gelegenheit, in der Szene Fuß zu fassen und bekannt zu werden. Daneben ist Doldinger ein erfolgreicher Komponist von Filmmusiken.

»➤ **5** *Arbeitet in Gruppen. Bestimmt in jeweils einem Hörbeispiel Merkmale von Rock und Jazz. Stellt euch untereinander eure Befunde vor.* ◎ IV|1–3

»➤ **6** *Recherchiert zum Wirken Doldingers als Filmkomponist.*

Seit den 1970er-Jahren herrscht ein Nebeneinander vieler verschiedener Stilistiken und Einflüsse im Jazz. Es bildete sich ein neuer Musikertypus heraus, der Jazz, Rock und verschiedene Kulturen miteinander verbindet. Immer weniger gelingt es, bestimmte Stilrichtungen eindeutig voneinander zu unterscheiden, sodass spätestens seit den 1980er-Jahren der Eindruck vorherrscht: „Anything goes ..." – „Alles ist möglich."

Aus der „schwarzen Musik Amerikas" wurde eine Weltmusik, die Generationen verbindet, sich im Konzertsaal ebenso finden lässt wie im Musikclub, die Charts erobert oder von Independent Labels produziert wird, die an der Musikschule gelernt werden kann oder autodidaktisch. Auf alle Fälle ist die Jazzszene eine sehr bunte und lebhafte Musikkultur, und große Jazzkonzerte oder Festivals vermitteln den Eindruck, dass es Jazzfans in allen Altersgruppen gibt.

》➤ **1** *Tauscht euch aus, wo ihr selbst Jazzmusik erleben könnt. Beachtet auch das Medienangebot.*

》➤ **2** *Bestimmt die jeweiligen Einflüsse in „Mbira Jive" (1995) von Pops Mohamed und „Garland" (1978) von Lakshminarayana Subramaniam.*
◎ III | 62, 63

Guru aka Keith Elam
★ 1961 in Boston
(Massachusetts)
† 2010 in New York

Im Jahr 1993 entwickelte der Rapper Guru die Idee, Hip-Hop mit Jazz zu verbinden. Mit dem Projekt Jazzmatazz, an dem sich Jazzmusiker und Rapper aus den USA und Europa beteiligten, regte Guru zahlreiche Nachahmer an. Der Erfolg war so groß, dass weitere Jazzmatazz-Projekte über die Jahre folgten.

》➤ **3** *Guru beschreibt, dass seine Hauptsorge darin bestand, durch das Projekt seine Glaubwürdigkeit in der Hip-Hop-Szene, seine „street credibility", aufs Spiel zu setzen. Was könnte er damit gemeint haben?*

》➤ **4** *Benennt musikalische Merkmale von Jazz und Hip-Hop in „No time to play" sowie weitere stilistische Einflüsse. Diskutiert, ob diese Musik einen neuartigen Stil begründet oder als Spielart von Jazz oder Hip-Hop bezeichnet werden sollte.* ◎ IV | 4

Ein Beispiel für die stilistische Offenheit und Experimentierfreude heutiger Jazzmusiker liefert das Berliner Andromeda Mega Express Orchestra um den Komponisten und Saxofonisten Daniel Glatzel. Der Musiker Guido Möbius schrieb 2009 über die Musik: „Kaum hat uns ein Groove, eine Tonfolge, eine Harmonik gepackt, wirft eine Stimme aus einer ganz anderen Klangwelt uns wieder aus der Bahn. Zur musikhistorischen Einordnung des eben Gehörten bleibt keine Zeit, denn das Orchester schraubt sich in schwindelerregende Höhen."

》➤ **5** *Hört einen Titel des Ensembles und setzt ihn in Bezug zu dem Zitat. Was könnte das Publikum an dieser Musik begeistern?*
◎ IV | 5

Barbara Dennerlein
★ 1964 in München

Jazzstars heute

Mit elf Jahren habe sie sich verliebt, sagt Barbara Dennerlein, die weltweit erfolgreichste deutsche Jazzmusikerin. Es sei eine B3 gewesen, eine
Hammondorgel. Der Sound des Tasteninstruments, das seine Klänge
mit rotierenden Metallscheiben elektronisch erzeugt, habe sie nicht
mehr losgelassen. Sie erhielt Unterricht, begeisterte sich für Jazz.
„Notenkiller" nannte sie ihr Lehrer, weil sie sich nie an die Noten hielt,
lieber improvisierte zunächst über Jazzstandards, dann über eigene
Kompositionen. Mit 15 erhielt sie ihr erstes Engagement in einem
Münchner Jazzclub. Das war der Beginn einer unvergleichlichen Welt-
karriere mit ungezählten Musikpreisen. Die Organistin tritt als Solistin
oder mit Band auf und spielt ihre Musik auch auf Kirchenorgeln.

»➤ **6** *Hört euch den Titel „Wow!" (1990) von Barbara Dennerlein an und
überlegt, warum sie nie einen Bassisten in ihrer Band beschäftigt.* ◉ IV|6

»➤ **7** *Recherchiert über die Rolle der Hammondorgel in Jazz, Rock und Pop.*

Ist es Jazz oder doch eher Pop, vielleicht Folk? Während Musikkritiker darüber grübeln, scheint es ihren
Fans egal zu sein. Seit ihrem Sieg bei einem Nach-
wuchswettbewerb im englischen Fernsehen mit
15 Jahren hat Katie Melua millionenfach CDs
verkauft und zig Auszeichnungen für ihre Musik
erhalten. Die Musikerin, die inzwischen die meisten
ihrer Lieder selbst schreibt, siedelte als Kind mit
ihren Eltern nach Großbritannien über. Mit 19
wurde sie von dem Erfolgsproduzenten Mike Batt
entdeckt. Die internationale Karriere kam in Fahrt.

Katie Melua
★ 1984 in Kutaissi, Georgien

Jamie Cullum
★ 1979 in Rochford, England

Esperanza Spalding
★ 1984 in Portland, USA

Till Brönner
★ 1971 in Viersen

»➤ **8** *Hört den Song „Shy
boy" (2005), den Mike
Batt für Katie Melua kom-
ponierte. Beschreibt, warum
diese Musik auch als
Smooth Jazz, Schmuse-
Jazz oder Pop-Jazz
bezeichnet wird.* ◉ IV|7

»➤ **9** *Singt das Lied und
versucht es sehr entspannt
(„laid back") klingen zu
lassen.* ➚S. 236f.

»➤ **10** *Recherchiert die
Karrieren von Cullum und
Spalding und vergleicht sie
mit den beschriebenen.*
➚S. 20

Geradlinig kam Till Brönner an die Weltspitze des Jazz: Nach dem Studium der Jazztrompete spielte er in renommierten Bigbands und machte als Solist Karriere. Seit 2009 lehrt Brönner das Trompetenspiel im
Jazz an der Musikhochschule Dresden. Nicht zuletzt ist er Musikpro-
duzent und war Jury-Mitglied der Castingshow X Factor (2010/11).

The Fisk Jubilee Singers, um 1860

Beyoncé in „The Fighting Temptations" (USA 2003)

Vom Spiritual zum Gospel

Im Jahr 1909 nahmen die Fisk Jubilee Singers, der Chor einer Universität für Afroamerikaner, das Lied „Swing low, sweet chariot" auf einer Phonografen-Walze auf, der damals modernsten Aufnahmetechnik. Fast 100 Jahre später sang die farbige amerikanische Sängerin Beyoncé Knowles in dem Kinofilm „The Fighting Temptations" dasselbe Lied.

Die USA sind ein recht junges Land und doch gibt es Lieder, die Amerikaner als ihr „musical heritage", ihr „musikalisches Erbe", bezeichnen. Dazu gehören Spirituals und Gospels. Sie stellen zwei populäre Formen US-amerikanischer Kirchenmusik dar, deren Bedeutung über den Rahmen des religiösen Kontextes hinausgeht.

Das Negrospiritual bildete sich im 18. Jahrhundert unter den aus Afrika nach Amerika verschleppten Sklaven heraus. Beeindruckt u. a. von der Leidensgeschichte Jesu und der Gefangenschaft des Volkes Israel in Ägypten, die sie mit ihrem Schicksal gleichsetzten, fühlten sich viele Sklaven zum christlichen Glauben hingezogen. In ihren Gottesdiensten begegneten sich afrikanische und europäische Musikkultur.

Auch wenn sich viele Spirituals auf Geschichten des Alten Testaments beziehen, enthielten manche Texte geheime Bedeutungen (Codes), die den Sklaven Hinweise zur Flucht in die Nordstaaten gaben, wo die Sklaverei bereits verboten war.

Ende des 19. Jahrhundert tauchen Gospelsongs (Abk. Gospel, *engl.* Evangelium, frohe Botschaft) erstmals in einer Sammlung geistlicher Lieder auf. Im Gegensatz zu den meisten Spirituals handelt es sich dabei um Werke namentlich bekannter Komponisten. Ihre Texte beziehen sich oft auf das Neue Testament. Die moderne Ausprägung und Weiterentwicklung erhielt der Gospel seit Anfang der 1930er-Jahre, als Jazz- und Blueseinflüsse spürbar wurden und Bass, Schlagzeug, Klavier oder Orgel den Gesang begleiteten. In der Folgezeit erwies sich der Gospel auch offen für Einflüsse aus Rock und Pop sowie anderen Musikstilen. Dies liegt auch daran, dass die meisten farbigen Jazz- und Rocksängerinnen im Gospelchor ihrer Gemeinde die Begeisterung für das Singen entdeckten und durch Gospelgesang geprägt wurden.

»► **1** *Was verraten diese Fakten über die Bedeutung des Liedes in den USA? Beschreibt Besonderheiten der Interpretation durch Beyoncé.* ◉ IV|**8**

»► **2** *Informiert euch über die Sklavenbefreiung auf der Underground Railroad und die geheime Bedeutung von „Swing low, sweet chariot".*

»► **3** *Beschreibt die Unterschiede zwischen Spiritual und Gospel. Bezieht dazu die Aufnahmen ein.* ◉ IV|**8, 9**

Barbershop

Ende des 19. Jahrhunderts waren die amerikanischen Barbershops (*engl.* Frisörsalons) oft Mittelpunkte der gesellschaftlichen Kommunikation, denn dort trafen sich täglich Männer und warteten auf ihre Rasur. Unter Afroamerikanern entwickelte sich beim Warten als Zeitvertreib das mehrstimmige Singen ohne Instrumente: Man sang *a cappella*, indem man Liedmelodien mit Ober- und Unterstimmen begleitete. Aus dieser Tradition des „harmonizing" entstand der vierstimmige Barbershop-Gesang, der auch von weißen Sängern übernommen wurde.

Die Textinhalte reichen von heiteren Alltagsbegebenheiten bis hin zu dramatisch-ernsthaften Themen. Das Charakteristische dieses Gesangsstils ist sein enger Satz, *Close Harmony* genannt.

Auntie Skinner's chicken dinner

Worte: Earl Carroll, Arthur Fields
Melodie: Theodore F. Morse

The folks from each plan - ta - tion will give her some o - va - tion when they see the

»➤ **4** *Welche Besonderheit der Besetzung prägt das Klangbild der Barbershop-Musik?* ⦿ **IV|10**

»➤ **5** *Erprobt selbst die typischen Merkmale der „Close Harmony" und singt den Notensatz. Eine Gruppe kann ihn auch unterstützend musizieren. Nutzt die MIDI-Datei dazu.* ⦿ **IV|10** ⦿

»➤ **6** *Betrachtet die Karikatur eines Barbershop-Ensembles. Welche Inhalte und Stimmung verbreiten die Sänger auf dem Bild und in der Aufnahme?*

»➤ **7** *Hört die vergleichsweise jungen Vokaljazz-Aufnahmen und beschreibt Gemeinsamkeiten sowie Unterschiede zum Gospel- und Barbershop-Gesang.* ⦿ **IV|11–13**

Cover der Zeitung „Saturday Evening Post", 1936

That's Jazz!

Die Entwicklung des Jazz lässt sich als Stammbaum abbilden: Die Verschmelzung afrikanischer und europäischer Musikeinflüsse bildet die Wurzeln, aus denen im frühen 20. Jahrhundert die Stile des Oldtime Jazz wachsen. Der Stamm besteht aus dem Traditional Jazz und den nachfolgenden Stilen des Modern Jazz. Die Krone setzt an, wenn der Jazz in Beziehung zu anderen Musikstilen tritt und sich zu einer Vielzahl unterschiedlicher Ausprägungen entwickelt.

》➤ **1** *Gestaltet einen Stammbaum mit den Jazzstilen, ihren Merkmalen und Musikern.* 📄

》➤ **2** *Erstellt eine Landkarte der Jazzentwicklung, auf der wichtige Städte und die dort beheimateten Stile eingetragen sind.* 📄

Der Knight Bus in „Harry Potter und der Gefangene von Askaban" (USA/GB 2004)

Jazz in der Filmmusik

Eine besondere Rolle spielt Jazz in der Filmmusik. War er in Gangster- und Detektivfilmen bis in die 1960er-Jahre ein musikalisches Symbol für die Großstadt mit ihren Gefahren, für Verbrechen, Drogen, Prostitution, so wird heute Jazz in der Filmmusik vor allem dann gezielt eingesetzt, wenn es um die Illustration von Zeit und Ort der Handlung geht, aber auch, um komödiantische Effekte zu erzielen.

》➤ **3** *Der Komponist John Williams gestaltet die Fahrt des Knight Bus sehr ungewöhnlich. Beschreibt die musikalischen Effekte und was die Musik über die Fahrt des Busses zu erkennen gibt.* ◉ **IV|14**

Jazz – Kunst oder Kommerz?

Jazz eröffnet Musikern sehr individuelle Ausdrucksmöglichkeiten. Manche der Künstler sprechen damit nur einen kleinen Zuhörerkreis an, andere werden sehr erfolgreich und erreichen große Popularität. Zeitweilig war Jazz die Musik der Hitparaden und des Mainstreams, heute halten ihn manche für eine Minderheitenmusik, weil er viel zu kompliziert sei.

„Es gibt heute kaum noch Musiker mit einer persönlichen Klangfärbung, einem eigenen Sound. Wie bei Ellington. Wir leben heute im Zeitalter der Akademisierung des Jazz, wo alle mehr oder weniger gleich klingen. Meine persönliche Meinung ist, dass die Entwicklung des Jazz mehr oder weniger abgeschlossen ist." *Franz Koglmann, österreichischer Jazzmusiker (geboren 1947)*

》➤ **4** *Diskutiert das Zitat und bezieht Stellung.*

Musizieren eines Jazzstandards ↗ S. 209

Ein wesentliches Merkmal des Jazz ist die Improvisation. Vor allem bei kleinen Ensembles sind sogenannte Head-Arrangements beliebt. Grundlage für das Musizieren ist eine notierte oder bekannte Melodie (*engl.* head, Kopf) mit zugehöriger Akkordabfolge. Der Head wird gemeinsam musiziert. Danach folgt eine Soloimprovisation, bei der die Rhythmusgruppe die Akkordfolge (Chorus) als Grundlage beibehält. Weitere Soloimprovisationen können sich anschließen, bis alle zum Abschluss den Head wiederholen. Ergänzt werden kann sie durch ein Intro und eine Coda.

Five foot two, eyes of blue (Has anybody seen my gal?)   Ray Henderson · Satz: Georg Maas

>➤ **5** *Musiziert und singt zunächst den Head. Lasst euch für die Schlagzeugbegleitung von dem Swingpattern auf ➚ Seite 137 anregen. Ersetzt dann die Melodie durch Improvisationen mit Melodieinstrumenten, Kazoo oder Scatgesang. Schließt das Arrangement mit einer gemeinsamen Wiederholung des Heads ab.*

Für die Improvisationen lassen sich gut die Dreiklangstöne der Begleitakkorde verwenden oder Ausschnitte der zugehörigen Tonleitern. Die rhythmischen Modelle der Begleitung können variiert, sollten aber in den vier Anfangstakten wie notiert gespielt werden. Weitere Tipps findet ihr auf den ➚ Seiten 137 und 209. ◎ IV|15

Rock- und Popmusik

Der Blues gehört zu den Hauptformen afroamerikanischer Musik.
Er war eine wichtige Quelle der Jazzmusik und besitzt eine eigene bis
heute ungebrochene Tradition. Sein charakteristisches musikalisches
Formmodell prägt viele Stile und Songs der Rock- und Popmusik.

Die Grundform des Blues beruht in der Regel auf einer Harmoniefolge von zwölf Takten, die in Gruppen zu jeweils vier Takten gegliedert
sind: das Bluesschema. Verwendet werden die Akkorde der Tonika (T),
Subdominante (S) und Dominante (D), also der I., IV. und V. Stufe der
Grundtonart. Die Akkorde können jeweils um die kleine Septime zu
Septakkorden erweitert werden. ↗ S. 195, 204 Verschiedene Varianten
sind dabei üblich. Die folgende ist eine der weit verbreiteten Fassungen
des Bluesschemas.

Harmoniefolge

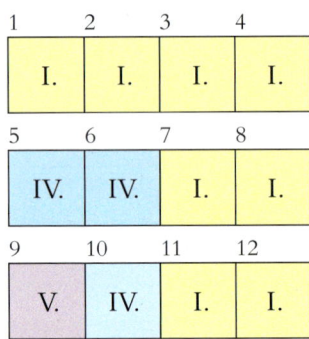

》► **1** *Verfolgt beim Hören die
Harmoniefolge des Bluesschemas in dem
Rock 'n' Roll-Titel „Hello Josephine"
(1960) von Fats Domino. Klatscht dazu
auf den Zählzeiten 2 und 4, wenn die
Tonika erklingt. Wählt für die Subdominante und Dominante jeweils eine
andere Begleitung (z. B. Oberschenkel,
Schnipsen).* ◉ **IV|16**

Fats Domino

Improvisieren mit dem Bluesschema

Die Überschaubarkeit und Beliebtheit unter Musikern macht das
Bluesschema auch heute noch zur idealen Grundlage für Improvisatio-
nen. Hat man sich auf die Tonart geeinigt, kann es gleich losgehen.

Bluesschema in C

Je nach Grundtonart ergeben
sich unterschiedliche Akkorde für das Bluesschema. In C
werden die Akkorde C, F
und G verwendet.

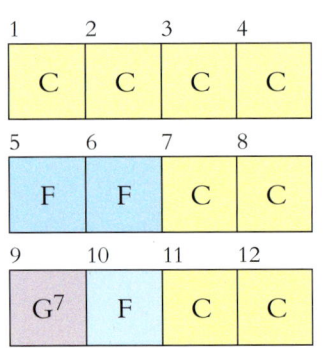

Harmonien

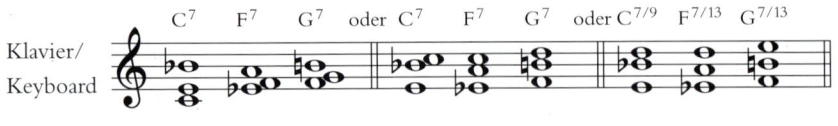

Klavier/
Keyboard

Gitarre

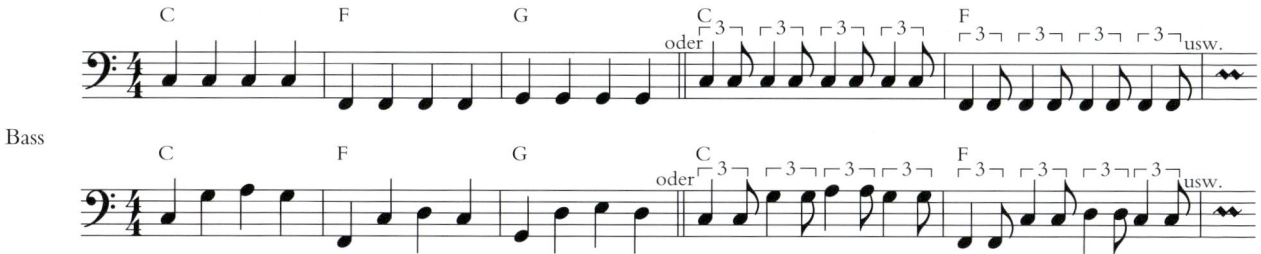

Bass

Rhythmus

Klavier/
Gitarre

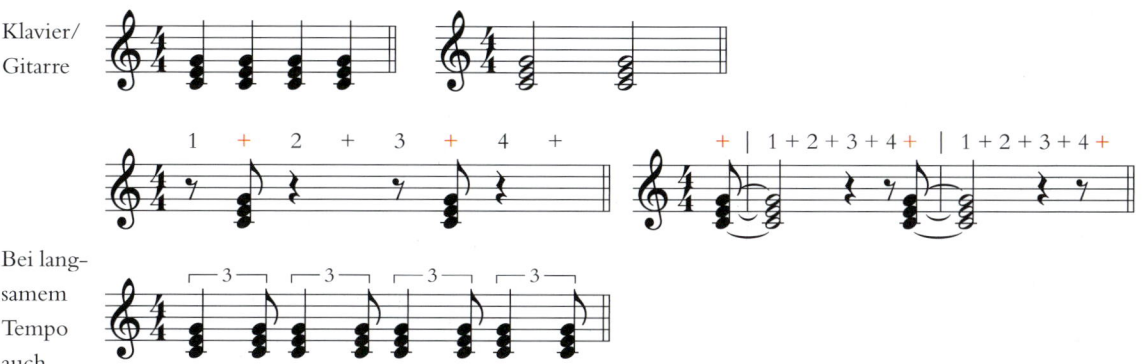

Bei lang-
samem
Tempo
auch

Bluestonleiter in C

fis   g   fis   f

Das Bluesschema ist eine Art Grundmuster, das für Veränderungen
offen ist. Viele Musiker haben daraus kreativ Varianten entwickelt.

》➤ **2** *Improvisiert selbst.*
◎ **IV|17** ◎
*a) Spielt das Bluesschema mithilfe
der Patterns, indem ihr die Harmonien und den Bass in einem Rhythmus eurer Wahl spielt.*
*b) Improvisiert über diesem Funda-
ment mit den Tönen der Bluestonleiter.* 📄

Gary Hoey

》➤ **3** *Lernt populäre Einspielungen von Gary Moore, Led Zeppelin
und Iggy Pop kennen.* ◎ **IV|18–20**
*a) Gleicht sie mit dem Grundmuster ab. In welchen wird das Blues-
schema erweitert? Achtet auch darauf, wie dies geschieht.*
*b) Ermittelt die Entstehungszeiten der Aufnahmen und sortiert sie
chronologisch.*
*c) Ergänzt sie um euch bekannte Songs, die mit dem Bluesschema
arbeiten.*

》➤ **4** *Hört heraus, wie der amerikanische Metal-Gitarrist Gary
Hoey das Bluesschema in dem aus den 1960er-Jahren stammenden
Titel „Wipe out" (2005) gestaltet. Vergleicht das Original mit der ak-
tuellen Einspielung.* ◎ **IV|21**

》➤ **5** *Singt und musiziert den „Backwater blues" (1944) von Huddie
Ledbetter, der eine Variante des Bluesschemas enthält.* ➚ *S. 228 f.*

Als der Rock ’n’ Roll (Abkürzung R&R) Mitte der 1950er-Jahre Jugendliche begeisterte, bediente er sich wesentlich an der populären Musik der Schwarzen, dem Rhythm & Blues (Abkürzung R&B). Er bezeichnete Musik von Schwarzen für Schwarze und hatte den Ausdruck *Race Music* abgelöst. Abteilungen in Schallplattengeschäften oder Hitparaden verwendeten den Begriff R&B zur Kennzeichnung dieses Musikangebots.

»➤ **1** *Welche Gründe könnte es für solche Sprachregelungen gegeben haben?*

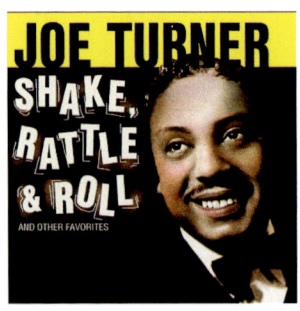

Es war im frühen R&R üblich, dass weiße Musiker R&B-Titel neu aufnahmen, um die Herkunft der Musik zu verdecken. Man sprach von Coverversionen, bei denen die Musik und manchmal der Text „weiß gewaschen“ wurden. Ein gutes Beispiel liefert der Hit „Shake, rattle and roll“ (1954) von Charles E. Calhoun (= Jesse Stone):

Get out of that bed and wash your face and hands.
Get into the kitchen, make some noise with pots and pans.
Well, you wear low dresses, the sun comes shining through.
I can’t believe my eyes that all of this belongs to you.

In den R&B-Charts hatte Joe Turner mit dieser Version einen Nr.-1-Hit. Bill Haley veröffentlichte wenige Monate später eine Coverversion, die sehr erfolgreich wurde. Darin heißt es:

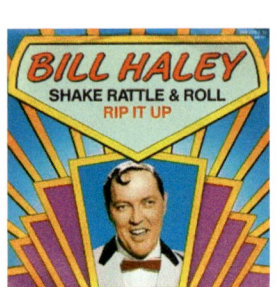

Get out in that kitchen and rattle those pots and pans.
Roll my breakfast ’cause I’m a hungry man.
You wear those dresses, your hair done up so nice.
You look so warm, but your heart is cold as ice.

»➤ **2** *Vergleicht beide Einspielungen, die als Klassiker der Rockmusikgeschichte gelten.* ◉ **IV|22,23**
a) Hört jeweils das Formschema heraus.
b) Benennt musikalische Unterschiede: Achtet vor allem auf das Rhythmusfundament, den Gesang und die Soli.
c) Warum mag sich der Produzent von Haley für die geänderte Textfassung entschieden haben?
d) Spekuliert, wie die Reaktion Turners auf Haleys Coverversion gewesen sein könnte.

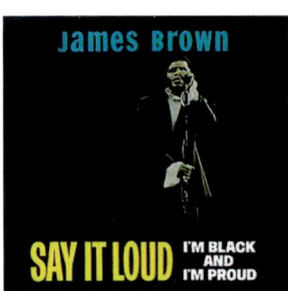

In den 1960er-Jahren engagierten sich viele Schwarze in den USA zunehmend politisch, forderten selbstbewusst gesellschaftliche Gleichberechtigung. ➚ S. 110 f. Musikalischer Ausdruck dieses neuen Selbstbewusstseins wurde eine sehr erfolgreiche neue Musikrichtung: der Soul. Zu den bekanntesten Vertretern gehörten der „Godfather of Soul“ James Brown, die „Queen of Soul“ Aretha Franklin sowie der blinde Pianist und Sänger Ray Charles. ➚ S. 230 f. Dieser prägte den Soul durch Verschmelzung von Gospel mit R&B und Blues.

»➤ **3** *James Brown brachte das neue Selbstbewusstsein 1968 auf den Punkt mit seinem Songtitel „Say it loud – I’m black and I’m proud“. Beschreibt die musikalische Gestaltung.* ◉ **IV|24**

Hits am Fließband – Made in Detroit

Im Mittelpunkt des Soul stand die Schallplattenfirma Motown (Abkürzung für Motortown, die Automobilstadt Detroit). Gegründet von Bill Gordy Jr. wurde sie in den 1960er-Jahren zur Markt beherrschenden Firma, die fast 200 Nr.-1-Hits herausbrachte und damit den Geschmack der Zeit prägte. Im Jahr 1966 kamen 36 von 100 amerikanischen Hit-Singles von Motown, zu dessen Stars Stevie Wonder, Michael Jackson, Lionel Richie oder Diana Ross zählten.
Neben Musikern, die selbst komponierten, gab es regelrechte Fließbandarbeit: Songwriter-Teams schrieben neue Titel, die von Motown-Stars im Studio aufgenommen wurden. Die Musikbegleitung stammte in den meisten Fällen von einem Stamm von 13 Musikern, den „Funk Brothers", die für den typischen Motown-Sound sorgten. Zu den Topstars gehörten von 1964 bis 1969 die Supremes, die in der beschriebenen Art produziert wurden. Sie stehen auch für einen neuen Künstlertyp: *Girlgroups*.

The Supremes

»► **4** *Beschreibt den Sound und das Erscheinungsbild der Supremes.* ⊚ **IV\|25**
a) *Wodurch prägt sich die Titelzeile in ihrem Hit „Stop! In the name of love"* *(1965) so gut ein? Welche Rollen spielen die Sängerinnen?*
b) *Was könnte damaligen weiblichen und männlichen Fans an der Gruppe besonders gefallen haben?*

Ein amerikanischer Präsident mit afrikanischen Wurzeln

Von 2009 bis 2017 war Barack Obama der 44. Präsident der USA. Der Sohn einer US-Amerikanerin und eines Kenianers war der erste Afroamerikaner in diesem Amt und wurde zum Symbol für die Gleichberechtigung von Schwarz und Weiß in den USA. Bei einem Konzert 2010 im Weißen Haus spielten Paul McCartney und Stevie Wonder vor Obama und Gästen ihren Hit *Ebony and ivory* (*engl.* Ebenholz und Elfenbein) aus dem Jahr 1982:

Ebony and ivory (Anfang)

E-bo-ny— and i-vo-ry— live to-ge-ther in per-fect har-mo-ny—

»► **5** *Interpretiert die Aussage des Songs, indem ihr den Titel auf den Text, die Musiker und die Melodie bezieht.* ⊚ **IV\|26**

»► **6** *Überschaut die Entwicklung im musikalischen Verhältnis zwischen Schwarz und Weiß in den USA, indem ihr die hier vorgestellten Höreindrücke mit aktuellen Musikbeispielen schwarzer Musiker vergleicht.*

a) *Findet die Bezeichnungen für die jeweilige Stilistik heraus.*
b) *Fasst die in den Songs getroffenen Aussagen zur Stellung der Schwarzen in der US-amerikanischen Gesellschaft zusammen.*
c) *Welche musikalischen Gestaltungsmerkmale unterstützen diese Aussagen?*

Seit 1990 findet jährlich in dem kleinen Ort Wacken in Schleswig-Holstein ein sommerliches Freiluft-Festival statt, das sogenannte W:O:A (Abkürzung für Wacken Open Air). Nachdem im ersten Jahr nur etwa 800 Zuschauer kamen, entwickelte sich das Musiktreffen von Jahr zu Jahr weiter und wurde zum größten Heavy-Metal-Festival der Welt mit über hundert Bands – von Altstars bis zu Newcomern – und zehntausenden Besuchern. Dabei ist unüberhörbar, dass sich unter dem Musikstil Heavy Metal (Abkürzung Metal) eine Vielzahl unterschiedlicher Musikströmungen sammelt. Gemeinsam ist ihnen, dass die Fangruppen sich äußerlich an szenetypischer Kleidung oder der Inszenierung der Stile (Covergestaltung, Bühnenshow) orientieren.

»➤ **1** *Nennt Gründe, worin die Faszination des Wacken-Festivals liegen könnte.*

»➤ **2** *Was wisst ihr über Metal-Musik? Erstellt gemeinsam oder in Gruppen – je nach Expertenwissen – eine Mindmap (Namen, Stile, Geschichte, Merkmale u. a.).* ➹ S. 20

Filmplakat zum Dokumentarfilm „Full Metal Village" (D 2006)

Traditional Heavy Metal

Der Begriff Heavy Metal (*engl.* Schwermetall) als Name für einen Musikstil entstand in Großbritannien. Er sollte verdeutlichen, dass die hierdurch bezeichnete Musik noch härter als Hardrock war. Bands wie Led Zeppelin, Iron Maiden, Metallica griffen das Metall-Motiv in ihren Namen auf.

Der Sound im traditionellen Heavy Metal ist von meist verzerrten Gitarren geprägt. Große Lautstärke und ein massives Fundament von Schlagzeug und Bassgitarre lassen die Musik unmittelbar auf den Körper einwirken. Oft treten einzelne Musiker durch virtuose Soli in den Vordergrund. Der Gesangsstil der meist männlichen Vokalisten umfasst neben dem traditionellen Singen gutturale Gesangstechniken wie Schreien, Kreischen und Knurren (*engl.* Growling, Shouting, Screaming). ➹ S. 9

Die stilprägende Band Iron Maiden (*engl.* Eiserne Jungfrau) spielt in ihrem Namen auf ein legendäres Folter- und Hinrichtungsgerät an, dessen tatsächliche Existenz jedoch umstritten ist. Markenzeichen der Band ist ihr Maskottchen *Eddie* („Edward the Head"), das auf fast jedem Cover zu sehen ist.

»➤ **3** *Lernt den Song „The number of the beast" (1982) des gleichnamigen Albums kennen.* ⊚ **IV|27, 28**
a) *Vergleicht ihn mit dem Image von Iron Maiden. Beziecht das Cover mit ein.*
b) *Welche Kriterien erheben den Titel zum Klassiker des Genres?*

„The number of the beast" (*engl.* Die Zahl des Tieres) spielt auf die „Offenbarung des Johannes" im Neuen Testament der Bibel an, die Apokalypse (*griech.* αποκαλυψις apokalypsis, Enthüllung). In dem rätselhaften und bilderreichen Text geht es um den Kampf zwischen Gut und Böse, den Untergang der Welt vor Beginn der Gottesherrschaft. In Kapitel 13 werden zwei furchterregende Tiere beschrieben, die von den Ungläubigen angebetet werden und eine Schreckensherrschaft aufbauen. In der Übersetzung Martin Luthers heißt es am Ende: „Wer Verstand hat, der überlege die Zahl des Tieres; denn es ist die Zahl eines Menschen, und seine Zahl ist sechshundertundsechsundsechzig."

The number of the beast (Anfang)   Steve Harris

♩=192 Intro

[Notensystem mit Mel. und Git./Keyb.]

Mel.: 1. I left a - lone, my mind was blank. I need-ed time to — think, to get the mem'-ries____

f

>►**4** *Geht ins Detail zum Song.*
a) *Bestimmt den Ablauf des Songanfangs und spielt ihn. Was macht das Musizieren schwierig?* ⊚ **IV|27, 28**
b) *Ist dies eine gelungene Komposition? Improvisiert ein Streitgespräch zwischen einem Iron-Maiden-Fan und einem Metal-Gegner.*

Medieval Metal

In Extremo

Der Medieval Metal (*engl.* Mittelalter Metal) wird vor allem mit der deutschen Metal-Szene in Verbindung gebracht und manchmal auch dem Folk Metal zugerechnet. Zu den international bekanntesten Bands gehört In Extremo. Neben selbst geschriebenen Texten über die Welt des Mittelalters vertonen sie auch alte Texte unterschiedlicher Sprach- und Kulturräume.

>►**5** *Entdeckt im Lied „Frei zu sein" (2008) die mittelalterlichen Einflüsse. Welche Bezüge finden sich zum Heavy Metal?* ↗ S. 28 f. ⊚ **IV|29**

Progressive Metal

Die Neugier auf Ungewöhnliches, Anregungen klassischer Musik, virtuose Instrumentenbeherrschung kennzeichnen den Stil des Progressive Metal (*engl.* neuartig, Abkürzung Prog Metal). Als Vorläufer gelten Bands wie Pink Floyd oder Genesis. Die Titel sind oft lang und kompliziert aufgebaut, weisen Taktwechsel oder Polyrhythmik (↗ 194 f.) auf, spielen mit verschiedenen Themen und Motiven. Keyboards liefern prägende Sounds.
Eine besonders erfolgreiche Band ist Dream Theater aus den USA. In dem Zyklus *Six degrees of inner turbulence* (2002) beschreiben sie sechs Personen, die unter psychischen Krankheiten leiden.

>►**6** *Benennt musikalische Auffälligkeiten in „About to crash" von Dream Theater. Das beschriebene Mädchen zeigt die Symptome einer „bipolaren affektiven Störung". Ausgehend von der Musik: Worum könnte es sich dabei handeln?*
⊚ **IV|30**

Bühnenkonstruktion der Glass-Spider-Tour, 1987

Die brennende Spinne

November 1987, Auckland, Neuseeland: David Bowie, eigentlich David Robert Jones, steht auf einem Feld und betrachtet eine brennende Spinne. Es ist die riesige Dekoration seiner gerade zu Ende gegangenen Welttournee. Was da brennt, ist auch Bowies Vergangenheit. Er hat die Nase voll von der Musik, die er in den letzten Jahren komponiert hat. Wieder einmal will er sich neu erfinden. Auf seinen Alben experimentiert Bowie mit den unterschiedlichsten Musikstilen: Vom Singer-Songwriter-Stil über Hardrock, Jazz, Funk oder Electronic hat er alles probiert, mit sehr unterschiedlichem Erfolg.

》► 1 *Seinen Durchbruch hatte Bowie 1969, im Jahr der ersten Mondlandung, mit dem Titel „Space oddity", der tragischen Geschichte eines Astronauten. Verständigt euch über den Inhalt und erörtert Bezüge zur musikalischen Gestaltung. Berücksichtigt auch den Song „Major Tom" (1982) von Peter Schilling.* ↗ *S. 222f.* ⊚ **IV|31**

Bowie wird auch als das Chamäleon der Popmusik bezeichnet. Zu seinen Alben änderte er sein jeweiliges Erscheinungsbild radikal. Er schuf Kunstfiguren, die seine eigene Persönlichkeit verdrängten. Nach eigener Aussage tauchte er so sehr in sein jeweils anderes Ich (*lat.* alter ego) ein, dass er nicht mehr zwischen Schein und Realität unterscheiden konnte.

Ziggy Stardust and the spiders from Mars

Ziggy Stardust ist eine von Bowies bekanntesten Figuren. Er stellt einen von Drogen gezeichneten Rockstar dar, der es nicht schafft, dem Publikum seine Botschaft von Liebe und Frieden zu vermitteln. So fühlte sich auch der echte Bowie in dieser Zeit. Das dazugehörige Album „The Rise and Fall of Ziggy Stardust and the spiders from Mars" erschien 1972. Die englische Musikzeitschrift Melody Maker bezeichnete es als das bedeutendste Werk der 1970er-Jahre.
Bowie ging mit den Liedern des Albums auf Tour und lebte auf der Bühne die Figur des Ziggy Stardust bis zum Exzess. Am 3. Juli 1973 verkündete er im Londoner Konzertsaal Hammersmith Odeon das plötzliche Ende von Ziggy. Damit verwirrte er Fans und Musikpresse so sehr, dass diese dachten, Bowie höre auf Musik zu machen. Doch das war nur ein typischer Bowie-Trick, um schon bald in die nächste Rolle zu schlüpfen.

》► 2 *Findet heraus, worum es im Song „Ziggy Stardust" geht. Versucht das Wesen der Figur zu ergründen.* ⊚ **IV|32** 📄

》► 3 *Inwiefern ist das äußere Erscheinungsbild eines Musikers generell wichtig für seinen Erfolg?*

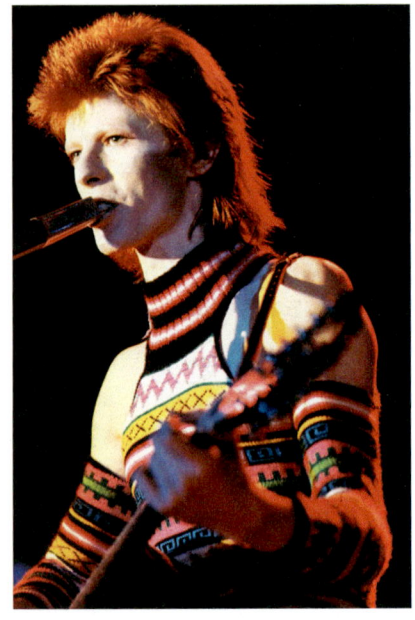

David Bowie als Ziggy Stardust auf Tour

Make-up, Plateau-Schuhe und Glitter-Kostüme

Bowie zählt zu den Pionieren des Glam-rock. Dieser Anfang der 1970er-Jahre in England etablierte Stil zeichnet sich durch das besonders auffällige, also extrovertierte Auftreten der Musiker und Bands aus. Bekannte Vertreter neben Bowie sind Elton John und Queen. Viele Bands nach ihnen haben Elemente des Glamrock übernommen. Oft standen dahinter eher schüchterne Persönlichkeiten, die so eine Möglichkeit sahen, sich auf der Bühne hinter einer Maske zu verstecken. Im Glamrock sahen viele auch eine Gegenbewegung zum eher ernsthafteren Progressive Rock (Abkürzung Prog Rock). Dessen Vertreter wie King Crimson oder Genesis gestalteten zwar auch überwältigende Bühnenshows, doch die Vertreter des Glamrock waren oft lauter, schriller und überdrehter. ↗ S. 142

»➤ **4** *Lasst einen von Bowies bekanntesten Songs „Let's dance" (1983) auf euch wirken. Überlegt, wie ihr dazu auftreten würdet, und entwerft ein Plattencover.* ◉ **IV|33**

»➤ **5** *Informiert euch über die genannten Künstler und stellt eine kurze Dokumentation mithilfe von Text-, Bild-, Video- und Musikmaterial zusammen.* ↗ S. 20

Zurück zu den Wurzeln – der „echte" Bowie

Seit dem Album „Never Let Me Down" (1987) blieb der gewohnte Erfolg für Bowie aus. So experimentierte er erneut: Mit der Band Tin Machine produzierte er Musik mit Hardrock-Einflüssen. Aber nichts funktionierte so richtig. Erst 2002 fand Bowie mit dem Album „Heathen" zu seinen Wurzeln zurück durch die erneute Zusammenarbeit mit seinem Erfolgsproduzenten Toni Visconti. 2003 folgte „Reality". Bowie war erneut in den Charts und auf der Bühne. Doch bei der ausgedehnten Welttournee erlitt er 2004 einen Herzinfarkt. Der Musiker zog sich für fast zehn Jahre zurück – seine Gesundheit war ihm wichtiger als die Musik. Wie aus dem Nichts erschien 2013 das Album „The Next Day", das Bowie unbemerkt aufgenommen hatte. Live trat er aber weiterhin nicht auf. Am 8. Januar 2016 folgte „Black Star". Nur zwei Tage später, überraschend für alle, starb Bowie an Krebs. Selbst seinen Tod hat er als Künstler verarbeitet: Im Video zu „Lazarus" nimmt er diesen voraus und verabschiedet sich von seinen Fans mit großer Geste.

David Bowie

Bowie als Vorbild

Bowie galt als einer der einflussreichsten Pop-Musiker seiner Zeit. Unzählige Bands und Musiker beriefen und berufen sich auf ihn. Er wird gecovert, zitiert oder in Outfits und Auftreten imitiert. Ob Arcade Fire, die Pixies, Placebo oder Lady Gaga: So wie Bowie zu sein, das gilt einfach als extrem cool. Einer seiner meist-gecoverten Songs ist „Life on Mars?" vom Album „Hunky Dory". ↗ S. 182 f.

»➤ **6** *Hört seinen meistgecoverten Song „Life on Mars?" (1971) und sucht nach Interpretationen. Entdeckt neben Gemeinsamkeiten in der Musik auch Parallelen in der Performance.* ◉ **IV|34**

Depeche Mode beim
101. Konzert, 1988

Das 101. Konzert

Juni 1988, Pasadena-Rose Bowl-Stadion bei Los Angeles: Die US-Tour zum Album „Music For the Masses" lief für die britische Elektro-Band Depeche Mode grandios, doch vor über 60 000 Menschen zu spielen, das ist eine völlig neue Erfahrung. 1980 standen Depeche Mode zum ersten Mal auf einer Bühne, damals noch als Schülerband. Ein rasanter Aufstieg folgte erst in Europa, später eroberten sie Amerika. Ausrastende Fans ist die Band eigentlich gewohnt, aber nicht in dieser Dimension wie beim 101. Konzert.

»➤ 1 *Versucht anhand der Liveversion von „A question of time" die Atmosphäre im Stadion zu beschreiben, wie ihr sie aus Sicht der Band oder als Zuschauer erleben könntet. Vergleicht auch die unterschiedlichen Schwerpunkte der Inszenierung mit David Bowies Glass-Spider-Tour.* ◎ IV|35 ➚ *S. 128*

Synthesizer

Depeche Mode bezeichnet man auch als Synth-Pop-Gruppe. Der Name verrät, was Depeche Mode für ihre Musik hauptsächlich verwenden: den Synthesizer. Er ist ein elektronisches Instrument. Mit ihm lassen sich beliebige Töne erzeugen bzw. Realtöne digitalisieren und elektronisch verändern. Populär wurde er mit dem von Robert Moog 1970 vorgestellten Minimoog-Synthesizer. Dieser war noch monofon, das heißt, man konnte mit ihm nur einstimmig spielen. Moderne Geräte bieten praktisch grenzenlose Klangmöglichkeiten.

Sammlung historischer Synthesizer

»➤ 2 *Hört das Lied „Popcorn" (1972) von Hot Butter. Es ist einer der ersten Hits, der nur mit einem Synthesizer produziert wurde. Überlegt, wie hier trotz der technischen Beschränkung eine mehrstimmige Komposition erstellt wurde.* ◎ IV|36

Die direkte Umgebung als Soundlibrary

1983/84, Berlin, Hansa Studios: Depeche Mode produzieren die Alben „Construction Time Again" und „Some Great Reward". Bisher benutzten sie fast ausschließlich Synthesizer. Doch nun experimentieren sie mit natürlichen Geräuschen, die elektronisch verfremdet werden. Mal ist es nur ein Kieselstein, der über das Metall eines großen Balkonfensters hüpft, wie bei *Blasphemous rumours*, oder der Straßenlärm, der durch das geöffnete Studiofenster eindringt. Die ganze Stadt wird zur unerschöpflichen Soundlibrary (*engl.* Klangbibliothek).

»➤ 3 *Hört euch das Lied „Blasphemous rumours" (1984) an und überlegt, was noch benutzt wurde, um Töne zu erzeugen.* ◎ IV|37

»➤ 4 *Experimentiert selbst mit Klängen aus eurer Umgebung, die ihr aufnehmt. Importiert sie in euch zur Verfügung stehende Computerprogramme und bearbeitet sie. Gestaltet eine Begleitung zu einem Song.*

Ein Song in vielen Versionen – Remix und Cover

Depeche Mode sind die Meister des Remix (*engl.* Neuabmischung). Wenn ein neues Album erscheint, geben sie die einzelnen Tonspuren der Lieder an bekannte Musiker, damit diese daraus etwas Neues entstehen lassen. So wird aus einer Ballade plötzlich eine schnelle Tanznummer oder aus einem Rocksong ein orchestrales Werk. Die Songs der Band werden auch gecovert, das heißt neu interpretiert. Oftmals von Musikern, die man mit der Musik der Band nicht unbedingt in Verbindung bringt. ↗ S. 183 f.

》➤ **5** *Vergleicht die beiden Originale (1990) mit den Bearbeitungen.*
a) *Benennt Merkmale, die Goldfrapp in ihrem Remix von „Halo"
(2004) ändern.* ⊚ IV|**38, 39**
b) *Wodurch verändert sich die Stimmung im Cover von „Personal Jesus"
(2002), interpretiert von Johnny Cash?* ⊚ IV|**40, 41**

Bandfoto zum Album „Sounds of the Universe",
2009

Martin Gore

Vergötterte Idole

Der Erfolg von Depeche Mode beruht auch auf einer sehr treuen Fangemeinde. Die Fans werden *Devotees* genannt, abgeleitet vom englischen Wort devotion (Hingabe oder Ergebenheit). Sie reisen der Gruppe hinterher, manche bringen dafür ihre gesamten Ersparnisse auf, um den Bandmitgliedern nahe zu sein. In dem englischen Dokumentarfilm „The posters came from the walls" aus dem Jahr 2009 kommen Fans aus der ganzen Welt zu Wort. Dabei zeigt sich etwas Erstaunliches: Für viele Fans ist Depeche Mode nicht nur Musik, sondern eine Lebenseinstellung. Sie nehmen die Texte sehr ernst, suchen darin nach Ideen und Lösungen für ihr eigenes Leben. Dabei flüchten sich manche in eine Traumwelt, kleiden, schminken und frisieren sich wie die Band, oder sammeln jede Veröffentlichung der Musik. Ein Pfarrer benutzt die Lieder von Depeche Mode sogar für seine Gottesdienste. Der Anblick von 60 000 Menschen beim 101. Konzert wurde für das Trio über die Zeit fast Normalität. Auch heute erreichen ihre Veröffentlichungen hohe Chartplatzierungen. Die Fans bleiben Depeche Mode bis heute treu und füllen die Arenen der Welt auf ausverkauften Tourneen. Auch auf regelmäßig stattfindenden Depeche-Mode-Partys huldigen sie ihrem musikalischen Lebenselixier.

》➤ **6** *Von welcher Gruppe seid ihr Fans? Überlegt, warum euch bestimmte Gruppen gefallen und was ihre Texte und ihr Auftreten für euer Leben bedeuten.*

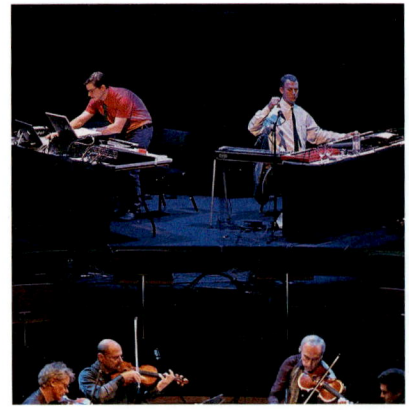

Matmos (oben)

Einstürzende Neubauten

»➤ **1** *Erkennt in den beiden Ausschnitten von Matmos und den Einstürzenden Neubauten die verschiedenen Musikstile.* ⊚ **IV|42,43**

Das amerikanische Duo Matmos widmet seinen Titel *Roses and teeth for Ludwig Wittgenstein* aus dem Jahr 2006 dem genannten österreichisch-britischen Philosophen (1889–1951), der sich vor allem mit der Logik der Sprache auseinandersetzte. Musikalisch lassen sich Matmos dabei von der Musique concrète inspirieren, einer Musikrichtung, die von dem Franzosen Pierre Schaeffer (1910–1995) Mitte des vergangenen Jahrhunderts begründet wurde. In ihr wurden Klänge aus der Umwelt aufgenommen und im Tonstudio verfremdet. ➚ S. 130

Ähnlich arbeitete auch die deutsche Band Einstürzende Neubauten. 1980 von Blixa Bargeld (richtiger Name: Christian Emmerich) gegründet, entwickelte sie einen Sound aus Presslufthämmern, Zementmischern, Altmetall und ratternden Einkaufswagen, bezeichnet als *Industrial (engl.)*. Mit sprachgewaltigen Texten und Industriegeräuschen provozierten die Musiker die Zuhörer und inspirierten gleichzeitig andere Künstler. Sie suchten auch die Zusammenarbeit mit anderen Kunstschaffenden wie dem Dramatiker Heiner Müller (1929–1995).

Sehnsucht Blixa Bargeld u. a.

Sehnsucht
Sehnsucht
kommt aus dem Chaos
Sehnsucht
Sehnsucht
ist die einzje Energie
meine Sehnsucht
meine Sucht
Sehnsucht
ist die einzje Energie

»➤ **2** *Beschreibt die besonderen Stil- und Interpretationsmittel in dem Lied „Sehnsucht" (1981) der Einstürzenden Neubauten.* ⊚ **IV|44**

»➤ **3** *Findet unterschiedliche Einflüsse in den Titeln „Movie star" (2006) des britischen Künstlers Matthew Herbert und „Teardrop" (1998) der ebenfalls britischen Trip-Hop-Band Massive Attack.* ⊚ **IV|45,46**

»➤ **4** *Vergewissert euch bei euren eigenen Lieblingsmusikern über deren Zugehörigkeit zu einer Musikrichtung. Stellt diejenigen vor, die auch zum Alternative gerechnet werden können.*

Massive Attack

Matthew Herbert

Musik, die sich nicht so recht in einen Stil der Rock- und Popmusik einordnen lässt und sich vom Mainstream (*engl.* Hauptströmung) abgrenzt, wird als Alternative (*engl.*) oder Independent Rock (Abkürzung Indie, *engl.* unabhängige Rockmusik) bezeichnet. Unter diesem Etikett sammelt sich eine Vielzahl von Musikern und Bands mit eigenen Stilen oder Mixturen aus unterschiedlichen Musikkulturen und Genres.

Björk

Die isländische Künstlerin Björk gilt als Musikerin mit unerschöpflicher Experimentierfreude. Ihre musikalische Ausbildung beginnt im Alter von vier Jahren. Bereits mit elf Jahren nimmt sie ein erstes Album auf, für das sie in Island Doppel-Platin erhält. Ein Jahr später gründet sie eine Punkband.

Eine ganz entscheidende Prägung erhält sie von ihrem Musiklehrer in der Schule, der sie mit der Musik von Karlheinz Stockhausen (1928–2007) vertraut macht. Dieser deutsche Komponist verkörpert für sie ihre künstlerischen Ideale: neugierig, unkonventionell und kreativ sein, ohne sich dabei zu wiederholen. Stockhausen bedient auch ihr Interesse an elektronischer Musik. ↗ S. 93

In ihrer eigenen Musik verbindet Björk immer Natürliches und Künstliches miteinander. So experimentiert sie mit elektronischen Klängen und dem Sampling (*engl. „eine Probe nehmen"*), bei dem kurze Ausschnitte aus bestehender Musik digitalisiert und in einen neuen Zusammenhang gebettet werden. Die Musikerin bezieht aber auch Elemente asiatischer, afrikanischer, arabischer und lateinamerikanischer Musik sowie aus Jazz und Filmmusik ein. Inhaltlich setzt sich Björk auf ihre Weise philosophisch mit den Naturwissenschaften im Kontext ihrer eigenen Existenz auseinander.

Björk Guðmundsdóttir
* 1965 in Reykjavik

》➤ **5** *Vergleicht zwei Klangeindrücke: Welche musikalischen Mittel prägen „All is full of love" (1997) und „Hidden place" (2001) und worin unterscheiden sie sich?* ◎ **IV|47, 48**

Ein Markenzeichen von Björk ist, dass sie sich auf jedem Album musikalisch neu erfindet. Das äußert sich auch in ihren Inszenierungen. Typisch ist ihr Einsatz ungewöhnlicher Instrumente (z. B. Harfe), Instrumentengruppen (z. B. Blechbläser) und Gesang (z. B. Frauenchor). Mit ihrem Album „Biophilia" (2011) betritt Björk Neuland in der Nutzung der Medien: Zusätzlich zur traditionellen Audio-CD gibt es eine App-Suite mit Song-Apps für Tablets und Smartphones. In ihren zugehörigen Liveshows bezieht sie selbstgebaute Instrumente ein.

》➤ **6** *Erkennt in dem Song „Virus" (2011) akustische und elektronische Instrumente. Wie ist die Begleitung im Verhältnis zum Gesang gestaltet?* ◎ **IV|49**

》➤ **7** *Entwickelt und gestaltet ein Alternative-Projekt zum Thema „Sehnsucht".*
a) Findet euch in Gruppen entsprechend eurer Interessenlage zusammen: musikalisch, bildnerisch, literarisch oder technisch (Lichtinstallationen, selbstgebaute Instrumente usw.). Setzt das Thema jeweils eigenständig um. Ihr könnt dazu einen Lieblingssong als Grundlage wählen oder selbst ein Stück kreieren. Stellt euch die Ergebnisse gegenseitig vor. ↗ S. 21
b) Überlegt gemeinsam, wie ihr die einzelnen Ergebnisse miteinander verbinden könnt, und präsentiert sie in einer Aufführung.

Björk

Die Popularität eines Songs zeigt sich auch daran, wie viele Coverversionen dazu entstanden sind. Dabei wird ein veröffentlichter Titel von einem anderen Künstler bearbeitet, neu interpretiert und aufgenommen. In der Geschichte der Rock- und Popmusik haben Songs in Coverversionen oft ihre Stilistik geändert: Aus einem Rhythm-'n'-Blues-Titel wurde beispielsweise ein Rock 'n' Roll oder eine Hardrock-Nummer. Entscheidend ist das Begleitmuster der Rhythmusgruppe (Schlagzeug, Bass). Liefert sie ein stimmiges Fundament, dann bekommt die Musik den entsprechenden *Groove*. Dies lässt sich am besten beim eigenen Musizieren erfahren.

You are the sunshine of my life   Stevie Wonder

[Notenbeispiel: "You are the sunshine of my life" mit Akkordsymbolen F, C⁷/B, a⁷, D⁷, g⁷, B/C, F^maj7/9, F^maj7, C⁷/9, e⁷/5⁻, A⁷, D^maj7, e⁷, d, d^maj7, d⁷, G⁷, C⁷/9/11]

Liedtext:
1.,2. You are the sun - shine of my life,
You are the ap - ple of my eye,
that's why I'll al - ways be a - round.
for - ev - er you'll stay in my heart.
1. I feel like this is the be - gin - ning,
though I've loved you for a mil - lion years.
And if I thought our love was end - ing.
I'd find my - self drown - ing in my own tears,
whoo - a a whoo - a.

fine *nach Strophe 2 da capo al fine*

2. You must have known that I was lonely
because you came to my rescue.
And I know that this must be heaven
how could so much love be inside of you.

Stevie Wonder

» 1 *Singt „You are the sunshine of my life" (1973) von Stevie Wonder, einen Klassiker der Rockmusik, von dem zahllose Coverversionen existieren und immer noch neue erscheinen.*

Man kann den Titel mit verschiedenen Grooves spielen. Vom Drumset werden in den folgenden Beispielen nur die drei wichtigsten Instrumente verwendet: Hi-hat (rechte Hand, linker Fuß), Snaredrum (linke Hand), Bass-drum (rechter Fuß). Die anderen Instrumente, Tom-Toms und Becken, werden von Schlagzeugern meist nur in *Fill-Ins* verwendet, um das Spiel abwechslungsreicher zu gestalten. 🗎

Rock

Mit dem Rock-Grundrhythmus lassen sich die meisten Rocktitel begleiten.

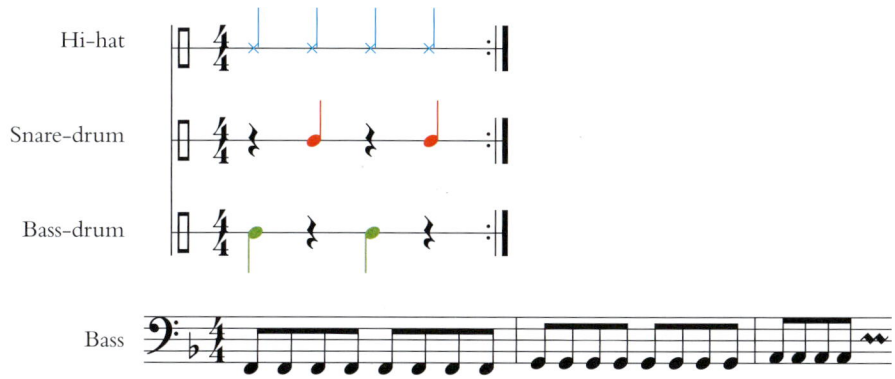

enge Schreibweise

»► **2** *Spielt die Schlagzeugfigur zum Hörbeispiel. Versuch auch, die Hi-hat in Achteln zum Bass zu spielen.* ⊚ V|1

Da das Metrum im Rock meist in binäre Achtel untergliedert wird, hat sich für diesen Groove der Ausdruck *Rockfeeling* eingebürgert im Gegensatz zum ternären *Swingfeeling*. ↗ S. 105

Shuffle

Wird die binäre Spielweise mit ihren geraden Achteln durch eine ternäre Phrasierung mit triolischen Achteln ersetzt, entsteht ein *Shuffle*-Rhythmus.

»► **3** *Spielt die Bassstimme zum Rock-Schlagzeug oder klopft sie leise auf der Tischkante. Singt anschließend zum Playback.* ⊚ V|2

Funk

Populär wurde der *Funk* Mitte der 1960er-Jahre durch schwarze Musiker. Eingang fand die Stilistik neben dem *Soul* auch in *Disco* und *Hip-Hop*. Aufgrund seiner stark akzentuierten ungleichmäßigen Rhythmik erfordert es einige Übung, einen Funk zum Grooven zu bringen.

Ronny Dehn (Schlagzeug) und Jäcki Reznicek (Bass) von Silly

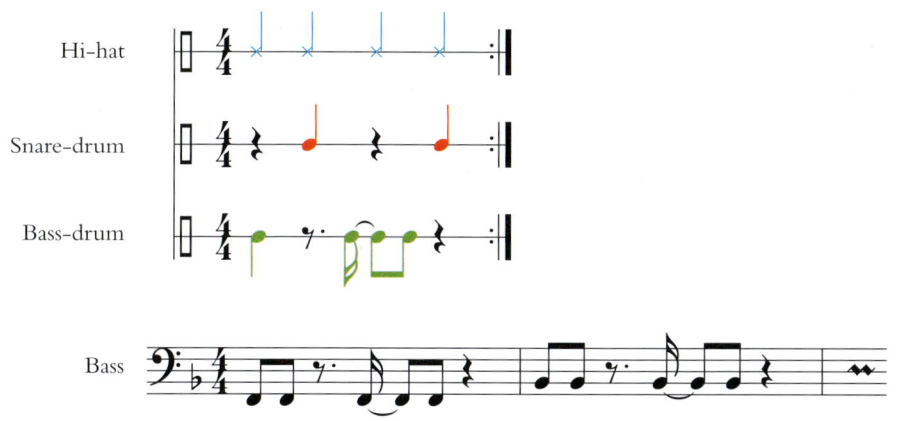

»► **4** *Findet heraus, ob es sich beim Funk um eine binäre oder eine ternäre Stilistik handelt. Welche Instrumente treten im Hörbeispiel zu Bass und Schlagzeug hinzu?* ⊚ V|3

Techno/Dance

Die Spielfiguren eines Techno-Drum-Tracks sind so vielschichtig, dass sie von einem Schlagzeuger nicht ausgeführt werden können. Für einen Computer oder Sequenzer ist das aber kein Problem.

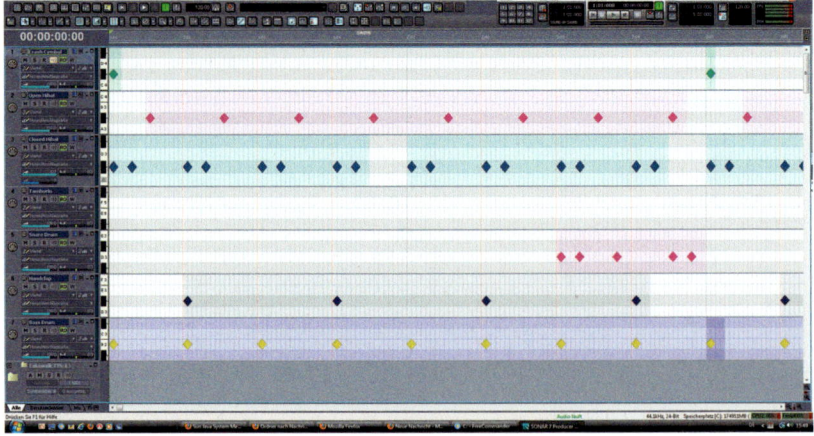

Sequenzerprogramm, Bildschirmdarstellung

»➤ **1** *Analysiert die rhythmische Struktur der Techno-Version.* ◎ **V|4**
a) *Schreibt den Drum-Part in herkömmlicher Notenschrift auf. Nehmt dazu die Bildschirmdarstellung des Sequenzerprogramms zuhilfe, mit dem das Hörbeispiel produziert wurde.* 🗎
b) *Verändert das Rhythmusarrangement, indem ihr die Bearbeitungsmöglichkeiten eines Sequenzerprogramms nutzt.* ◎
c) *Anhand melodischer oder rhythmischer Bausteine aus der Originalversion von Stevie Wonder könnt ihr auch die Technik des Sampelns ausprobieren.* ◎ **V|7** ↗ *S. 131*

Reggae

Auf der Karibikinsel Jamaika entstand *Reggae* aus der Vermischung lokaler folkloristischer Musikstile mit Rhythm & Blues. Durch Auswanderer erreichte diese Musik Anfang der 1970er-Jahre die ehemalige Kolonialmacht England. Als Eric Clapton 1974 mit seiner Version des Reggae-Songs „I shot the Sheriff" einen Nr.-1-Hit landete, ebnete dies jamaikanischen Musikern, allen voran Bob Marley und Peter Tosh, den Weg zu weltweiter Popularität.

Bob Marley

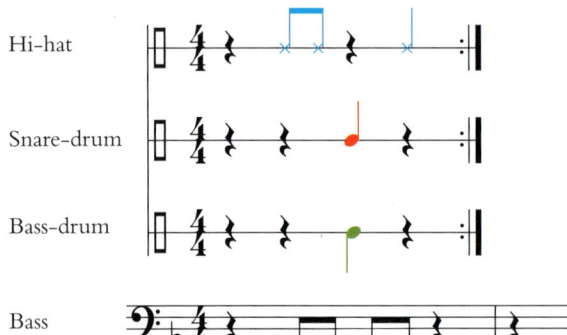

»➤ **2** *Lest die notierten Rhythmen von Schlagzeug und Bass mit, indem ihr die Grundschläge des Taktes leise mitzählt. Welches charakteristische rhythmische Gestaltungsmoment lässt sich daraus für den Reggae ableiten?* ◎ **V|5**

Latin

In lateinamerikanischer Musik wird das Schlagzeug durch Perkussionsinstrumente (*engl.* Latin Percussion) unterstützt. Spannende Rhythmen entstehen durch die Überlagerung von Taktmodellen mit unterschiedlichen Schwerpunkten bzw. Betonungen.

》➤ **3** *Das Hörbeispiel beginnt im Stil eines Bossa Nova und wechselt nach 32 Takten in einen Double Time (engl. Metrum im doppelten Tempo). Die Begleitfigur kann trotzdem beibehalten werden.*
➚ *S. 109, 195* ◉ **V|6**

Swing

Hier steht das triolische Swingfeeling im Zentrum. Bass-drum und Snare-drum spielen den Grundschlag deshalb sehr zurückhaltend, Letztere mit *Rim Click* (*engl.*). Dabei wird der Stick so auf das Fell der Snare-drum aufgelegt, dass mit einem Ende auf dem Metallrand ein leiser Klick erzeugt werden kann. Der Bass wird im Swing oft als Wechselbass und *Walking Bass* gespielt. Hier ist der Bassist mehr gefordert als in den meisten anderen Stilistiken. ➚ S. 117, 207

》➤ **4** *Hört die Originalfassung von Stevie Wonder.* ◉ **V|7**
***a)** Vergleicht den Schlagzeugpart aus dem Refrain der Originalaufnahme mit den anderen vorgestellten.*
***b)** Ordnet die Aufnahme stilistisch ein.*

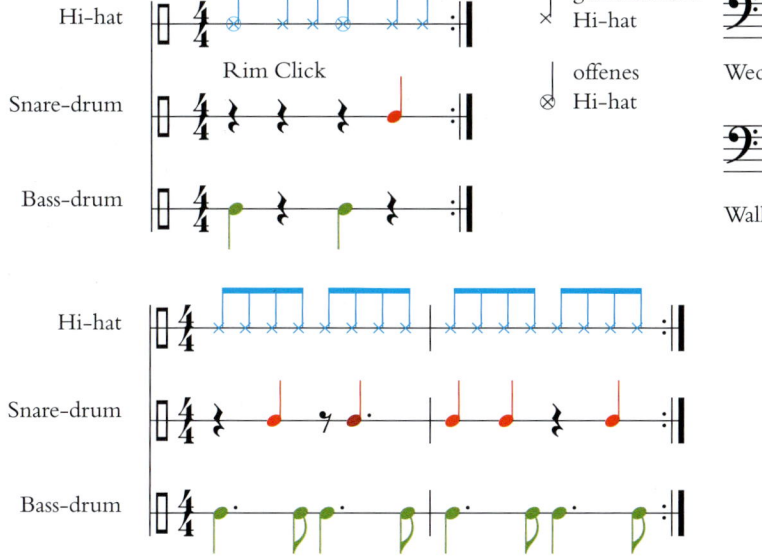

Wechselbass

Walking Bass

》➤ **5** *Spielt die Schlagzeugstimme zum Playback und achtet auf den Übergang zum Walking Bass. Beschreibt die Wirkung.* ◉ **V|8**

Beispiel: Die Beatles und Udo Lindenberg im Vergleich

Herbst 1966: Die Beatles gelten als berühmteste Band der Welt. Aber das Leben als Superstars hat viele Schattenseiten: Auf Schritt und Tritt werden sie von Medienleuten beobachtet, Fans wollen Autogramme, also kaum noch Privatsphäre. Die Musiker haben sich aus der Öffentlichkeit so gut es geht zurückgezogen, geben keine Konzerte mehr und arbeiten stattdessen im Studio an einer Schallplatte, die alles bisher Bekannte in den Schatten stellen soll. Die eigenen Ansprüche und Erwartungen sind groß und so zieht sich die Arbeit über Monate hin. In dieser Phase müssen aber auch die Fans mit einem neuen Song „versorgt" werden. John Lennon und Paul McCartney beschließen, jeweils einen Song über ihre Jugendzeit in Liverpool zu schreiben. Die Hafenstadt im Norden Englands, Heimatstadt aller vier Beatles, hat die Band seit Beginn ihrer fabelhaften Karriere 1962 nicht mehr besucht, dennoch hängen sie sehr an ihr. Anfang 1967 erscheint also die neue Single: Auf der einen Seite findet sich der Song *Strawberry fields forever* von Lennon, auf der anderen *Penny Lane* von McCartney. Welche Seite die A- und welche die B-Seite ist, bleibt ungeklärt.

Penny Lane   John Lennon, Paul McCartney

1. Penny Lane: There is a barber showing photographs
   of ev'ry head he's had the pleasure to know,
   and all the people that come and go
   stop and say "hello".

2. On the corner is a banker with a motorcar;
   the little children laugh at him behind his back.
   And the banker never wears a "mac"
   in the pouring rain – very strange!

   Refrain:
   Penny Lane is in my ears and in my eyes.
   Wet beneath the blue suburban skies
   I sit. And meanwhile back …

3. … in Penny Lane there is a fireman with an hourglass,
   and in his pocket is a portrait of the Queen.
   He likes to keep his fire engine clean;
   it's a clean machine.

   Refrain:
   Penny Lane is in my ears and in my eyes.
   A four of fish and finger pies[1]
   in summer. Meanwhile back …

4 … behind the shelter in the middle of the roundabout
   the pretty nurse is selling poppies from a tray.
   And though she feels as if she's in a play,
   she is anyway.

5. In Penny Lane the barber shaves another customer,
   we see the banker sitting waiting for a trim.
   And then the fireman rushes in
   from the pouring rain – very strange!

   Refrain:
   Penny Lane is in my ears and in my eyes.
   There beneath the blue suburban skies
   I sit. And meanwhile back …
   Penny Lane is in my ears and in my eyes,
   there beneath the blue suburban skies – Penny Lane!

Justin Todd, Penny Lane, 1969

1 laut McCartney ein Scherz „für die Jungs in Liverpool", eine sexuelle Anspielung

»➤ **1** *Lernt den Song „Penny Lane" kennen.* ⊚ **IV|50**

a) *Hört das Lied und lest den Text mit. Beschreibt den Handlungsrahmen.*

b) *Erstellt eine Übersicht der angesprochenen Personen und ihrer Besonderheiten. Ordnet sie der Illustration zu. Gibt es Personen ohne Textbezug?* 📄

c) *Notiert, an welchen Stellen Blasinstrumente, eine Glocke oder Geräusche zu hören sind. Welche Verbindungen seht ihr zum Text?*

d) *Beschreibt den Charakter der Musik und die Aussage des Songs und bringt sie in Verbindung mit dem Bild.*

e) *Strophe und Refrain des Songs stehen in unterschiedlichen Tonarten (H-Dur und A-Dur). Der letzte Refrain wird schließlich in derselben Tonart wie die Strophe gesungen. Überprüft diese Aussage und setzt sie in Bezug zum Text sowie zum folgenden Zitat des Musikkritikers Tim Riley (1988):*
„Penny Lane bleibt lebendig als Klassiker, weil sein oberflächlicher Charme die Intelligenz seines Aufbaus versteckt – der äußere Anschein ist so schlicht und angenehm wie die Jugenderinnerung, die es einfängt."

Straßenschild in Liverpool

Udo Lindenberg, 1946 in der westfälischen Kleinstadt Gronau geboren, ging mit 22 Jahren nach Hamburg und erspielte sich einen guten Ruf als Schlagzeuger. Nach einigen Fehlversuchen gelang ihm 1973 der musikalische Durchbruch mit eigenen deutschsprachigen Songs. Er galt als erfolgreichster deutscher Rockmusiker, als er 1978 die „Rock Revue" veröffentlichte: Eine Sammlung englischsprachiger Rocksongs der 1950er- und 1960er-Jahre, die er zusammen mit dem Musikjournalisten Horst Königstein ins Deutsche übertragen hatte. Die Musik spielte er mit seiner Band, dem Panikorchester, neu ein. Die Liste der Songs reicht von frühen Rock 'n' Rollern wie Chuck Berry und Little Richard bis zu den Beatles und Rolling Stones. Einer der Songs war *Reeperbahn*.

»➤ **2** *Vergleicht „Reeperbahn" mit „Penny Lane".* ⊚ **IV|51** 📄

a) *Verfolgt den Text und untersucht ihn analog zum Beispiel der Beatles (Personen, Handlungsrahmen, Atmosphäre). Welche Bezüge stellt der Text zu den Beatles her?*

b) *Beschreibt die musikalische Gestaltung: Wie ist die Band besetzt, welche Rolle spielt die E-Gitarre? Achtet auch auf das Ende.*

c) *Stellt beide Songs einander gegenüber und interpretiert den Ansatz von Lindenberg und Königstein: Welche Absicht könnte sich hinter der musikalischen Bearbeitung verbergen? Bezieht in eure Argumentation auch andere Coverversionen ein, die ihr kennt oder in anderen Kapiteln vorgestellt werden.* ➚ *S. 17, 129, 183*

d) *Schreibt eine Musikkritik über die Songs.*

Das Beatles-Denkmal an der Reeperbahn in Hamburg

Rock- und Popmusiker wählen ein professionelles Tonstudio oft bewusst nach einer Stadt aus, in der ihre neue Musik entstehen und aufgenommen werden soll. Die Geräusche, Gerüche, die Kultur und die Lage von Städten wie New York, London oder auch Berlin erzeugen etwas Einzigartiges, das in ihre Songs einfließt. Die Hansa Tonstudios in Berlin, gegründet 1972, sind inzwischen legendär. Hier haben beispielsweise David Bowie, Depeche Mode, U2, Peter Maffay oder Nina Hagen Alben aufgenommen.

»➤ 1 *Überlegt, was euch an eurem Wohnort gefällt und welche Eigenheiten er hat. Wie müsste ein passender Song für euch klingen?*

»➤ 2 *Die irische Rockband U2 ließ sich in ihrem Song „Zoo Station"" (1991) von der Berliner Bahnstation Zoologischer Garten inspirieren. Beschreibt, was ihr beim Hören des Liedes empfindet, verbunden mit den Gedanken an eine große, pulsierende Stadt.* ◉ IV|52

Der große Aufnahmeraum im Saal 1 der Hansa Tonstudios Berlin

Der Sound Engineer

Alex Wende ist Sound Engineer in den Hansa Tonstudios. Musiker kommen oft mit ganz konkreten Vorstellungen zu ihm, wie ihr neues Album klingen soll. Da er sich am besten mit der komplexen Studiotechnik auskennt, kann er sie bei der Suche nach dem perfekten Klang unterstützen – manchmal mit ungewöhnlichen Mitteln: Wie klingt eigentlich eine Gitarre, wenn man den Ton aus dem Verstärker über ein Mikro aufnimmt, das in einem Blecheimer steht?

Sound Engineer Alex Wende am Mischpult

Mischpult kontra Computer?

Herzstück eines jeden Tonstudios ist das Mischpult. Jedes Instrument, jede Stimme bekommt hier einen eigenen Kanal und wird separat aufgezeichnet. Immer selbstverständlicher übernehmen Computer mit entsprechenden Programmen die Mischung und Soundbearbeitung und treten somit in Konkurrenz zu den Tonstudios. So kam es, dass selbst große Studios trotz perfekter Arbeitsbedingungen schließen mussten. Außerdem ist die Studiomiete oft teuer und nur noch für Großverdiener im Musikgeschäft bezahlbar. Viele Bands richten sich deshalb eigene Studios ein oder suchen sich preiswertere Möglichkeiten.

Nicht zuletzt können Songs durch rasante technische Weiterentwicklungen auch auf Notebooks oder mit preiswerten Apps auf Tablets oder Smartphones produziert werden. Das ermöglicht es Künstlern, ihr Tonstudio überallhin mitzunehmen und auch Umgebungsgeräusche in die Musik einzubauen. So entstand der Björk-Song *There's more to life than this* (1993) in einem Club, zum Teil sogar auf der dortigen Toilette.

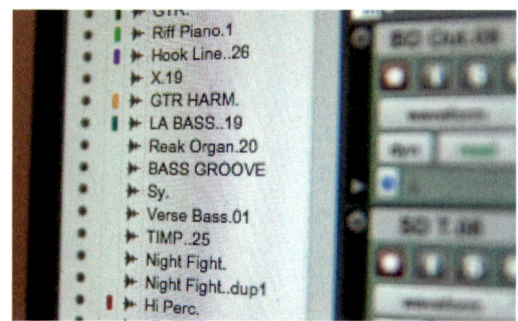

Bildschirm-Oberfläche eines Computer-Soundprogramms

»➤ 3 *Versucht den Entstehungsprozess des Songs beim Hören nachzuvollziehen.* ◉ IV|53

»➤ 4 *Welche Erfahrungen mit eigener Musikproduktion habt ihr bereits im Musikunterricht und in eurer Freizeit gesammelt? Gebt euer Expertenwissen so anschaulich wie möglich in der Klasse weiter.*

360°-Musik

Im Sommer 2009 gab U2 ein Konzert im Berliner Olympiastadion. In der Mitte des Stadions erhob sich „The claw", eine spinnenartige Bühnenkonstruktion, die von allen Seiten einsehbar war. Daher auch der Name der Tour „360°". Die Bühne war 30 Meter hoch, wog 190 Tonnen und zählte damals zu den größten jemals gebauten Tourbühnen. Und sie ist ein Symbol für die Veränderung der Bedeutung von Liveacts – riesiger, öfter und vor allem teurer.

Die 360°-Bühne „The claw" von U2

»➤ **5** *Verschafft euch einen Eindruck von der Wirkung der Show und – soweit möglich – des Sounds durch einen Videomitschnitt. Überlegt, welche Bühnenshow ihr zu eurer Lieblingsband gestalten würdet, bezogen auf ein Album.*

On the road again

Bis etwa zur Jahrtausendwende waren Tourneen Werbung für ein neues Album. Heute ist es umgekehrt: Geld verdienen Künstler mit ausgedehntem Touren, während die Musikverkäufe zurückgehen. Geschäftstüchtige Musiker wie Madonna verkaufen zum Konzertticket die CD gleich mit dazu. So verdienen sie nicht nur an der Tour, sondern belegen auch vordere Plätze in den Charts, ohne ihr Album auf herkömmliche Art verkaufen zu müssen.

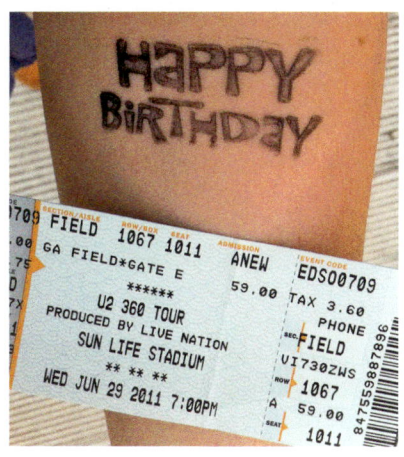

Live oder aus der Dose?

Viele Konzertbesucher erwarten, dass sich ein Konzert genauso gut anhört wie auf der Aufnahme aus einem Tonstudio. Manche Künstler lösen das auf eine einfache Weise: Sie singen nicht live. Ihre Stimme kommt von einem speziell aufgenommenen Playback, das sich nur „live" anhört. Dies unterstellte Elton John Madonna anlässlich ihrer Nominierung bei einer Preisverleihung als bester Liveact (2004): „Jeder, der auf der Bühne zum Playback die Lippen bewegt und das Publikum dafür 75 Pfund zahlen lässt, sollte erschossen werden." Doch die meisten Künstler legen Wert auf die Einmaligkeit des Liveauftritts und singen tatsächlich jeden Ton. Ein viel benutztes Mittel, um aufwändige Songs auf der Bühne zu reproduzieren, ist der Clicktrack: Ein Musiker, meistens der Drummer, hört über Kopfhörer eine Tonspur, die Klicklaute im Metrum des Liedes abspielt. So gibt sein Spiel den Takt für die ganze Band vor. Diese spielen damit synchron zu vorher aufgezeichneten Teilen des Liedes, die sich in einem Konzert nicht wiedergeben lassen, wie Chöre oder Orchester.

»➤ **6** *Simuliert die Auftrittssituation: Musiziert einen Song eurer Wahl zunächst ohne Clicktrack und anschließend begleitet von einer kleinen Perkussionsgruppe, die sich exakt an ein Metronom hält (optisch oder digital). Ihr könnt beide Versionen aufnehmen und vergleichen. Welche Effekte ergeben sich daraus?*

»➤ **7** *Und welche Erwartung habt ihr diesbezüglich an eure Lieblingsband, wenn ihr sie auf der Bühne erleben könntet? Tauscht euch über eure Erlebnisse aus und diskutiert verschiedene Positionen.*

Beispiel: Die Beatsteaks

Frage

„Wie kannst du bei den Beatsteaks ruhig sitzen
bleiben, wenn dir doch Schlagersänger Tränen in die
Augen treiben?"
Die Ärzte in ihrem Lied *Unrockbar* (2003)

Antwort

Niemand bleibt sitzen, wenn die Beatsteaks ein
Livekonzert geben, und zwar in einer Halle, die
eigentlich für Sportveranstaltungen vorgesehen ist.
Stunden vor dem Konzert in der Berliner Max-
Schmeling-Halle haben Techniker Unmengen an
Equipment aufgebaut. Unter ihnen der Tontechni-
ker. Er sorgt dafür, dass die Lautsprecher in der
richtigen Weise aufgebaut werden. Ob Sporthalle,
Theater oder großes Stadion, überall soll die Musik
perfekt klingen.

》➤ **1** *Hört euch die Studio- und Liveversion des
Beatsteaks-Songs „Hello Joe" an und benennt die
Unterschiede.* ◎ **V|9, 10**

Was sagen die Beatsteaks?

Für Thomas Götz, den Drummer der Beatsteaks, ist
eine gute Zusammenarbeit zwischen Band und
Techniker sehr wichtig: „Unsere Musik soll bei den
Konzertbesuchern exakt so ankommen, wie wir es
uns wünschen. Hat der Techniker die Halle ‚einge-
richtet', gehen wir beim Soundcheck zusammen mit
ihm jedes Detail durch. Die Lautstärke der einzelnen
Instrumente im Verhältnis zum Gesang soll sich harmonisch anhören. Jeder muss sein Bestes geben, wir
auf der Bühne und die Techniker an ihren Pulten
und Boxentürmen, dann wird es ein tolles Konzert."

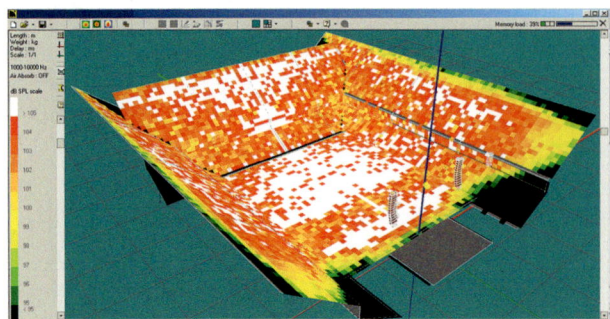

Computersimulation des Beatsteaks-Konzerts in der
Max-Schmeling-Halle Berlin

Die Beatsteaks

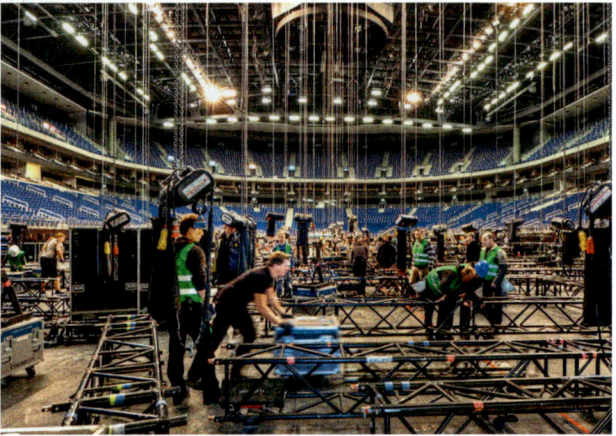

Bühnenaufbau der Soundanlage

Ein Computer wird zur Konzertarena

Lange vor dem Konzert setzt sich der Tontechniker
an einen Computer. Mit einer speziellen Software
berechnet er den Klang. Hierfür wird die Größe der
Halle eingegeben und das Lautsprechersystem am
geplanten Aufstellungsort positioniert. Das Programm simuliert nun die Schallwellen, und der Tontechniker kann die Position der Lautsprecher opti-
mieren, bevor er sie aufbauen lässt.

》➤ **2** *Hört euch „I don't care as long as you sing" (2004)
von den Beatsteaks an. Positioniert die euch zur Verfügung stehende Musikanlage an unterschiedlichen Stellen
im Raum und beschreibt, wie sich das Hörerlebnis verän-
dert.* ◎ **V|11**

Interview mit einem Tontechniker für Livekonzerte

Benny Franke, wie bist du Tontechniker geworden?

FRANKE „Schon mit sechs Jahren habe ich angefangen, Gitarre zu spielen. Man sollte also Lust auf Musik haben, wenn man diesen Berufswunsch hat. Mit 16 wollte ich in einer Band als Gitarrist einsteigen, doch den hatten die schon. Also habe ich mich als Tontechniker angeboten. Damit ging alles los. Die ersten Shows waren zwar katastrophal, aber ich habe eine Menge gelernt. Dieses Wissen konnte ich bei einem Studium in Südafrika vertiefen. Seit vielen Jahren arbeite ich als Live-Sound Engineer."

Muss man ein besonders gutes Gehör haben?

FRANKE „Ein gutes Gehör ist wichtig, und das kann man trainieren – mit viel Arbeit und Disziplin. Auch ich lerne noch jeden Tag dazu. Das Schwierige dabei: Man muss lernen, einen Sound zu erzeugen, der allen gefällt, nicht nur dem eigenen Ohr."

Ist das nicht anstrengend, jeden Abend diese Lautstärke?

FRANKE „Es gibt verschiedene Arten von laut: nervig oder extrem gut. Für das Letztere sorge ich. Ein trainiertes Ohr kann Lautstärke auch viel besser verarbeiten als ein ungeübtes. Viele Kollegen und ich tragen außerdem einen Gehörschutz, wenn man gerade nicht auf Fehler hören muss."

Wer ist wichtiger, die Techniker oder die Stars auf der Bühne?

FRANKE „Ohne den Künstler gäbe es meinen Job nicht. Ohne richtig gute Techniker hat ein Künstler

Benny Franke beim Positionieren von Lautsprechern

aber auch keine gute Show. Und da ist höchste Konzentration gefragt. Die Technik ist empfindlich und kann jederzeit aussteigen. Da heißt es schnell sein und den Fehler finden. Schließlich haben die Konzertbesucher viel Geld bezahlt, um ein tolles Konzert zu genießen."

Was ist bei einem Livekonzert für dich die größte Herausforderung?

FRANKE „Dass alles zusammenspielt: Band, Licht, Video und Sound. Die Lautsprecher müssen so platziert werden, dass alle gut hören und nicht Wand und Decke beschallt werden. Und die Anlage darf weder dem Künstler noch den anderen Gewerken – Licht, Video, Pyrotechnik – oder den Zuschauern im Weg hängen."

》► **3** Komplettiert euer Wissen über den Beruf des Tontechnikers.
a) Fasst in eigenen Worten die im Interview genannten Herausforderungen des Berufs zusammen.
b) Hört euch den Song „(We are) The road crew" (1980) von Motörhead an. Er erzählt auf drastische Weise, wie das Leben auf Tour aussehen kann. ⊚ **V|12**
c) Informiert euch über Ausbildungsmöglichkeiten zum Beruf des Tontechnikers.

》► **4** Recherchiert, worin die Unterschiede zwischen einem Tonmeister, Toningenieur, Tontechniker und Sound Engineer bestehen. Erstellt eine Pro- und Kontra-Liste zu diesen Berufen.

Gegenwart und Tradition

Die aktuelle Rock- und Popmusik umfasst fast unüberschaubar viele Stile: Neben Newcomern gibt es Altstars, traditionelle Stile mischen sich mit modernen, neue Produktionsweisen, Medien und Vermarktungsstrategien etablieren sich. Es ist nicht leicht, sich in dem Angebot zurechtzufinden. Dabei kann man entdecken, dass selbst neueste Entwicklungen eine längere Tradition aufweisen.

》➤ **1** *Verschafft euch einen Überblick über die Stilvielfalt des Metals: Hört die Anfänge der Einspielungen von Epica und anderen. Beschreibt Auffälligkeiten der Musik. Überlegt euch jeweils einen treffenden Stilbegriff.* ◉ **V|13–16**

》➤ **2** *Dokumentiert Musikstile, die in eurer Klasse aktuell beliebt sind. Recherchiert Vorläufer und ordnet Musiker zu, deren Werke stilbildend sind.* ↗ *S. 20*

Kostümentwurf von Bob Mackie für Tina Turner, 1973

Tina Turner im Konzert, 1973

》➤ **3** *Erstellt ein Künstlerporträt.*
a) *Wählt in Gruppen eine Musikpersönlichkeit oder Band, die seit mindestens zehn Jahren Popularität genießt, beispielsweise unter den im Kapitel vorgestellten Musikern.*
b) *Gestaltet jeweils ein Poster oder eine andere Form der Präsentation, welche die Karriere widerspiegelt. Berücksichtigt dabei folgende Aspekte:*
· *Singles*
· *Alben*
· *Verkaufszahlen*
· *Stilistik*
· *Outfits / Frisuren*
· *Skandale*
· *Entwicklung der Ticketpreise*
· *Marketinggags*
· *politisches Engagement*
c) *Präsentiert die Ergebnisse auch mithilfe von Klangbeispielen und vergleicht sie untereinander.*
d) *Leitet daraus verallgemeinerbare Erkenntnisse ab: Welche Rolle spielt die Selbstinszenierung des Künstlers, welche die Musik selbst? Versucht aus der Sicht eines Public Relation Managers oder eines Produzenten zu argumentieren.* ↗ *S. 184*

》➤ **4** *Als Klassiker des Progressive Rocks (Prog Rock) gilt das Album „In the Court of the Crimson King" (1969) der britischen Band King Crimson.*
a) *Sammelt Kriterien, die einen musikalischen Klassiker auszeichnen, und nennt weitere Beispiele.*
b) *Überlegt am Beispiel von King Crimson, was auch heute noch als progressiv an der Musik empfunden werden könnte.* ◉ **V|17**

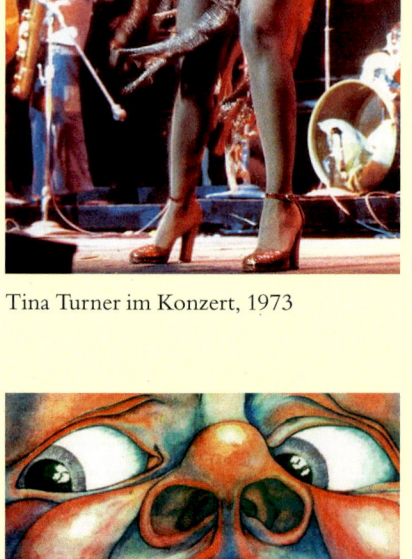

Kreativwerkstatt

Es gibt viele Möglichkeiten, eigene musikalische Ideen zu entwickeln und in Stilen von Rock- und Popmusik zum Ausdruck zu bringen. Dies kann allein oder in der Gruppe geschehen. Dabei lassen sich Anregungen erfahrener Musiker aufgreifen.

Von der Aufnahme zum Remix

»► **5** *Lasst euch von der Musik von Depeche Mode (↗ S. 130f.) anregen: Nehmt typische Sounds aus eurer Umgebung (Stadt, Region) auf. Spielt sie auf eine Spur eines Sequenzerprogramms und entwickelt auf der Grundlage eines eurer Lieblingstitel einen Remix. Ihr könnt auch die Techniken des Sampling nutzen. ↗ S. 131, 133, 183*

Songwriting selbst gemacht

Der deutsche Singer-Songwriter Clueso ist ein gutes Beispiel dafür, wie man aussagestarke Texte zu Musik schreiben kann. ↗ S. 175

»► **6** *Textet entsprechend der Idee von den Beatles, Udo Lindenberg oder U2 einen Song über eure Heimatstadt. Überlegt, was euch an eurer Stadt oder Region besonders gefällt. Orientiert euch dabei an einer bekannten Melodie z. B. an „Scarborough Fair". Gestaltet den Liedvortrag so, dass eure Aussage gut zur Geltung kommt. ↗ S. 138ff., 231*

Eine Coverversion auf Deutsch

Um einen fremdsprachigen Liedtext ins Deutsche zu übersetzen und zu vertonen, gibt es drei mögliche Vorgehensweisen:
- Übersetzung: Der deutsche Text folgt inhaltlich möglichst genau dem Original.
- Übertragung: Der deutsche Text hält sich grob an den Inhalt, orientiert sich insgesamt an der Aussage.
- Freie Übertragung, Parodie: Der Text löst sich von der Vorlage und geht eigene Wege.

»► **7** *In welchem Verhältnis steht der deutsche Text von Stefan Gwildis zur Vorlage „How sweet it is (to be loved by you)" von Marvin Gaye?*
⊚ **V | 18, 19**

»► **8** *Übersetzt einen Song ins Deutsche, dessen Text euch besonders zusagt. Arbeitet nach Möglichkeit am Computer mit einer Tabelle in einem Textverarbeitungsprogramm.*
- Notiert zunächst den Originaltext Zeile für Zeile und lasst rechts daneben genügend Platz. Unter jeder Textzeile bleibt eine Zeile Platz.
- Zählt in jeder Zeile die Betonungen und schreibt sie jeweils an den Rand.
- Schreibt in die freien Zeilen unter dem Originaltext jeweils eine wörtliche Übersetzung.
- Formuliert anschließend auf der rechten Seite neben den Originalzeilen einen deutschen Text, der inhaltlich der wörtlichen Übersetzung folgt, aber gleichzeitig auch dieselbe Silbenzahl hat wie das Original. Am besten klappt es, wenn ihr euch dabei innerlich die zugehörige Melodie vorstellt: Es muss auch auf betonte und unbetonte Silben geachtet werden. Seid variabel beim Satzbau und sucht nach Synonymen (Wörtern mit gleicher Bedeutung).
- Findet eine „knackige" Titelzeile (Hookline), oftmals der Anfang des Refrains: Der Text muss sich einprägen und darf nicht holperig wirken.
- Für Perfektionisten: Beachtet das Reimschema und versucht es in der Übersetzung beizubehalten. Allerdings ist das fast nie möglich.

Georges Bizet *Carmen*

Mythos der Verführung und der individuellen Unabhängigkeit

Die Oper *Carmen* des französischen Komponisten Georges Bizet, die 1875 in Paris ihre erfolglose Uraufführung hatte, zählt heute zu den auf der ganzen Welt meistgespielten Opern.

≫➤ **1** *Hört die Ouvertüre und beschreibt die Atmosphäre: Wovon könnte die Oper handeln? Beachtet dabei auch die Stimmungswechsel in der Musik.* ◎ V|20–21

So unterschiedlich Carmen in Inszenierungen interpretiert wurde, zeigen sich doch Gemeinsamkeiten zwischen der historischen und einer modernen Abbildung.

≫➤ **2** *Vergleicht die Darstellerinnen der Carmen bezüglich ihrer Kleidung und Körpersprache. Stellt Mutmaßungen über ihren Charakter an.*

Julia Rutigliano als Carmen, Seefestspiele Berlin, 2012

Célestine Galli-Marié, die erste Darstellerin der Carmen, 1875

Ein Platz in Sevilla um 1820 (1. Akt)

Auf dem Platz vor der Militärwache der Stadt und der Zigarettenfabrik sucht das Bauernmädchen Micaëla den Sergeanten Don José. Micaëla ist als Waise bei Josés Mutter im weit entfernten nordspanischen Navarra aufgewachsen. Sie ist in José verliebt, träumt von einer Ehe mit ihm. So freut sie sich, dass sie ihm einen Brief seiner Mutter bringen soll und ihn sehen kann.

Während ihrer Mittagspause verlassen die Arbeiterinnen die Zigarettenfabrik. Als Letzte tritt Carmen heraus auf den Platz. Sie ist eine verführerische Zigeunerin, wird von allen Männern begehrt. Allerdings reizt José sie am meisten, weil dieser sie gar nicht beachtet, als sie aufreizend tanzt. Sie provoziert ihn daraufhin, indem sie ihm eine Rose zuwirft und ihn damit „verhext".
Als die Arbeiterinnen wieder zurück in der Fabrik sind, ertönt wildes Geschrei. Carmen hat im Streit eine Kollegin mit einem Messer verwundet und schon bilden sich verfeindete Lager: Wer hält zu Carmen, wer ist gegen sie? Die Wachen verhaften Carmen und José erhält den Befehl, sie ins Gefängnis zu bringen. Carmen gelingt es aber, dass er sie fliehen lässt.

≫➤ **3** *Was gibt das Duett zwischen Micaëla und José über ihr Verhältnis zu erkennen? Beschreibt den musikalischen „Gesprächsverlauf" und die Stimmung, wenn Micaëla die Worte von Josés Mutter zitiert.* ◎ V|22–24

≫➤ **4** *Zu welchem Teil der geschilderten Handlung gehört der Musikausschnitt? Was mag auf der Bühne zu sehen sein, wenn keine Stimmen zu hören sind?* ◎ V|25

≫➤ **5** *Wie könnte Carmen José „herumgekriegt" haben? Welche Konsequenzen muss er nun fürchten? Beschreibt die Situation aus den Perspektiven von Carmen bzw. José.*

Die Schenke von Lillas Pastia am Stadtrand (2. Akt)

Soldaten, Zigeunermädchen und Schmuggler zechen beim Wirt Lillas Pastia, wo Carmen mit ihren Freundinnen Frasquita und Mercédès für die Gäste tanzt und singt. Da betritt der Stierkämpfer Escamillo unter großem Jubel das Lokal. Geschmeichelt von der Begeisterung besingt er sich in seinem *Torerolied*. Im Refrain heißt es:

Toréador, en garde!	Torero, zum Kampf!	Auf in den Kampf, Torero!
Toréador! Toréador!	Torero! Torero!	Stolz in der Brust, siegesbewusst.
Et songe bien, oui, songe en combattant	Und bedenke gut, ja bedenke kämpfend,	Wenn auch Gefahren droh'n, sei wohl bedacht,
qu'un oeil noir te regarde	dass dich ein schwarzes Auge beobachtet	dass ein Aug' dich bewacht
et que l'amour t'attend, Toréador!	und dass die Liebe auf dich wartet, Torero!	und süße Liebe lacht.

»➤ **6** *Der Refrain dieses Liedes gehört zu den populärsten Melodien der Operngeschichte.* ◉ V|26
a) Welche Gründe gibt es eurer Meinung nach dafür?
b) Probiert den Refrain auf Französisch mitzusingen. Wie wird Escamillo durch die Musik und in den Textvarianten dargestellt?

Nach diesem Auftritt verlässt Escamillo die Schenke, in der festen Annahme, Carmen bald wiederzusehen. Die Schenke leert sich und zurück bleiben die Schmuggler Dancaïro und Remendado, die die drei Zigeunerinnen als Komplizinnen gewinnen wollen, damit die Wachsoldaten abgelenkt werden. Doch Carmen will diesmal nicht mitmachen: Sie sei verliebt.

Günter Papendell, Komische Oper Berlin, 2011

»➤ **7** *Erörtert anhand dieser Musiknummer, warum die Protagonisten singen. Stellt ihr unter diesem Gesichtspunkt die „Habanera" gegenüber.* ➤ *S. 150* ◉ V|27

Don José erscheint, der nach kurzer Haft und Degradierung voller Sehnsucht nach Carmen ist, die ihn liebevoll erwartet. Sie tanzt für ihn und bezaubert ihn mit ihrer Leidenschaftlichkeit, als das Signal des Zapfenstreichs José in die Kaserne zurückruft. Diensteifrig will er dem Ruf folgen, wofür Carmen nur Hohn übrig hat. Als sein Vorgesetzter Zuniga, der mit Carmen ein Liebesabenteuer im Sinn hat, hinzukommt und José befiehlt, in die Kaserne zurückzukehren, kommt es zum Kampf zwischen beiden. José bleibt wegen der Auseinandersetzung mit seinem Vorgesetzten nur noch die Flucht – zu den Schmugglern und Zigeunern – mit Carmen. Einst ein hoffnungsvoller Offizier mit Karrierechancen, ist aus José ein Krimineller geworden. Und Carmen? Welche Zukunft liegt vor ihr?

»➤ **8** *Beschreibt die Konflikte der Opernhandlung.* 📄
a) Fertigt eine Beziehungsübersicht an, in der das Verhältnis zwischen den vier Hauptpersonen Carmen, Micaëla, Don José und Escamillo deutlich wird.
b) Gestaltet die Paare als Standbilder, zu denen sich diese Charaktere finden.
c) Welche Zukunftsperspektiven seht ihr für die vier Personen?

Hintergründe zur Entstehung der Oper

Georges Bizets Oper *Carmen* hat eine literarische Grundlage. 1846 veröffentlichte der damals in Frankreich sehr populäre Schriftsteller Prosper Mérimée (1803–1870) eine gleichnamige Novelle, in deren drittem Kapitel er die tragische Liebesgeschichte des baskischen Unteroffiziers José Lizzarrabengoa und der Zigeunerin Carmen erzählt. Mérimée hatte mehrfach Reisen nach Spanien unternommen und kannte das Land und seine Kultur sehr gut.

Bizet begann 1874, im Alter von 35 Jahren, mit der Komposition seiner Oper *Carmen*. Die Handlung spielt ebenfalls in Spanien, obwohl der Komponist Franzose war und Spanien nie bereist hatte. Vielfach griff er aber in seiner Komposition auf spanische Folklore zurück. So sind in seiner Oper spanische Liedformen und Tänze wie der *Flamenco* (eine mit Gitarre begleitete andalusische Gesangs- und Tanzmusik) oder die *Seguidilla* (Tanzlied im ¾-Takt) eingearbeitet und man hört Kastagnetten und Tamburine. Vermutlich versprach Bizet sich dadurch auch Erfolg für seine Oper, da zu seiner Zeit Spanienreisen in der besseren Gesellschaft Frankreichs sehr beliebt waren. *Carmen* gilt regelrecht als spanische „Nationaloper" – obwohl auf Französisch gesungen wird. Bizet verarbeitete im Auftrittslied von Carmen eine *Habanera*. Diesen Tanz afrokubanischen Ursprungs, benannt nach der kubanischen Hauptstadt Havanna (*span.* La Habana), hielt er fälschlich für spanische Volksmusik. Er entnahm dieses Tanzlied der Liedersammlung „Fleurs d'Espagne" (*frz.* Blumen aus Spanien) des spanischen Komponisten Sébastian de Yradier (1809–1865). Von diesem Komponisten ist heute vor allem noch das Lied *La Paloma* bekannt. Carmen zieht mit der *Habanera* alle Aufmerksamkeit auf sich und äußert ihre Vorstellungen von Liebe und Partnerschaft.

Georges Bizet
★ 1838 in Paris
† 1875 in Bougival bei Paris

Habanera (Anfang)　　　　　　　Melodie: Georges Bizet nach Sébastian de Yradier

>► **1** *Welche Merkmale kennzeichnen Carmens „Habanera"?*

a) *Spielt das Begleitostinato zur Musik.*

b) *Vergleicht die Melodieführung mit der Vorlage von Yradier.*

c) *Setzt euch mit Carmens Auffassung über Liebe und Partnerschaft auseinander und stellt eure Meinung zur Diskussion.*

El Arreglito　　　　　　　　　　Sébastian de Yradier

Ein Schmugglerversteck in den Felsen, einige Monate später
(3. Akt, 1. Bild)

Während einer Rast der Schmuggler im Gebirge legt sich Carmen mit Mercédès und Frasquita die Karten. José hält indes Wache und stößt auf Escamillo, den er zunächst für einen Zöllner hält, ihn schließlich jedoch als seinen Nebenbuhler erkennt. Eifersüchtig fordert José Escamillo zum Messerduell, das nach dramatischem Verlauf von der dazwischentretenden Carmen beendet wird. Plötzlich taucht Micaëla auf, die José von seiner im Sterben liegenden Mutter berichtet. Widerstrebend folgt er Micaëla an das Sterbebett, während Escamillo fröhlich sein *Torerolied* schmetternd verschwindet.

»➤ 2 Die Musik lässt erkennen, wie es Micaëla gelingt, José zur Heimreise zu bewegen. Stellt den Bezug zum ersten Akt her. ◉ **V|29, 24**

Don José (Hans-Georg Priese) tötet Carmen, Seefestspiele Berlin, 2012

Der Eingang zur Stierkampfarena
(3. Akt, 2. Bild oder 4. Akt)

Escamillo zieht in die Stierkampfarena von Sevilla ein. Vor dem Eingang hält José Carmen auf, als alle anderen schon in der Arena sind. Er erinnert an ihre gemeinsame Vergangenheit und fleht um ihre Liebe. Doch Carmen, die sich Escamillo zugewandt hat, verspottet José und weist ihn mehrfach energisch ab. Völlig verzweifelt tötet er sie und wartet auf seine Verhaftung, die ihm den sicheren Tod als Mörder bringen wird.

»➤ 3 Diskutiert den musikalischen Ablauf der Schlussszene und überlegt, ob ein anderes Ende für Carmen und José denkbar wäre. ◉ **V|30**

Das Schicksalsmotiv

Schon in der orchestralen Einleitung der Oper wird die Tragik der Handlung musikalisch durch das „Schicksalsmotiv" angekündigt, das als Leitmotiv in der Oper mehrfach zu hören ist.

»➤ 4 Analysiert die Verwendung des Leitmotivs in der Oper.
a) Untersucht die musikalische Gestalt des Leitmotivs in der Ouvertüre. Achtet hierbei besonders auf die Intervallfolge, die Instrumente und deren Vortragsweise. ◉ **V|21**
b) Bestimmt die Unterschiede im Finale und begründet, warum das Leitmotiv auch als „Todesmotiv" bezeichnet wird. ◉ **V|30**

Die Bühnenpremiere

Es muss für den Komponisten ein schrecklicher Abend gewesen sein, dieser 3. März 1875 in der Opéra-Comique in Paris. Begeistert von der „Carmen"-Novelle hatte Georges Bizet mit seinen Librettisten Henri Meilhac und Ludovic Halévy den Auftrag für eine opéra comique, eine Oper mit Dialogen, übernommen. Aus vielen Details der Erzählung entwickelten sie ein Libretto, das geschickt das Geschehen in eine Bühnenhandlung übertrug. Selbst während der mühevollen sechsmonatigen Proben ging Bizet noch auf Wünsche der Sänger ein, änderte Melodien und Abläufe – auch erzwungenermaßen.
Die Premiere begann vielversprechend: Das erwartungsvolle, aber konservative Publikum, darunter auch namhafte Komponisten, war begeistert. Für die *Habanera* und das Duett von Micaëla und José gab es heftigen Applaus. Nach dem 1. Akt kamen viele Gratulanten zu Bizet auf die Bühne. Als sich der Vorhang wieder hob, war die Stimmung bestens und das *Torerolied* entfachte wahre Beifallsstürme. Doch dann kippte die Stimmung. In der zweiten Pause kamen nur noch wenige hinter die Kulissen. Beim letzten Akt herrschte eisige Kälte im Saal. „Die Vorstellung war zu Ende, dem Anschein nach gefasst, aber in Wirklichkeit mit Gewalt den tiefen Schmerz, der ihn packte, ins Innerste seines Herzens zurückdrängend, verließ Bizet das Theater als einer der Letzten. (…) Nun erst ließ er dem lange zurückgehaltenen Schmerz freien Lauf, und er irrte, sich dem Zufall überlassend, bis zum Morgengrauen durch Paris", berichtete Bizets Freund Ernest Guiraud. Der Komponist sollte sich von diesem Erlebnis nicht mehr erholen, magerte stark ab und starb drei Monate später, vermutlich an den Folgen einer Angina. Er erlebte nicht mehr, wie seine Oper nach einem grandiosen Erfolg im Herbst des Jahres in Wien die Welt eroberte.

Plakat der Uraufführung, 1875

»► **1** *Was könnten Ursachen für den Misserfolg der Premiere gewesen sein, was Gründe für den anhaltenden Erfolg?*

Von der Novelle zur Szene

„Sobald wir allein waren, holte die Zigeunerin aus ihrem Koffer ein abgegriffenes Kartenspiel hervor, dem man den fleißigen Gebrauch ansah, ferner einen Magnet, ein getrocknetes Chamäleon und noch ein paar andere Dinge, die zu ihrer Kunst unentbehrlich waren." Aus dieser Szene in der Novelle, in der Carmen dem Erzähler die Karten legt, wird in der Oper ein Terzett: Frasquita und Mercédès, ihre Freundinnen, legen sich die Karten und erträumen eine Zukunft in Reichtum und Liebe („l'amour"). Auch Carmen legt sich die Karten und sieht stets nur eines: ihren eigenen Tod („la mort") und den von José.

»► **2** *Informiert euch über die Novelle und ihre Bezüge zur Opernhandlung.* 🗎

»► **3** *Erklärt den Verlauf des Szenenendes. Versetzt euch in die Stimmungslage der Frauen und gestaltet ein Standbild.* ◎ **V | 31**

»► **4** *Für die Aufführung in Wien wurden die Texte der Oper ins Deutsche übersetzt. Erörtert am Beispiel des Karten-Terzetts Vor- und Nachteile der heute üblichen Praxis einer Aufführung in Originalsprache.*

Rezeptionsgeschichte

Die Oper *Carmen* hat eine wechselvolle Geschichte. Nach der misslungenen Uraufführung und dem Tod des Komponisten wurden die Dialoge durch Rezitative ersetzt, komponiert von Bizets Freund Guiraud, der auch noch eine Balletteinlage einfügte. Aus der *opéra comique* wurde eine *grand opéra* und in dieser Form ein Welterfolg.

1964 rekonstruierte der Musikwissenschaftler Fritz Oeser auf der Grundlage von Notenfunden und der Auswertung von Skizzen eine Dialogfassung mit dem Anspruch, die ursprünglichen Intentionen des Komponisten wiederherzustellen.

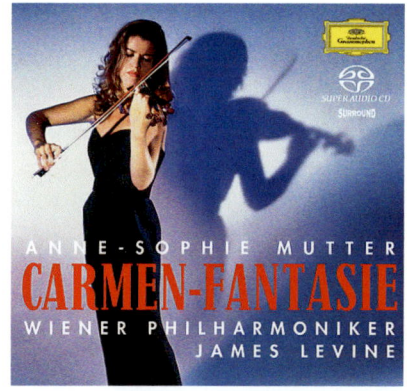

≫►**5** *Beurteilt die unterschiedlichen Wirkungen der beiden Fassungen.* ⊚ **V│22, 32**

≫►**6** *Die sogenannte Oeser-Fassung ist unter Fachleuten nicht unumstritten. Welche Gründe könnte es geben, wenn ein Komponist während der Proben an seinem Werk Änderungen an den Noten vornimmt? Berücksichtigt auch den Bericht von der Probenarbeit.*

Von der „Femme fatale" zur emanzipierten Frau

Auch die Titelfigur erlebte eine sich wandelnde Deutung. Wurde Carmen zunächst als „Femme fatale" (*frz.* verhängnisvolle Frau) gesehen, die José skrupellos verführt und sein Leben zerstört, änderte sich vor allem seit den 1980er-Jahren die Sichtweise: „Modern gesprochen könnte man sagen, dass Carmen einen Idealtyp der echt emanzipierten Frau verkörpert", schrieb Teresa Berganza, Sängerin und Carmen-Interpretin, 1977.

≫►**7** *Erörtert die Sichtweise der Sängerin auf der Grundlage der Opernhandlung.*

Musikalische Bearbeitungen

Die Beliebtheit der Musik spiegelt sich in zwei *Carmen-Suiten* für den Konzertsaal und einer Vielzahl von Bearbeitungen bis in die Gegenwart. Zu den bekanntesten zählen die *Carmen-Fantasie* (1883) des spanischen Violinvirtuosen Pablo de Sarasate (1844–1908) und die *Carmen-Suite* (1967) des russischen Komponisten Rodion Schtschedrin (geboren 1932).

≫►**8** *Stellt Bezüge der Musik zur Oper her. Für welche Zwecke könnten die Bearbeitungen entstanden sein?* ⊚ **V│33, 34**

Carmen als Kino-Heldin

Keine Oper wurde so oft verfilmt wie *Carmen*. Die frühesten *Carmen*-Filme stammen aus der Stummfilmzeit. Nicht immer war nur die Oper Vorlage für den Film und oft wurde die Handlung verändert.

≫►**9** *Stellt auf der Grundlage der Filmplakate von 1915/16, 1954, 1983 und 2004/5 Vermutungen über Besonderheiten der ausgewählten erfolgreichen Verfilmungen an. Überprüft eure Überlegungen durch weitergehende Recherchen.*

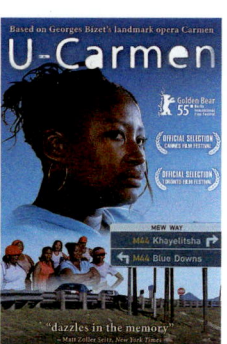

Orpheus und die Geburt der Oper

Claudio Monteverdi
★ 1567 in Cremona
† 1643 in Venedig

Inneres des Palazzo Bardi in Florenz,
Treffpunkt der Florentiner Camerata und
Aufführungsort der ersten Opern

In Florenz, dem Zentrum der italienischen Renaissance, galt die griechische Antike als kulturelles Vorbild, dem man nacheiferte. Mitglieder der „Florentiner Camerata", eines Gesprächskreises von Musikern, Dichtern und Philosophen, diskutierten darüber, wie wohl in der Antike Dramen aufgeführt wurden. Irrtümlich glaubten sie, diese seien gesungen worden. Als Ottavio Rinuccini und Jacopo Peri so etwas 1598 selbst ausprobierten, entstand die erste Oper: Auf der Bühne standen Personen, die ihre Gefühle singend ausdrückten.

>➤ **1** *Verschafft euch einen klanglichen Eindruck der ersten erhaltenen Oper aus dem Jahr 1600: „Euridice" von Rinuccini und Peri. Benennt Besonderheiten dieser Oper.* ◉ V|35

>➤ **2** *Simuliert ein Gespräch im Palazzo Bardi mit dem Grafen (Gastgeber), Rinuccini (Dichter) und Peri (Musiker). Sie reden darüber, welche Vor- und Nachteile es hat, Dramen mit Musik zu versehen. Mit welchen Mitteln könnte eine Oper interessant und spannend gestaltet werden? Bezieht auch die Geisteswelt der Renaissance ein.* ➚ S. 30

Die ersten Opern bestanden weitgehend aus vertonten Dialogen, die nur von wenigen Instrumenten begleitet wurden, und waren daher nicht sehr abwechslungsreich. Diese neue Art des Gesanges wird Monodie genannt – als Gegensatz zum mehrstimmigen Gesang der Zeit. ➚ S. 31

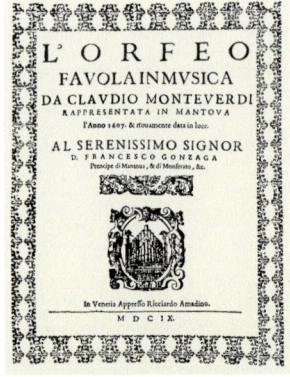

Titelblatt des Erstdrucks von Claudio Monteverdis *Orfeo*, Venedig, 1609

Erst als Claudio Monteverdi 1607 in Mantua seinen *Orfeo* zur Aufführung brachte, wurde klar, dass die Oper mehr als nur ein Experiment war. *Orfeo* unterscheidet sich wesentlich von den vorangegangenen Opern: Es wirken etwa 40 Instrumente mit, und die Folge von Sologesängen, Chören sowie Instrumentalstücken sorgt für Abwechslung. Auch sind Anlehnungen an populäre Tänze zu finden. So gibt es im ersten und zweiten Akt eine Pavane und eine Galliarde. ➚ S. 248, 251

>➤ **3** *Tragt die Merkmale beider Tänze zusammen. Bestimmt die Stellen in den Musikausschnitten, an denen die Tänze einsetzen, und probiert die jeweiligen Grundschritte dazu aus.* ◉ V|36, 37 📄

>➤ **4** *Bringt euch den Orpheus-Mythos in Erinnerung, auf dem „Orfeo" basiert.* ➚ S. 27

Noch steht die Textbehandlung dem Schauspiel näher als in späteren Opern. So fehlt die Trennung in Rezitative und Arien, und es gibt kaum Textwiederholungen. Neuartig ist, dass Monteverdi den Gesang sehr ausdrucksvoll gestaltete. Er nannte dies „seconda pratica": eine neue Vokalmusik, die sich aus Ausdrucksgründen an den Schlüsselstellen über die üblichen Regeln vor allem der Verwendung von Dissonanzen hinwegsetzt. Die innovative Musiksprache von Monteverdi findet sich beispielhaft in Orfeos Monolog, der auf die Nachricht vom Tod Euridices folgt.

Orfeos Monolog (2. Akt, Ausschnitt)

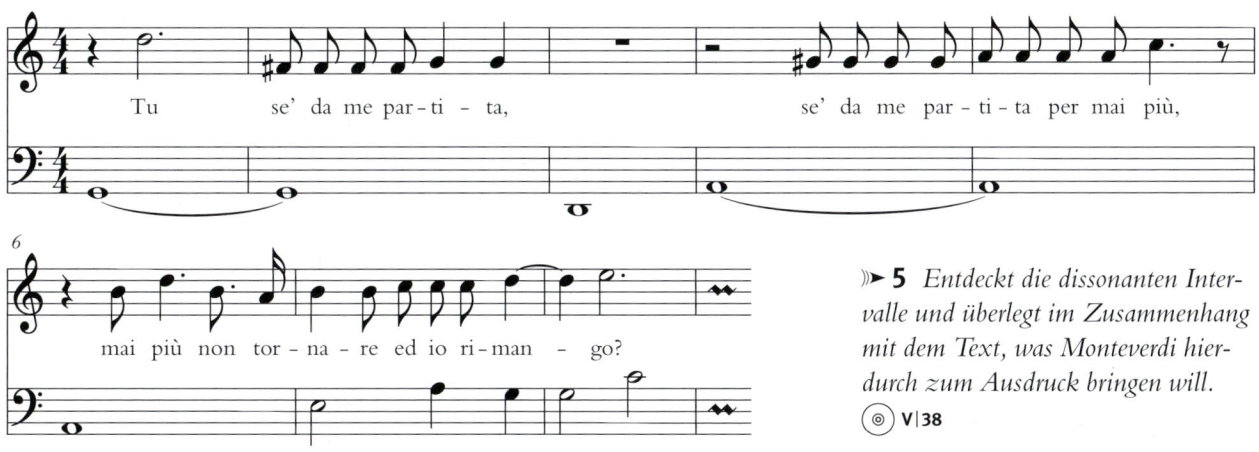

Tu se' da me par-ti - ta, se' da me par-ti-ta per mai più, mai più non tor-na-re ed io ri-man - go?

◉ V|38

»➤ **5** *Entdeckt die dissonanten Intervalle und überlegt im Zusammenhang mit dem Text, was Monteverdi hierdurch zum Ausdruck bringen will.*

ORFEO (dt. Übertragung)

Du bist tot, mein Leben, und ich atme?
Du bist von mir gegangen,
um nie zurückzukehren, und ich bleibe?
Nein, denn wenn Worte irgendetwas vermögen,
werde ich in tiefste Abgründe gehen,
und wenn das Herz des Königs der Schatten gerührt ist,
nehme ich dich mit, um die Sterne wieder zu sehen.
Verweigert mir dies aber das grausame Schicksal,
bleibe ich bei dir in der Gemeinschaft des Todes.
Lebe wohl, Erde, lebt wohl, Himmel und Sonne, lebt wohl.

Die musikalisch wichtigste Stelle im Orpheus-Mythos ist jene, wo der Sänger die Geister der Unterwelt davon überzeugen muss, ihn einzulassen, obwohl er noch lebt. Monteverdis Orfeo gelingt dies durch einen Gesang, dessen Virtuosität alles weit übertrifft, was es vorher gab.

Orfeos Gesang (3. Akt, Ausschnitt)

A lei _____ volt' _____ ho _ il _____ cam - - min

Alessandro Varotari
Padovanino,
Orpheus und
Eurydike, ca. 1625

ORFEO Zu euch habe ich den Weg gewählt, ins Dunkle,
doch nicht in die Hölle, denn wo auch immer
so viel Schönheit weilt, ist das Paradies.

»➤ **6** *Hört den Ausschnitt aus Orfeos Gesang. Beschreibt, worin die sängerischen Schwierigkeiten bestehen. Schlagt im Musiklexikon die Begriffe Melisma und Koloratur nach und wendet sie auf das Beispiel an.* ◉ V|39

»➤ **7** *Seit diesem ersten Meisterwerk der Operngeschichte gestalteten Komponisten den Mythos von Orpheus immer wieder neu. Was könnte der Grund für diese Beliebtheit des Stoffes sein?*

Orpheus und die Opernreform

Lodovico Burnacini, Bühnenbild zu *Il pomo d'oro*
von Antonio Cesti, 1665

》➤ **1** *Belegt die Aussagen des Textes*
anhand des Bühnenbildes und der
Aufnahme einer Kastraten-Arie.
◎ **V|40**

Bis zur Mitte des 18. Jahrhunderts hatte sich die Oper von ihren bescheidenen Anfängen weiterentwickelt. Opernsänger waren die umjubelten Popstars jener Zeit: Wichtigstes Anliegen von Opern war, ihnen die Gelegenheit zu geben, ihre Gesangskunst möglichst eindrucksvoll zu präsentieren. Dazu dienten allein die Arien, deren Texte mehr oder weniger austauschbar waren und die von den Solosängern effektvoll verziert wurden. Die handlungstragenden Rezitative traten musikalisch in den Hintergrund und wurden in der Regel nur vom Generalbass begleitet, Duette waren selten, und der Chor trat oft nur am Schluss auf. In der Regel hatten die höchstgestellten Personen, also z. B. Kaiser oder Götter, auch die höchste Stimmlage und wurden daher von Sopran- oder Altkastraten gesungen. Aufwändige Bühneneffekte wie Feuerwerke oder durch die Luft fliegende Götter verstärkten den Show-Charakter der Opern.

Der österreichische Komponist Christoph Willibald Gluck (1714–1787) hatte bereits etwa 20 Opern geschrieben, als er gemeinsam mit dem Librettisten Ranieri de' Calzabigi 1762 in *Orfeo ed Euridice* erstmals versuchte, eine Oper neuer Art zu komponieren, um „große Leidenschaften auszudrücken und eine kraftvolle und ergreifende Musik zu schaffen". Dazu vereinfachte er die Handlung radikal und wertete die Rezitative durch Orchesterbegleitung auf. Er wandte sich vehement gegen die übliche Verzierungspraxis der Solisten.

„Eine Note kürzer oder länger gehalten, eine Betonung hinsichtlich des Zeitpunkts oder der Stimme vernachlässigt, ein Vorhalt am falschen Ort, ein Triller, eine Tonleiter, eine Verzierung kann eine Szene in solch einer Oper ganz zuschanden machen."

Jean-Antoine Houdon,
Christoph Willibald Gluck, 1775

》➤ **2** *Erörtert die Position Glucks.*

In Glucks *Orfeo ed Euridice* treten nur drei Personen auf: Amor, Eurydike und Orpheus. Jedoch bekommt auch der Chor eine wichtige Rolle und greift umfassend in die Handlung ein. Obwohl Gluck in dieser Oper neue Wege geht, wurde die Partie des Orpheus von einem Kastraten gesungen. Heute besetzt man sie mit einem Mann, der im Falsett singt, oder mit einer Altistin.

》➤ **3** *Hört den Dialog zwischen Orpheus und den*
Furien, die den Eingang der Unterwelt bewachen.
Wodurch versucht Orpheus sie zu beeindrucken? Beachtet
auch die Begleitung. Wie ist der Ablauf der Szene
gestaltet? Stellt sie als Folge von Standbildern zur Musik
nach. ◎ **V|41–44**

Das berühmteste Stück aus Glucks Oper ist die Arie *Che farò senza Euridice* (*Was tue ich ohne Eurydike?*), die Orpheus singt, nachdem er sich umgewandt und Eurydike dadurch endgültig verloren hat. Der Arie aus dem dritten Akt geht ein Rezitativ voran.

Recitativo	*Rezitativ*
Ahimè! Dove trascorsi?	Weh mir! Was habe ich getan?
Dove mi spinse un delirio d'amor?	Wozu hat mich liebende Verblendung hingerissen?
Sposa! Euridice! Consorte!	Gattin! Euridice! Gefährtin!
Ah più non vive, la chiamo invan!	Ach, sie lebt nicht mehr, ich rufe sie umsonst!
Misero me! La perdo, e la perdo per sempre!	Ich Armer! Ich verliere sie, und für immer!
Oh legge! Oh morte! Oh ricordo crudel!	O Gesetz! O Tod! O grausame Erinnerung!
Non ho soccorso, non m'avanza consiglio!	Es gibt keinen Ausweg, keinen Rat!
Io veggo solo (Ah, fiera vista!)	Ich sehe nur (Ach, schrecklicher Anblick!),
il luttuoso aspetto dell' orrido mio stato!	wie traurig meine schreckliche Lage ist!
Saziati, sorte rea! Son disperato!	Weide dich, Schicksal, an meiner Verzweiflung!

Aria	*Arie*
Che farò senza Euridice?	Was tue ich ohne Euridice?
Dove andrò senza il mio ben?	Wohin gehe ich ohne mein Glück?
Euridice! Oh Dio! Rispondi!	Euridice! O Gott! Antworte!
Io son pure il tuo fedel!	Ich bin dir doch treu!
Che farò…	Was tue ich…
Euridice! Ah, non m'avanza	Euridice! Ach, es naht mir
Più soccorso, più speranza,	keine Hilfe, keine Hoffnung,
né dal mondo, né dal ciel!	weder von der Erde noch vom Himmel!
Che farò…	Was tue ich…

》➤ **4** *Lernt diese berühmte Arie mit dem einleitenden Rezitativ kennen.* ◉ **V|45, 46**
a) Welche Rolle spielt die Instrumentalbegleitung im Rezitativ?
b) Bestimmt die Form der Arie und erwägt den Grund hierfür. Versucht euch dazu in die Lage von Orpheus hineinzuversetzen.
c) Charakterisiert die Instrumentation (Besetzung, Verwendung der Instrumente).

Bereits kurz nach ihrer Entstehung wurde diese Arie kontrovers beurteilt:

„Es ist wahr, diese Arie hat einen schönen rührenden empfindungsvollen Gesang, aber ich muss gestehn, dass ich eine Molltonart doch passender finden würde." *Ludwig Rellstab, Dichter, Musikkritiker, ca. 1791*

„Aber die Arie, die Orpheus in dem Schiffbruch der Oper singt, ist göttlich. Sie ist durchaus reine nackte Darstellung der allerheftigsten Leidenschaft. Auch hat Gluck die reinste harte Tonart (Anmerkung: C-Dur) zum Ausdruck der Stärke meisterhaft gewählt." *Wilhelm Heinse, Gelehrter, Schriftsteller, 1795*

Jochen Kowalski als Orfeo in einer Inszenierung von Harry Kupfer, 1987

》➤ **5** *Setzt euch mit den beiden Zitaten auseinander.*

》➤ **6** *Beschreibt Auffälligkeiten dieses Inszenierungsausschnitts von Glucks Oper. Stellt Vermutungen über die Absicht des Regisseurs an und problematisiert den Ansatz.*

Orpheus als Parodie

»► **1** *Welche Merkmale kennzeichnen das Bild als Karikatur? Welche Vermutungen lassen sich über den Komponisten und seine Musik anstellen?*

Karikatur von André Gill, Jacques Offenbach reitet zum Erfolg, 1866

Der aus Köln stammende Jacques Offenbach (1819–1880) hatte sich vom Cellisten zum unangefochtenen Star des heiteren Musiktheaters von Paris emporgearbeitet, als dort 1858 sein *Orpheus in der Unterwelt (frz. Orphée aux enfers)* uraufgeführt wurde. Hier wird der Mythos von Orpheus zur Parodie auf die Mächtigen. Am 2. Dezember 1852 hatte sich Napoleon III. zum Kaiser von Frankreich ausrufen lassen und in den folgenden Jahren unter Ausschaltung des Parlaments ein autoritäres Regime aufgebaut. Während die Umgestaltung von Paris und die wirtschaftliche Entwicklung des Landes durchaus auf Zustimmung stießen, waren die zerrüttete Ehe und die Seitensprünge des Kaisers ständiges Ziel von Spott. Das Lebensgefühl der Menschen wurde zunehmend durch eine tiefe Langeweile geprägt.

Zur Handlung

Als Pluto, der Herrscher der Unterwelt, sich in Eurydike verliebt und sie raubt, ist Orpheus zunächst heilfroh, seine ungeliebte Gattin los zu sein. Nur die – als Person auftretende – Öffentliche Meinung bringt ihn dazu, sich um ihre Rückkehr zu bemühen: Er müsse schließlich an das Urteil der Nachwelt über sich denken. Also begibt sich Orpheus betrübt zum Olymp, wo dem Publikum eine gelangweilte, moralisch fragwürdige Götterversammlung vorgeführt wird, die eifrig bemüht ist, zumindest nach außen hin den Schein von Anstand zu wahren, obwohl Jupiter sich mit jungen Frauen vergnügt. Nur vor der Öffentlichen Meinung haben auch die Götter Respekt; auf Jupiters Befehl hin zeigen sie sich den Ankömmlingen hoheitsvoll und würdig. Gedrängt von der Öffentlichen Meinung beginnt Orpheus, um die Herausgabe Eurydikes zu bitten.

JUPITER	JUPITER
Que me veux-tu, faible mortel?	Was willst du von mir, schwacher Sterblicher?
L'OPINION PUBLIQUE	ÖFFENTLICHE MEINUNG
Voici le moment solennel!	Das ist der feierliche Moment!
Tu vas, d'une voix attendrie,	Du sollst, mit gerührter Stimme,
implorer du grand Jupiter	vom großen Jupiter das Recht erwirken,
le droit de reprendre à l'enfer	aus der Hölle zurückzuholen
ton épouse tendre et chérie!	deine zarte und liebe Gattin!
ORPHEE	ORPHEUS
Vous le voulez?	Fordern Sie das?
L'OPINION PUBLIQUE	ÖFFENTLICHE MEINUNG
Allons!	Los!
ORPHEE	ORPHEUS
On m'a ravi mon Eurydice!	Man hat mir meine Eurydike geraubt!

»► **2** *Entdeckt die Ironie in Offenbachs Werk.*

a) Lest den Text mit verteilten Rollen und macht deutlich, dass Orpheus nur ungern um Eurydike bittet.

b) Entwickelt Ideen, wie die Öffentliche Meinung in Szene gesetzt werden könnte. Sucht nach entsprechenden Inszenierungsbeispielen.

c) Beschreibt Merkmale der Musik und ihrer Interpretation, durch die der ironische Ton der Szene zum Ausdruck gebracht wird. ◎ **V|47, 48**

Jupiters Ansprache

Plakat zur Uraufführung von
Orphée aux enfers, 1858

JUPITER (dt. Übertragung)
Da ich Verbrechen und Ungerechtigkeit
gerecht bestrafe,
verurteile ich Pluto dazu,
ihm Eurydike wiederzugeben!

>**3** *Jupiter plant, die hübsche Eurydike für sich selbst aus der Unterwelt zu holen. Woran erkennt man die Unaufrichtigkeit in seiner Ansprache?* V|48

>**4** *Erklärt, worin Kritik und Spott gegenüber dem Kaiser liegen.*

Jupiter verkündet, selbst in die Unterwelt gehen zu wollen, um angeblich zu überprüfen, ob Orpheus seine Gattin wirklich zurückerhält. Die anderen Götter bitten ihn, sie mitzunehmen, weil sie darin eine Gelegenheit sehen, der Langeweile auf dem Olymp zu entfliehen. Der gemeinsame Besuch mündet schließlich in den *Galop infernal*, den höllischen Galopp.

Der *Galop infernal* ist ein Cancan [kãˈkã:], ein wilder Tanz mit gewagten Posen, der ursprünglich in den Pariser Vorstädten getanzt wurde. Zu Offenbachs Zeit hatte er sich die Bühne erobert, wurde aber immer noch als unmoralisch angesehen, weil man den Tänzerinnen unter die Röcke sehen konnte. Bis heute gehört er zu den Attraktionen des Varietés „Moulin Rouge" in Paris.

Cancan-Tänzerinnen im traditionsreichen Pariser Nachtclub „Moulin Rouge"

>**5** *Überlegt, wofür die Hölle, wie sie in „Orpheus in der Unterwelt" dargestellt wird, ein Symbol sein könnte.* V|49

>**6** *Entwerft eine Choreografie zum Cancan im Stil eines Partytanzes.*

>**7** *Vergleicht die Gesellschaftskritik von Offenbach mit anderen Werken, zum Beispiel mit der „West Side Story" von Leonard Bernstein. Welcher musikalischen Gattung gehören sie an?*

Jupiter gelingt es am Ende, die Öffentliche Meinung auszutricksen. Als sie mit Orpheus und Eurydike auf dem Weg aus der Unterwelt ist, schleudert er einen Blitz, Orpheus erschrickt – und Eurydike kann bei Jupiter bleiben.

Mit *Orpheus in der Unterwelt* schuf Offenbach die Operette (*ital.* kleine Oper), eine neue Gattung, die jedoch ihren frechen und gesellschaftskritischen Charakter bald verlieren sollte.

Richard Wagner
★ 1813 in Leipzig
† 1883 in Venedig

Der Ring des Nibelungen ist mit einer Spieldauer von 16 Stunden an vier Abenden das längste Bühnenwerk aller Zeiten. Er besteht aus den vier Opern (Tetralogie) *Das Rheingold*, *Die Walküre*, *Siegfried* und *Götterdämmerung*. Richard Wagner hatte 26 Jahre an Text und Musik gearbeitet, bevor im August 1876 in Bayreuth das Gesamtwerk erstmals aufgeführt wurde. Auf mittelalterliche isländische Quellen zurückgreifend nutzte er die altgermanische Götterwelt, um ein Werk zu schaffen, das die Lebenswirklichkeit des 19. Jahrhunderts mythisch überhöht widerspiegelt.

》➤ **1** *Verschafft euch einen ersten Eindruck von der Klangwelt Wagners.* ◎ **VI|1**

Im Zentrum der Handlung steht das Gold, das demjenigen, der aus ihm einen Ring schmieden kann, unendliche Macht verleiht. Gelingen kann dies nur dem, der der Liebe abschwört. Damit wird der Ring zum Symbol für den Aufstieg und Untergang (dafür steht „Götterdämmerung") einer Welt, die im Streben nach Gewinn und Macht die Menschlichkeit verloren hat.
Dem Zwerg Alberich gelingt es, den Ring zu schmieden. Eindringlich schildert Wagners Musik, wie er sein eigenes Volk, die Nibelungen, im unterirdischen Nibelheim unterdrückt, darunter auch seinen Bruder Mime, der ihm einen Tarnhelm hat schmieden müssen.

》➤ **2** *Beschreibt den Verlauf der Musik in dem Ausschnitt aus „Rheingold". Welche Merkmale deuten darauf hin, dass die Musik eine Handlung begleitet?* ◎ **VI|2**

Um der Sprache in diesem Werk einen gleichzeitig altehrwürdigen und gehobenen Charakter zu verleihen, verwendet Wagner zum einen zahlreiche altertümliche Wörter, so „Wal" (Schlachtfeld) und „küren" (auswählen). Außerdem bedient er sich des Stabreims. Bei diesem Verfahren, das der altnordischen Dichtung entstammt, reimen sich nicht die Versenden, sondern die Anfangslaute der sinntragenden Wörter bzw. Silben.

ALBERICH Niblungen all', neigt euch dem Alberich!
Überall weilt er nun, euch zu bewachen;
Ruh' und Rast ist euch zerronnen;
ihm müsst ihr schaffen, wo nicht ihr ihn schaut,
wo ihr nicht ihn gewahrt, seid seiner gewärtig!

》➤ **3** *Macht euch mit Wagners Sprache vertraut.*
a) *Klärt die Aussage des Zitats aus dem „Rheingold".*
b) *Deklamiert den Ausschnitt so, dass die Stabreime deutlich zu hören sind. Probiert verschiedene Varianten aus zwischen Parodie und Ernsthaftigkeit. Entwickelt eine zum Inhalt passende Version.*
c) *Findet Redewendungen oder aktuelle Werbesprüche, die Stabreime enthalten.*

Arthur Rackham, 3. Szene von *Rheingold*, 1910

Palau de les Arts Reina Sofia, Valencia, Walkürenritt, 2007

Das berühmteste Musikstück aus Wagners *Ring des Nibelungen* ist die Einleitung zum dritten Akt der *Walküre*, der *Walkürenritt*, der auch häufig als Filmmusik verwendet worden ist. Die Walküren sind uneheliche Töchter des Göttervaters Wotan, deren Aufgabe es ist, in der Schlacht gefallene Helden in die Burg der Götter zu bringen. Die Erbauer dieser Burg hatte Wotan mit dem von Alberich geschmiedeten Ring entlohnt.

»➤ **4** *Lasst den „Walkürenritt" auf euch wirken.* ⊚ **VI|3**
a) *Welchen Ausdruckscharakter verbindet Wagner mit dem punktierten Motiv, das er hier ebenso wie in dem Ausschnitt aus dem „Rheingold" verwendet hat?*
b) *Überlegt, warum gerade dieses Stück berühmt geworden ist. Recherchiert, in welchen Filmen es verwendet wurde.*

Ein Geflecht aus derartigen Motiven, Leitmotive genannt, erstreckt sich über den gesamten *Ring*. Sie sind meist bestimmten Figuren, Gegenständen oder Situationen zugeordnet. Oft verdoppeln sie aber nicht einfach das, was auf der Bühne geschieht. So erklingt im ersten Akt von *Siegfried* das *Siegfried-Motiv* nur dreimal, so an dieser Stelle:

SIEGFRIED   Nun kam ich zum klaren Bach,
da erspäht' ich die Bäum' und Tiere im Spiegel, (…)
da sah ich denn auch mein eigen Bild.

Viele der Leitmotive im *Ring* sind miteinander auf unterschiedliche Art verwandt, was häufig auf Beziehungen zwischen den Objekten hindeutet, denen sie zugeordnet sind.

»➤ **5** *Setzt euch mit den Funktionen von Leitmotiven auseinander.*
a) *Spielt die Motive. Beschreibt die musikalischen Beziehungen zwischen ihnen und versucht zu erklären, warum sie miteinander verwandt sind.*
b) *Warum verwendet Wagner gerade hier das „Siegfried-Motiv"? Wo findet es sich in den anderen Leitmotiven wieder?* ⊚ **VI|4**

»➤ **6** *Welche Funktionen können Leitmotive im Musiktheater oder im Film übernehmen? Findet Beispiele.*

»➤ **7** *Wagner war aktiv an den revolutionären Auseinandersetzungen 1848/49 in Dresden beteiligt, wurde danach steckbrieflich gesucht. Inwiefern könnte „Der Ring des Nibelungen" ein politisches Werk sein?*

»➤ **8** *Erörtert, welche Epochenmerkmale der Romantik der „Ring" erkennen lässt.* ➚ *S. 62 ff. Diskutiert, ob die Thematik der Tetralogie als Kritik am System des Kapitalismus im 19. Jahrhundert interpretiert werden kann. Hört vor diesem Hintergrund das Ende der Tetralogie.* ⊚ **VI|5–6**

Howard Shore *Der Herr der Ringe*

Drei Ringe den Elbenkönigen hoch im Licht,
sieben den Zwergenherrschern in ihren Hallen aus Stein,
den Sterblichen, ewig dem Tode verfallen, neun,
einer dem dunklen Herrn auf dunklem Thron
im Lande Mordor, wo die Schatten drohn.
Ein Ring, sie zu knechten, sie alle zu finden,
ins Dunkel zu treiben und ewig zu binden
im Lande Mordor, wo die Schatten drohn.

Frodo im Kinofilm
(USA, Neuseeland
2003)

Mit diesem rätselhaften Gedicht beginnt der Roman „Der Herr der Ringe" des Briten J. R. R. Tolkien (1892–1973). Erzählt wird eine Geschichte aus der Fantasiewelt Mittelerde: Der Hobbit Frodo soll den magischen Ring, der finstere Macht verleiht, an seinen Ursprungsort im Lande Mordor zurückbringen, um ihn zu vernichten. Dabei lernt er die Vielfalt der Wesen und Landschaften von Mittelerde kennen und erlebt dramatische Abenteuer.

Weltweit entstand nach der Veröffentlichung des Romans Mitte der 1950er-Jahre ein regelrechter Kult um die fantasievolle Erzählung mit ihren merkwürdigen Wesen, einer eigenen Sprache samt Schrift und ihren Idealen von Freundschaft, Verantwortungsbewusstsein und Mut.

Der als unverfilmbar geltende Roman wurde von Peter Jackson (geboren 1961) mit großem Aufwand in Szene gesetzt. Seine Version umfasst drei Filme mit einer Gesamtdauer von rund 560 Minuten – in der „kurzen" Kinofassung!

»➤ **1** *Tragt zusammen, was ihr über den Roman und seine Verfilmung wisst. Überlegt, warum Roman und Film solchen Kultstatus genießen.*

Für die Filmmusik schuf der kanadische Komponist Howard Shore (geboren 1946) jeder der Kulturen von Mittelerde eine eigene Musikwelt: Hobbits, Elfen, Zwerge, Menschen. Innerhalb dieser unterschiedlichen Welten entwickelte er etwa 90 musikalische Leitmotive und Themen für Handlungsorte und Charaktere. Die Musik begleitet die Handlung fast pausenlos. Nur an wenigen Stellen wird sie kurz unterbrochen, um Sprache und Geräusche für sich wirken zu lassen.

Auenland-Thema

»➤ **2** *Setzt euch mit der musikalischen Gestaltung des Auenlands auseinander.*
a) Musiziert oder summt das erste Solo. Vergleicht es mit dem zweiten Solo und beschreibt, wie es Shore gelingt, den musikalischen Fluss zwischen den Soli nicht abreißen zu lassen.
b) Was teilt die Musik über Kultur, Lebensweise und Charakterzüge der Hobbits mit? ◉ **VI|7**
c) Informiert euch über den Unterschied zwischen „Motiv" und „Thema" in der Musik.

Isengard und Saruman

Der Zauberer Saruman hat sich dem Bösen ange-
schlossen und zum Herrn der einst blühenden Fes-
tung Isengard gemacht, wo er eine Streitmacht von
Orks befehligt. Isengard wird musikalisch durch einen ⁵⁄₄-Takt symbolisiert.

》➤ **3** *Achtet auf die charakteristische Taktart und stellt
euch einen Handlungskontext vor, der zum musikalischen
Verlauf passen könnte.* ◎ **VI|8**

Saruman im Kinofilm (USA, Neuseeland 2003)

Isengard-Thema

》➤ **4** *Vergleicht das Isengard-Thema mit dem Auenland-Thema und erstellt
dazu eine Tabelle. Unterscheidet zwischen musikalischen Mitteln und Wirkun-
gen.* 📄 ◎ **VI|9, 7**

》➤ **5** *Überlegt, welche Gründe Shore bewegt haben könnten, seine Filmmusik
auf Leitmotiven aufzubauen. Bezieht dazu auch die Musik aus dem Ende des
dritten Teils der Filmreihe als Anregung ein.* ◎ **VI|10**

Filmsongs

Ungewöhnlich für eine Filmmusik ist die Verwendung von Chören und die Einbindung von Liedern
(in Fantasiesprachen des Romans), wie sie sich in
Shores Musik finden. Außerdem ist am Ende jedes
Teils ein Song in die Musik eingewebt, der von
wechselnden Sängerinnen interpretiert wird. Das
von Annie Lennox gesungene *Into the west* erhielt einen Oscar als bester Filmsong. ↗ S. 184

》➤ **6** *Hört euch den Song aus „Die
Rückkehr des Königs" (USA, Neu-
seeland 2003) an, dem Abschluss der
Trilogie. Singt das Lied. Welche
Beziehungen entdeckt ihr zum Film?*
↗ *S. 226* ◎ **VI|11**

Wirkungsgeschichte

Die Filmmusik zur Triologie wurde mit zwei Oscars
ausgezeichnet und so beliebt, dass sie sich nicht nur
als Soundtrack-CDs sehr gut verkaufte, sondern
auch ein Eigenleben außerhalb der Leinwand
entwickelte: Für Computerspiele zum Film fand sie
Verwendung und wurde zu einer großen Sinfonie
umgearbeitet, die weltweit aufgeführt wird.

》➤ **7** *Vergleicht Richard Wagners
„Ring des Nibelungen" mit der Verfilmung von „Der Herr der Ringe".
Bedenkt die äußere Form, den literari-
schen Stoff und die musikalische Kon-
zeption. Bezieht auch das Ende der
Filmmusik ein.* ↗ *S. 160 f.* ◎ **VI|6, 12**

Brad und Janet sind zwar etwas schüchtern, aber optimistisch: Die gemeinsame Zukunft wird es gut mit ihnen meinen. Bei einer Hochzeit hat Janet den Brautstrauß gefangen und ein alter Brauch sagt, die Fängerin wird die nächste Braut sein. So passiert endlich das, worauf Janet schon die ganze Zeit wartet: Brad gibt sich einen Ruck und schenkt ihr einen Verlobungsring …

»► **1** *Hört euch das Liebesduett an. Welche besonderen Gestaltungselemente bemerkt ihr? Wie könnte man den Song auf der Bühne inszenieren?* ◉ **V|50**

Brad und Janet, Musical-Gastspiel im Admiralspalast Berlin, 2008

Als Brad und Janet bald darauf nachts mit dem Auto durch eine einsame Gegend fahren, geraten sie in ein Unwetter, die Straße ist unerwartet gesperrt und dann platzt noch ein Reifen. Bei strömendem Regen müssen sie Hilfe suchen. Vor einem Schloss warnt ein Schild gespenstisch erleuchtet von den zuckenden Blitzen vor dem Betreten.

»► **2** *Nennt Filme, in denen gefährliche Wendungen der Handlung mit ähnlichen Motiven vorbereitet werden. Welches davon wird am Anfang des zugehörigen Liedes „There's a light" musikalisch aufgegriffen?* ◉ **V|51**

Logo und Screen im Vor- und Abspann des Films

Die *Rocky Horror Show* lebt von der Liebe zu B-Movies (*engl.* zweitklassiger Film). Das sind Horror- und Science-Fiction-Filme, billig und schnell gedreht. Gezeigt wurden sie in den USA in den Jahren von 1930 bis 1960 und nicht selten als Double-Features – gleich zwei Filme nacheinander. Manche Figuren dieser Filme wurden sehr populär: Außerirdische, Frankensteins Monster, Riesenspinnen oder „der unsichtbare Mann".

»► **3** *Hört das Lied „Science Fiction – Double Feature". Informiert euch über die Figuren der Horror- und Science-Fiction-Filme der genannten Zeitspanne. Welche davon spielen auch in aktuellen Filmen noch eine Rolle?* ◉ **V|52** 📄

Im Schloss treffen Brad und Janet auf den Hausherrn Dr. Frank N. Furter, einen Transvestiten aus der Galaxie Transylvania, mit seinem buckligen Diener Riff Raff, dessen Schwester Magenta und Columbia. Das Schloss ist bevölkert von merkwürdigen Gästen, denen der Hausherr stolz sein neuestes Forschungsergebnis vorstellen will: den attraktiven Retortenmensch Rocky Horror.

»► **4** *Eine der bekanntesten Nummern aus der Rocky Horror Show ist „The Time Warp", den die Gäste ausgelassen tanzen. Singt und tanzt selbst.* ↗ *S. 224 f.* ◉ **V|53**

»► **5** *Erkundigt euch über den weiteren Handlungsverlauf. Erörtert den Bezug zu typischen B-Movies und spekuliert, warum viele Menschen von der Show begeistert sind, während andere sie ablehnen.*

Riff Raff, Dr. Frank N. Furter, Columbia, Magenta, Musical-Gastspiel im Schillertheater Berlin, 2002

Vom Bühnenspektakel zum Kultfilm

Schöpfer der Rocky Horror Show ist Richard O'Brien. Er erfand die Handlung, schrieb die Songs und spielte die Rolle des Riff Raff. Die Premiere fand am 19. 6. 1973 in einem winzigen Theater mit 63 Plätzen in London statt. Der Erfolg stellte sich schnell ein und es wurden größere Theater gebucht. Schon im Folgejahr kam die Show in Los Angeles heraus und wurde sehr populär.

So war es nur logisch, das Musical *Rocky Horror Show* dahin zu bringen, wo seine Figuren herstammen – ins Kino. Am 14. August 1975 war Premiere. Die Lieder des Films sind dieselben wie in der Bühnenversion. Hauptdarsteller Tim Curry spielte die Rolle des Frank N. Furter auch schon im Londoner Musicaltheater. Richard O'Brien übernahm wieder die Rolle des Dieners. Brad und Janet wurden hingegen von amerikanischen Jungschauspielern verkörpert.

Im Gegensatz zum Musical wollte den Film anfangs niemand sehen. 1976 kam er als sogenanntes Midnight movie (*engl.* Mitternachtsfilm) wieder ins Kino. Plötzlich bekamen die Zuschauer auch an der Kinofassung der *Rocky Horror Show* Spaß und begannen, Zeilen des Films mitzusprechen bzw. mithilfe mitgebrachter Gegenstände zu begleiten. Der Film wurde zum Kultfilm. In manchen Kinos geht der Kult sogar so weit, dass die Fans sich wie die Filmfiguren verkleiden und vor der Leinwand mittanzen und -singen. Rekordhalter sind die Museum-Lichtspiele in München. Hier läuft der Film seit 1977 jeden Freitag um 23:15 Uhr.

》➤ **6** *Überlegt, welche Kultfilme ihr noch kennt und was einen solchen Film ausmacht. Welche Rolle spielt dabei die Musik?*

》➤ **7** *Zu welchem Teil der Handlung könnten die abgebildeten Zuschaueraktionen passen?*

Kinovorführung mit Publikumsbeteiligung in München

Kino Museum-Lichtspiele, München, 2013

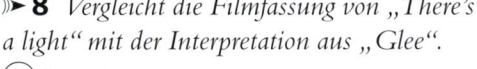

》➤ **8** *Vergleicht die Filmfassung von „There's a light" mit der Interpretation aus „Glee".*
◎ V | **51, 54**

Ein Musical fürs nächste Schulfest?

In Deutschland wurde die *Rocky Horror Show* mehrfach von Schulen mit großem Erfolg inszeniert. Und auch in der in den USA populären TV-Jugendserie *Glee* beschließen in einer Folge die Schüler des Schulchores, die Show auf die Bühne zu bringen: *The Rocky Horror Glee Show*. Doch kurz bevor sich der Vorhang hebt, entscheiden sie sich, die Aufführung ohne Publikum durchzuführen, weil sie sich in den Kostümen nicht wohlfühlen. ➚ S. 185

》➤ **9** *Diskutiert, ob das Musical ein für Jugendliche geeignetes Werk ist. Recherchiert dazu auch im Internet nach Schulinszenierungen.*

Musik auf Bühne und Leinwand im Vergleich

Werden Werke des Musiktheaters verfilmt, so eröffnen sich gegenüber der Bühneninszenierung andere Gestaltungsmöglichkeiten. Das Spektrum solcher Musikfilme ist dabei weit und reicht vom dokumentarischen Abfilmen einer Bühneninszenierung bis zur eigenständigen Filmadaption an Naturschauplätzen.

„Carmen Jones" (Regie: Otto Preminger, USA 1954)

„Carmen" (Regie: Herbert von Karajan, A/CH 1967)

„Carmen" (Regie: Francesco Rosi, F/I 1984)

>► 1 *Benennt die möglichen Aufnahmeorte der abgebildeten Carmen-Filme. Vergleicht die szenischen Gestaltungsmittel von Bühne und Film und die Wahrnehmungssituation der Zuschauer.*

Im Musiktheater ist Musik mit einer Handlung verbunden. Ähnliches gilt für Filmmusik. Auch dort ist die Musik verknüpft mit einem Geschehen oder einer Bilderfolge, die sich allerdings nicht auf einer Bühne abspielt, sondern auf einer Leinwand oder einem Bildschirm. Hieraus ergeben sich Gemeinsamkeiten, aber auch Unterschiede für Musik im Musiktheater und im Film.
Typische Filmmusik erklingt parallel zur dargestellten Handlung und wird vom Zuschauer mehr oder weniger bewusst wahrgenommen. Spezieller ist, wenn die Musik als Teil der Filmhandlung integriert wird, in dem sie von den Filmfiguren selbst vorgetragen oder gehört wird.

>► 2 *Auch in Musiktheaterwerken lässt sich die speziellere Variante finden. Sucht nach Beispielen in den Werken dieses Kapitels.*

In Musiktheater und Film kann an einzelnen Stellen die Musik in den Vordergrund treten und so das Werk in große Abschnitte unterteilen.

>► 3 *Erörtert Beispiele aus Film und Musiktheater.*
a) Hört die Titelmusik einer TV-Serie. Um was für ein Genre könnte es sich handeln? Vergleicht die Funktion mit der einer Ouvertüre. ◉ V|55
b) Versucht diese Zwischenaktmusik einem der Werke des Kapitels zuzuordnen. Findet vergleichbare Fälle in Spielfilmen und erläutert die Funktion der Musik. ◉ V|56

Improvisation von Filmmusik

Die Anfänge der Filmmusik liegen in der Praxis der frühesten Stummfilmzeit (ab 1895), als Musik spontan zum laufenden Film improvisiert wurde. Der Pianist oder Harmoniumspieler wurde dabei manchmal von einem Geräuschemacher unterstützt. Erst 1914 kam die Kinoorgel auf, die neben verschiedenen Klangfarben (Tonregister) auch Geräuscheffekte (Effektregister) enthielt, z.B. Regen, Telefonklingel, Autohupe.

Kreativwerkstatt Filmmusik

»➤ 4 *Wählt eine Filmszene von zwei bis drei Minuten Länge aus, zu der ihr eine Improvisation entwickelt. Die Szene sollte keine Musik enthalten.* 🗒

a) Betrachtet die Szene mehrfach, prägt euch den Verlauf ein und überlegt, welchen Charakter eure Improvisation tragen soll. Achtet auf Stellen, an denen die Improvisation synchron zur Filmhandlung verlaufen muss, z.B. ein Bewegungstempo oder ein Stimmungswechsel aufzugreifen ist oder die Musik für einen Dialog zurückgenommen werden muss (Synchronpunkte). Notiert eure Beobachtungen und Ideen in einem Ablaufschema.

b) Entscheidet euch für ein Instrument und bildet ggf. Improvisationsgruppen. Entwickelt eine Melodie mit Begleitung als Ausgangspunkt und legt fest, an welchen Stellen sie gespielt werden soll.

c) Startet die Filmwiedergabe und improvisiert. Zeichnet euer Spiel auf, damit ihr anschließend das Ergebnis auswerten und verbessern könnt.

Marc Sinanan Company, Neue Musik meets Transoxanien, 2011

Multimediales Projekt 1: Eine Stummfilmszene mit Musik unterlegen

Ab den 1910er-Jahren wurden die Stummfilme meist mit Kompilationen begleitet, das bedeutet: Aus einer Aneinanderreihung bekannter Musikstücke entstand ein auf die Filmhandlung zugeschnittener Musikteppich. Dies lässt sich mithilfe von Computer und Sequenzerprogramm nachspielen.

»➤ 5 *Wählt einen abwechslungsreichen Stummfilmausschnitt von drei bis fünf Minuten aus und unterlegt ihn mit Aufnahmen.* 🗒
a) Überspielt den Film auf den Computer und ladet die Videodatei in den Sequenzer. Legt ein sekundengenaues Protokoll des Handlungsablaufs an, indem ihr überlegt, wie die Musik klingen sollte, und jeweils notiert, wo sich die Musik ändern müsste. Bindet Stellen ein, an welchen die Musik Teil der Handlung ist.
b) Sucht jeweils passende Musik aus, die entweder rein instrumental oder mit Text versehen ist. Überspielt die ausgewählten Musikausschnitte auf je eine Spur des Sequenzers. Montiert sie passend zum Video und gestaltet die Übergänge in der Musik durch Blenden (an- und auf- oder überblenden).

Multimediales Projekt 2: Gestaltung einer Filmszene mit Musik und Sounddesign

Die Tonebene des Films setzt sich zusammen aus Sprache, Geräuschen und Musik. Bei heutigen Filmen arbeiten mehrere Spezialisten zusammen, damit das Hörergebnis möglichst eindrucksvoll gelingt. Neben dem Filmkomponisten wirken Sounddesigner, Geräuschemacher, Musikberater, Mischtonmeister und viele andere mit.

»➤ 6 *Importiert eine Spielfilmszene auf den Computer und schaltet den Ton stumm. Erfindet neue Dialoge und nehmt sie auf. Gestaltet den Filmsound mit selbstgemachten Geräuschen. Komponiert anschließend passende Musik oder verwendet bestehende Musik. Mischt alle Audiospuren gemeinsam ab.* 🗒

Musik und Gesellschaft

Die deutsche Nationalhymne

1841 schrieb Heinrich Hoffmann von Fallersleben auf der Insel Helgoland, die damals zu England gehörte, sein *Lied der Deutschen*. Als Melodie griff der Dichter auf eine Hymne Joseph Haydns zurück, die dieser 1797 zu Ehren des österreichischen Kaisers komponiert hatte: „Gott erhalte Franz, den Kaiser". In dieser Form wurde das künstlerisch eher schwache Gedicht mit seinen drei Strophen 1922 zur deutschen Nationalhymne.

Seine Popularität verdankte das *Lied der Deutschen* vor allem seiner Melodie, die Haydn persönlich sehr wichtig war: „Haydn liebte sein Vaterland und sein Kaiserhaus mit innigster Treue. So oft es die warme Witterung und seine Kräfte gestatteten, ließ er sich in den paar letzten Jahren seines Lebens in sein hinterstes Zimmer führen, nur um auf dem Forte-Piano sein Lied: Gott erhalte Franz, den Kaiser! zu spielen." *Georg A. Griesinger, 1810*

»➤ **1** *Beschreibt den Aufbau von Haydns Melodie. Wieso ist dieses Lied als Hymne geeignet?* ↗ *S. 214*

Anonym, Helgoland aus der Vogelperspektive, um 1900

Die Melodie verwendete der Komponist auch in einem Instrumentalwerk.

»➤ **2** *Verschafft euch einen Eindruck von dieser Instrumentalversion.* ◉ **VI|13**
a) *Erkennt die Besetzung und bestimmt den Bezug zum „Lied der Deutschen".*
b) *Überdenkt die Funktion der Melodie in diesem Werk im Vergleich zu der gesungenen Hymne. Beachtet die Form.*

Berlin, Brandenburger Tor mit Mauer vom Westen, 1972

Nach 1945 hatte Deutschland einige Jahre lang keine Hymne; das *Deutschlandlied* war nach der dunklen Zeit des Nationalsozialismus in Misskredit geraten. Erst 1952 wurde nach längerer Diskussion die dritte Strophe zur Nationalhymne der Bundesrepublik Deutschland erklärt. Vor allem Bundespräsident Theodor Heuss stimmte nicht ohne Bedenken zu: „Als mich die Frage nach einer Nationalhymne bewegte, glaubte ich, dass der tiefe Einschnitt in unserer Volks- und Staatengeschichte einer neuen Symbolgebung bedürftig sei, damit wir vor der geschichtlichen Tragik unseres Schicksals mit zugleich reinem und freiem Herzen, in klarer Nüchternheit des Erkennens der Lage bestehen werden. Ich weiß heute, dass ich mich täuschte. Ich habe den Traditionalismus und sein Beharrungsbedürfnis unterschätzt. Wenn ich also der Bitte der Bundesregierung nachkomme, so geschieht das in der Anerkennung des Tatbestandes." *Theodor Heuss in einem Brief an Bundeskanzler Konrad Adenauer, 1952*

»➤ **3** *Informiert euch über die Rolle des „Deutschlandliedes" im Dritten Reich und seinen Missbrauch durch die Nationalsozialisten.*

Die Nationalhymne der DDR

Worte: Johannes R. Becher · Melodie: Hanns Eisler

1. Auf - er - stan - den aus Ru - i - nen und der Zu - kunft zu - ge - wandt,
lass uns dir zum Gu - ten die - nen, Deutsch - land ei - nig Va - ter - land. ___
___ Al - te Not gilt es zu zwin - gen, ___ und wir zwin - gen sie ver - eint,
denn es muss uns doch ge - lin - gen, dass die Son - ne schön wie nie
ü - ber Deutsch - land scheint, ü - ber Deutsch - land scheint.

2. Glück und Frieden sei beschieden
Deutschland, unserm Vaterland.
Alle Welt sehnt sich nach Frieden,
reicht den Völkern eure Hand.
Wenn wir brüderlich uns einen,
schlagen wir des Volkes Feind.
Lasst das Licht des Friedens scheinen,
dass nie eine Mutter mehr
𝄆 ihren Sohn beweint. 𝄇

3. Lasst uns pflügen, lasst uns bauen,
lernt und schafft wie nie zuvor,
und der eignen Kraft vertrauend,
steigt ein frei Geschlecht empor.
Deutsche Jugend, bestes Streben
unsres Volks in dir vereint,
wirst du Deutschlands neues Leben,
und die Sonne schön wie nie
𝄆 über Deutschland scheint. 𝄇

Die Deutsche Demokratische Republik (Abkürzung DDR) legte sich kurz nach der Staatsgründung 1949 eine eigene Hymne zu. Hanns Eisler (1898–1962) hatte sich in einem Wettbewerb mit seiner Neukomposition gegen eine Melodie Ottmar Gersters (1897–1969) durchgesetzt.
Im Jahre 1950 schrieben der Dichter Bertolt Brecht (1898–1956) und Hanns Eisler mit der *Kinderhymne* einen Gegenentwurf zum *Deutschlandlied*. Nach 1990 wurde das Lied von verschiedenen Seiten als Nationalhymne des wiedervereinten Deutschland ins Gespräch gebracht. ↗ S. 215
Seit 1972 gibt es die als Hymne der Europäischen Union eingeführte *Europahymne*. Es handelt sich um eine instrumentale Variante jener berühmten Melodie aus Ludwig van Beethovens *Neunter Sinfonie*. ↗ S. 214 ◉ VI|14

》➤ 4 *Vergleicht die Hymnen.*
a) Welche Spuren seiner Entstehungszeit trägt der Text der DDR-Hymne? Durchdenkt die Konsequenzen, wenn sich ein Staat für eine neukomponierte Nationalhymne entscheidet.
b) Kombiniert die Melodien mit dem jeweils anderen Text. Was fällt dabei auf?
c) Warum wurde ab Anfang der 1970er-Jahre die DDR-Hymne nur noch ohne Text verwendet?

》➤ 5 *In welchen Situationen und mit welcher Funktion werden Hymnen heute gespielt? Bezieht in eure Überlegungen auch andere Arten von Hymnen ein.*

„Wandervogel"-Gruppe

>► **1** *Singt das Lied „Aus grauer Städte Mauern" und deutet die Textaussage.* ↗ *S. 219* ⊚ **V|57**

1909: Der „Zupfgeigenhansl" und die Jugendbewegung

Um die Jahrhundertwende war in Deutschland das Wandern ein Zeichen für den jugendlichen Aufbruch. Es war ein Aufbruch in die Natur, wo man ein neues Leben jenseits der immer mehr um sich greifenden industriellen Welt finden wollte. Tabakqualm und Alkohol waren bei den „Wandervögeln" verpönt. Gemeinsame Fußmärsche und Übernachtungen im Freien verschafften ihnen das Erlebnis von Kameradschaft und Freiheitsgefühl. Dies findet sich in einfachen Liedern wieder, die zur Laute oder Gitarre gesungen wurden. Die weit verbreitete Liedersammlung „Zupfgeigenhansl" von Hans Breuer gehörte seit ihrem Erscheinen 1909 regelrecht zur Grundausstattung bei jeder Fahrt.

1967: Der Summer of Love und die Hippies

„To be hip" – so bezeichnete man im amerikanischen Englisch jemanden, der weiß, was „angesagt" ist, und sich unangepasst im Gegensatz zu „spießig" verhält. So sahen sich die Hippies. Sie wollten anders sein als ihre Eltern, deren Wertvorstellungen sie radikal ablehnten. Arbeit, Familie und der Erwerb von Konsumgütern bedeuteten ihnen nichts. Als Zentrum der Hippie-Kultur galt der Haight-Ashbury-District in San Francisco im sonnigen Kalifornien. Andere kehrten der Zivilisation den Rücken und zogen aufs Land, um dort ihre Vorstellungen von einer friedlichen und solidarischen Gesellschaft zu verwirklichen. Als „Blumenkinder" wurden die Hippies bezeichnet, weil sie ihrer friedfertigen Überzeugung durch Blumen und farbenfrohe Kleidung Ausdruck verliehen. Auch Drogen und Musik waren für die Hippies ein Mittel, um aus der bürgerlichen Welt „auszusteigen".
Als Hymne der Hippies gilt der Hit *San Francisco (Be Sure to Wear Flowers in Your Hair)* von Scott McKenzie, der 1967 im „Summer of Love" erschien.

„Blumenkinder"

>► **2** *Welche Bezüge zur Hippie-Kultur finden sich in der Musik und im Titel? Erörtert in diesem Zusammenhang den Begriff „Hymne".* ↗ *S. 170f.* ⊚ **V|58**

2008: Die 18. Loveparade und die Raver

Raves (*engl.* to rave, rasen, toben) sind große Tanzveranstaltungen, bei denen zu unterschiedlichen Technostilen ausgelassen getanzt wird. Sie dauern manchmal mehrere Tage und Nächte und werden von DJs mit Starstatus bespielt. Ihre Ideale fassen die Raver in die Abkürzung PLUR: Peace, Love, Unity, Respect (*engl.* Friede, Liebe, Einheit, Respekt). Rassismus und Aggressionen werden abgelehnt.

Seit 1989 trafen sich zunächst in Berlin, später in anderen Städten Zehntausende Technobegeisterte zur sommerlichen Loveparade und verwandelten die Straßen in Partyzonen und Diskotheken. Von Lastwagen mit Lautsprechertürmen dröhnte Techno-Musik mit 160 beats per minute (bpm) und mehr. Von den ständig wiederkehrenden Rhythmen und der körperlich spürbaren Lautstärke der Musik regelrecht in Trance

versetzt, bedeutete das Zusammensein mit Tausenden Gleichgesinnter für viele Raver ein berauschendes und friedvolles Glückserlebnis. Letztmalig wurde die Loveparade 2010 in Dortmund unbeschwert gefeiert.

»► **3** *Beschreibt die Musik und versucht zu begründen, weshalb sich die Raver-Szene vor allem mit dieser Art von Musik identifizierte.* ◎ **V|59**

»► **4** *Recherchiert, warum die Loveparade 2010 abgebrochen wurde.*

Jugend und Musik – damals und heute

„Dabei muss klar gesehen werden, dass diese Jugend nicht irgendeinem Phantom Musik nachgejagt ist, sondern dass sie den Menschen gesucht hat, den überkommene Gesellschaftsformen, erstarrte Familientraditionen und eine im Stoff verkalkte Schule ihr vorenthielten. Die Jugend hat das Lied nicht um seiner selbst willen geliebt, sondern allein um des Singens willen, also um des Menschenkreises willen, in dem es erklang." *Fritz Jöde (1887–1970) über die Wandervögel*

„Techno als Lifestyle und Kulturtechnik geht über die Musik hinaus. Techno kommt von Technologie. Wir leben hier und heute und deswegen interessieren wir uns für den aktuellen Stand der Technologien und dafür, die Mittel der Gegenwart für uns zu nutzen, um glücklich zu werden. Man mag uns genusssüchtig nennen, wir finden, dass das kein Schimpfwort ist." *Aus „Frontpage", 1994*

»► **5** *Arbeitet Gemeinsamkeiten und Unterschiede zwischen den in den Aussagen der Zeitzeugen vorgestellten Jugendkulturen heraus. Welche Bedeutung hat jeweils die Musik für die Jugendlichen und ihre Vorstellungen von einer besseren Gesellschaft? Vergleicht mit den Swing Kids.* ↗ *S. 106 f.*

»► **6** *Gruppenarbeit: Stellt gegenwärtige Jugendkulturen vor. Schildert ihre Einstellungen und wie sie diese zum Ausdruck bringen. Charakterisiert anhand von Aufnahmen ihre Beziehungen zur Musik.* ↗ *S. 20*

Musik trägt wesentlich zum kulturellen Erscheinungsbild einer Region bei. Das aktuelle Musikleben wie auch die hinterlassenen Spuren vergangener Zeiten spiegeln die musikalische Identität der Gegend und laden ein, auf Spurensuche zu gehen. Ein Beispiel liefert das Bundesland Thüringen, das sich selbst als Musikland bezeichnet. Dabei lässt sich diese Kulturlandschaft sowohl durch Reisen und Exkursionen kennenlernen als auch durch Recherchen in der Musikgeschichte.

》➤ **1** *Informiert euch über das Angebot der Thüringer Landesmusikakademie Sondershausen und recherchiert, welcher Komponist eine besondere Bedeutung für die Stadt hatte.*

Die goldene Kutsche im Schloss Sondershausen

》➤ **2** *Entdeckt Spuren Johann Sebastian Bachs in Thüringen und enträtselt, warum der Komponist nicht auf dem Sockel des Denkmals steht.* 🖹

Das Bach-Denkmal in Mühlhausen

》➤ **3** *Forscht nach, welche Bewandtnis es mit dem Sängerkrieg auf der Wartburg hatte.*

Die Wartburg bei Eisenach

》➤ **4** *Die Residenzstadt des Herzogtums Sachsen-Meiningen wurde zu einem kulturellen Zentrum mit großer Ausstrahlung. Belegt diese These mit Fakten.*

Das Hoftheater Meiningen

Clueso
★ 1980 in Erfurt

Um eine Kulturlandschaft musikalisch zu erkunden, sind sowohl die Gegenwart als auch die Vergangenheit zu betrachten.

Inschrift des Wohnhauses Liszts in Weimar

»➤ **5** *In seiner Geburtsstadt Erfurt gründete der Musiker Clueso das Musikernetzwerk Zughafen. Woher stammt sein Name? Stellt den Künstler und sein Netzwerk auf einem Poster oder in einer Präsentation vor.*

»➤ **6** *Dokumentiert das Wirken des Komponisten und Klaviervirtuosen Franz Liszt in Thüringen und überlegt, warum die Musikhochschule in Weimar seinen Namen trägt. ➚S. 20*

»➤ **7** *Wie viele andere Schulen auch trägt die traditions-reiche Klosterschule Roßleben durch Konzerte und den Musikunterricht zum Musikleben bei. Welche Musik-angebote gibt es an euren Schulen?*

Roßleben

»➤ **8** *Informiert euch über die aktuellen Programme beider Festivals (Bilder 8 und 9) und vergleicht: Welche Art Musik wird geboten und welches Publikum könnte sich jeweils angesprochen fühlen? Sucht passende Musikbeispiele.*

Schulchor Cantatum, Roßleben

Weimar

Rudolstadt

Tanz- und Folkfest Rudolstadt (TFF)

Saalburg

»➤ **9** *Beschreibt, welche der genann-ten Personen, Orte und Ereignisse des Musiklebens eher der Gegenwart zuzurechnen sind und welche der Geschichte. In welcher Form begegnen wir musikalischen Spuren vergangener Zeiten in der Gegenwart?*

Sonne, Mond und Sterne, Festival bei Schleiz (SMS)

Die Sorben sind eine der wenigen autochthonen Volksgruppen in Deutschland, das heißt, sie bilden die ursprüngliche Bevölkerung eines Gebietes, in diesem Fall der Lausitz, die sich über die Bundesländer Brandenburg und Sachsen erstreckt. Ihre Sprachen sind Ober- und Niedersorbisch (in Sachsen bzw. Brandenburg). Die inoffizielle „Hauptstadt" der Sorben ist Bautzen (*sorbisch* Budyšin). Als anerkannte Minderheit haben die Sorben ihre eigene Hymne und Flagge.

Der Hymnentext basiert auf einer sechsstrophigen obersorbischen Gedichtvorlage von Handrij Zejler (1804–1872), zu welcher der Komponist und Künstlerfreund Korla A. Kocor (1822–1904) im Jahre 1845 eine neue Melodie schuf. Heute werden nur noch die erste und letzte Strophe als Hymne gesungen.

Handrij Zejler

Korla A. Kocor

Rjana Łužica / Rědna Łužyca

Obersorbische Worte: Handrij Zejler
Niedersorbische Übertragung: Hendrich Jordan · Melodie: Korla A. Kocor

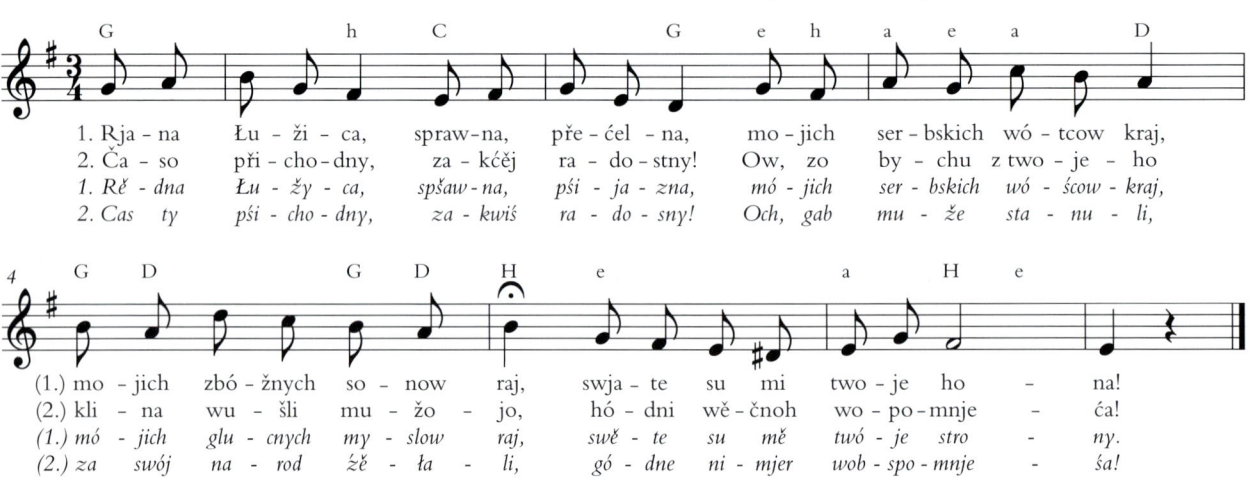

1. Rja-na Łu-ži-ca, spraw-na, pře-ćel-na, mo-jich ser-bskich wó-tcow kraj,
2. Ča-so při-cho-dny, za-kćej ra-do-stny! Ow, zo by-chu z two-je-ho
1. Rě-dna Łu-žy-ca, spšaw-na, pši-ja-zna, mó-jich ser-bskich wó-ścow-kraj,
2. Cas ty pši-cho-dny, za-kwiś ra-do-sny! Och, gab mu-že sta-nu-li,

(1.) mo-jich zbó-žnych so-now raj, swja-te su mi two-je ho-na!
(2.) kli-na wu-šli mu-žo-jo, hó-dni wě-čnoh wo-po-mnje-ća!
(1.) mó-jich glu-cnych my-slow raj, swě-te su mě twó-je stro-ny.
(2.) za swój na-rod žě-ła-li, gó-dne ni-mjer wob-spo-mnje-ša!

Deutsche Nachdichtung von Kito Lorenc:

1. Lausitz, schönes Land,
   wahrer Freundschaft Pfand!
   meiner Väter Glücksgefild,
   meiner Träume holdes Bild,
   heilig sind mir deine Fluren!

2. Blühst du, Zukunftszeit,
   uns nach bittrem Leid?
   Oh, entwüchsen deinem Schoß
   Männer doch, an Taten groß,
   würdig ewigen Gedenkens!

»► 1 *Hört die Hymne in einem Arrangement für Streichquartett von Jan Cyž (2012). Welche Text- und Musikelemente formen den hymnischen Charakter?*
VI|15

Die sorbisch-deutsche Geschichte ist geprägt durch Unterdrückung der sorbischen Sprache und Kultur. Über Jahrhunderte versuchten die jeweiligen Landesfürsten die Sorben, die damals als Wenden bezeichnet wurden, zu germanisieren. Im Mittelalter löste die deutsche Eroberung der sorbischen Gebiete die traditionellen Stammesverbände auf. Es kam zu einem Zerfall der feudalen sorbischen Führungsschicht. Dies begründet das Fehlen einer eigenen höfischen Kunstmusik. Sorbische Musik ist in dieser Epoche also ohne Ausnahme instrumentale Volksmusik beziehungsweise Volksgesang.

Napominanje k rejowanju / Aufforderung zum Tanz

Aus Obersorben (dt. Übersetzung)
Worte und Melodie: überliefert · Bearbeitung: Jan Cyž

Mel.

1. Wjerć mje po-la her-ca, wjerć mje po-la her-ca, mój naj-lu-bši lu-by!
1. Dreh' mich vor dem Spiel-mann, dreh' mich vor dem Spiel-mann, mein Herz-al-ler-lieb-ster!

2./ 3.St.

1. Wjerć mje, wjerć mje mój naj-lu-bši lu-by!
1. Dreh' mich, dreh' mich, mein Herz-al-ler-lieb-ster!

Mel.

Něm-ski ra-dy rej-wam, Něm-ski ra-dy rej-wam, Ser-bski hi-šće ra-dšo.
Deutsch tanz' ich so ger-ne, Deutsch tanz' ich so ger-ne, Wen-disch noch viel lie-ber.

2./ 3.St.

Něm-ski ra-dy rej-wam, Něm-ski ra-dy rej-wam, Ser-bski hi-šće ra-dšo.
Deutsch tanz' ich so gern-ne, Deutsch tanz' ich so ger-ne, Wen-disch noch viel lie-ber.

2. Wjerć mje pěknje rjenje, wjerć mje pěknje rjenje, ja mam ćeńku košlu.
Wjerć mje dale bóle, wjerć mje dale bóle, doma mam, jich wjace.

3. Stara k ničom njeje, stara k nićom njeje, wona rej'wać njemóže.
Młoda tola tej žana k nićom njej', kotraž rej'wać njemóže.

4. Ty mje lubo nimaš, ty mje lubo nimaš, ženje na mnje njehladaš.
Ja će lubo mam, ja će lubo mam, hdyž će, lubka, wokošam.

2. Dreh' mich ja hübsch artig. Dreh' mich ja hübsch artig. Hab' ein feines Hemde.
Dreh' mich immer besser. Dreh' mich immer besser. Hab' daheim noch mehre.

3. Alte tauget nichts. Alte tauget nichts, weil sie nicht mehr tanzen kann.
Doch die Junge ist auch durchaus nichts nütz', die da doch nicht tanzen kann.

4. Ach, du liebst mich gar nicht. Ach, du liebst mich gar nicht. Du siehst mich ja niemals an.
Und ich lieb' dich, Liebchen. Und ich lieb' dich, Liebchen, herz' und küss' dich immerfort.

»➤ **2** *Musiziert oder singt das sorbische Tanzlied aus der Liedersammlung „Die Volkslieder der Wenden in der Ober- und Nieder-Lausitz" (um 1839) von Jan Arnošt Smoler.*

»➤ **3** *Die Kultur der Sorben wird bis heute vor allem in Kunst und Bildung gepflegt. Recherchiert in Gruppen.* ➚ S. 20

Sorbisches Nationalensemble Bautzen

a) *Auf welche Weise werden die sorbische Kultur und Sprache an den existierenden sorbischen Schulen gepflegt?*
b) *Findet im Theaterspielplan des Deutsch-Sorbischen Theaters in Bautzen traditionelle sorbische Stücke.*
c) *Wie präsent sind sorbische Programme in den Medien?*
d) *Informiert euch über die zeitgenössischen Komponisten Juro Mětšk (geboren 1954), Detlef Kobjela (geboren 1944), Jan Cyž (geboren 1955).*
e) *Wenn ihr Bürgermeister von Bautzen wärt, was würdet ihr verändern, um die Kultur der Sorben weiter zu fördern?*

>> **1** *Beschreibt eure Assoziationen beim Anhören dieser Musik. Welche klanglichen Besonderheiten fallen auf?*
(◎) **VI | 16**

In Indien findet man einerseits klassische Musik, die hohe Anforderungen an die Kunstfertigkeit der Musiker stellt, andererseits auch volkstümliche Musik. Sie wird traditionell in den Dörfern und auch in den Tempeln gespielt und gesungen. Hinzu kommt die indische Popmusik, die besonders vom Bollywood-film beeinflusst wird.

Klassische indische Musik

Die schon viele Jahrhunderte alte klassische indische Musik wurde bis heute stets mündlich von einem Meister an seine Schüler weitergegeben. Es gab und gibt auch heute kein Notensystem, die Töne wurden lediglich in Buchstaben festgehalten.
Grundlage der indischen Musik sind *Raga* und *Tala*. Der Raga ist die melodische Grundstruktur der Musik. Er besteht aus einer feststehenden Tonskala. Es existiert eine große Anzahl Ragas – viel mehr als es Tonarten in unserem westlichen Musiksystem gibt. Einzelne Ragas entsprechen unseren modalen Tonleitern (Kirchentonarten). **1** Es gibt einen Raga, der unserem Dur entspricht, andere, die unseren Molltonleitern ähnlich sind. Einige Ragas stehen für bestimmte Tageszeiten, Jahreszeiten oder Situationen. Die verschiedenen Tonstufen einer Oktave werden mit Tonsilben benannt.
Tala ist ein rhythmischer Zyklus mit einer vorgegebenen Anzahl von Schlägen, der sich in einem Musikstück ständig wiederholt. In der indischen Rhythmik wird dabei mit längeren Einheiten gearbeitet als bei den westlichen Takten. Der erste Schlag einer Tala wird besonders betont.

Madurai S. Subbulakshmi
★ 1916 in Mafurai (Tamil nadu)
† 2004 in Chennai (Tamil nadu)

>> **2** *Erschließt euch die Gestaltungsmöglichkeiten indischer Musik.*
a) Hört euch die indische Raga-Sängerin Madurai S. Subbulakshmi an und beschreibt Besonderheiten ihres Gesangs. (◎) **VI | 17**
b) Singt gemeinsam die Töne des Raga, auf dem die Melodie beruht. Gestaltet selbst kurze Melodien mit diesem Tonvorrat.

Raga Mayamalavagaula

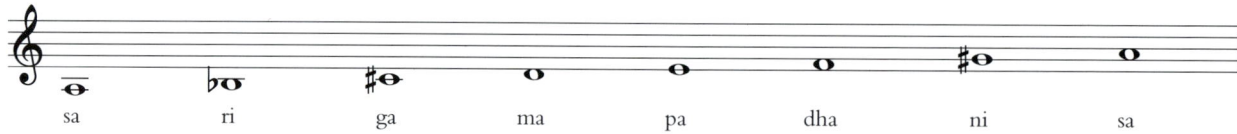

In Konzerten mit klassischer indischer Musik gibt es einen hohen Anteil von Improvisation. Oft gibt ein Instrument einen *Bordun* als Grundlage, über der ein Solomusiker improvisiert. Ein bis zwei Perkussionisten (z.B. Tablaspieler) begleiten ihn dabei. Typische Begleitinstrumente sind Tanpura (Lauteninstrument) und indisches Harmonium. Als Soloinstrumente finden zum Beispiel Sitar oder Bansuni (die indische Querflöte) Verwendung.

>> **3** *Lernt das Instrumentarium der indischen Musik kennen.*
a) Charakterisiert und benennt die Instrumente auf den Abbildungen dieser Doppelseite. 🗎
b) Wie viele Instrumente wirken in dieser Aufnahme mit? Bestimmt das von Ravi Shankar gespielte Soloinstrument und beschreibt die Wirkung dieser Musik auf euch. (◎) **VI | 18**

Indische Trommeln

Trommeln spielen in der indischen Musik eine herausragende Rolle. Besonders der Klang der Tabla, die aus einer größeren Basstrommel aus Metall und einer kleineren aus Holz besteht, ist aus der indischen Musik nicht wegzudenken. 📄 Helle und dunkle Klänge wechseln sich auch bei den zweifelligen indischen Quertrommeln ab.

Ghahshyman Sharma, Musik und Tanz am Fürstenhof, Miniatur im Stil des 17. Jh.

Indische Rhythmen

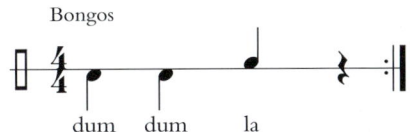

Bongos

dum   dum   la

Congas

dum   la   la dum dum la

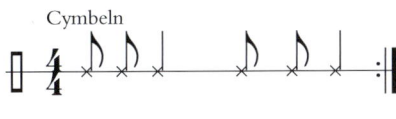

Cymbeln

»➤ **4** *Spielt die Trommelrhythmen mit beiden Händen auf Paartrommeln (z. B. Bongos oder Congas) und schlagt mit der linken Hand die tiefen, mit der rechten die höheren Klänge. Sprecht die Silben dazu. Fügt den Cymbelrhythmus hinzu.* 📄

Krishna und Gopi-Wandmalerei aus dem Palast Padmanabhapuram, um 1550

Volkstümliche Musik in Indien

Volkstümliche Musik ist oft religiösen und mythologischen Ursprungs. Oft werden in ihr die Götter des Hinduismus gelobt und besungen oder Geschichten aus der Mythologie erzählt. Eine Form des spirituellen Liedes ist der indische Bhajan, eine Art Liebeslied zum Göttlichen. Der Bhajan funktioniert nach dem Vorsänger-Nachsänger-Prinzip.

»➤ **5** *Informiert euch über den Hinduismus und seine wichtigsten Gottheiten.*

»➤ **6** *Singt den indischen Bhajan „Sri Ram Jay Ram" und begleitet ihn mit den Cymbel- und Trommelrhythmen.* ➚ S. 241

Bollywood-Pop

Im heutigen Alltag Indiens ist auch Popmusik sehr verbreitet. Am beliebtesten sind Bollywood-Popsongs, die westliche Pop-Rhythmen mit indischen Musiktraditionen verbinden. Die Musikvideos, die meist mit farbenprächtigen Tanzszenen aus den Filmen verbunden sind, laufen häufig in Restaurants und oft auch in öffentlichen Einrichtungen. Im Film singen üblicherweise nicht die Darsteller selbst, sondern professionelle Sänger, die den Filmstars ihre Stimme „leihen". In den Choreografien verschmelzen Elemente des orientalischen und indischen Tanzes mit denen des Poptanzes.

»➤ **7** *Hört den Ausschnitt aus der Hochzeitsszene des Bollywoodfilms „In guten wie in schlechten Tagen" (IND 2001) mit dem Song „Yeh Ladka Hai Allah". Benennt Einflüsse der indischen Musik und solche westlicher Popmusik.*

◎ VI | 19

Wirkungen von Musik haben Menschen offenbar schon frühzeitig beobachtet. Bereits frühe Kulturen nutzten Musik, um sich in Trance zu versetzen und Kontakt zu einer Götterwelt aufzunehmen. ↗ S. 24 f. In der Antike wurden Erfahrungen mit musikalischen Wirkungen in Geschichten eingebettet wie im Orpheus-Mythos. ↗ S. 27 Und auch in der Gegenwart thematisieren Filme oder Erzählungen die „Macht der Musik".

In einem Roman, der von einem fiktiven Musikgenie im 19. Jahrhundert handelt, schildert eine Szene, wie Johannes Elias Alder, der jugendliche Protagonist, durch eine Orgelimprovisation die Zuhörer regelrecht in seinen Bann schlägt: „Er hatte die Menschen unter Hypnose gebracht. Sie saßen reglos in den Bänken, ihre Augenlider bewegten sich nicht mehr. Ihr Atmen hatte sich verlangsamt, und die Frequenz ihrer Herzschläge war die Frequenz seines Herzschlagens geworden. (…) Das Zustandekommen dieser seltsamen Hypnose lässt sich nur mit dem Wesen von Elias' Musik erklären. (…) Wenn er also musizierte, vermochte er den Menschen bis auf das Innerste seiner Seele zu erschüttern. Er brauchte nur die gefundenen Harmonien in größere, musikorganische Zusammenhänge zu stellen, und der Zuhörer konnte sich der Wirkung nicht mehr entziehen. Ohne seinen Willen traten ihm dann die Tränen aus den Augen. Ohne seinen Willen durchlitt er Todesangst, Kindesfreuden." *Robert Schneider, Schlafes Bruder, 1992*

»➤ **1** *Welche körperlichen Reaktionen beschreibt der Autor bei den Zuhörern, welche Emotionen? Was wird über die Musik gesagt? Haltet ihr den Bericht für realistisch?*

»➤ **2** *Anders als im Roman musste in seiner Verfilmung (1995) die Musik hörbar werden. Vergleicht einen Ausschnitt der für den Film von Enjott Schneider komponierten „Toccata" mit eurer Erwartung und der Romanszene.* ◉ **VI | 20**

Wenn Musik unter die Haut geht, einschläfernd wirkt oder einfach nur nervt, dann merkt man das auch an körperlichen Reaktionen. So können sich bei stark rhythmisierter Musik der Puls und der Blutdruck erhöhen. Hört man ruhige Musik, verlangsamen sich Atem- und Pulsfrequenz, der Blutdruck sinkt. Solche Wirkungen macht sich beispielhaft Filmmusik zunutze.

»➤ **3** *Beschreibt anhand der zwei Filmmusikausschnitte, welche Wirkungen erzielt werden sollen und welche musikalischen Mittel zum Einsatz kommen.* ◉ **VI | 21, 22**

Musikmachen ist gesund und tut gut

Singen, Musizieren, Tanzen können positive Auswirkungen auf die körperliche Gesundheit und die Psyche haben. Diese Tätigkeiten vernetzen unterschiedliche Bereiche des Gehirns miteinander wie die Senso- und Feinmotorik sowie das Sprachzentrum; die Hörrinde und das Stirnhirn werden aktiviert. Eine wichtige Rolle spielt dabei auch die Einbettung in eine Gemeinschaft.

Die Wirkung von Musik wird allerdings nicht zu jeder Zeit und von allen Menschen gleich empfunden. Jeder hat unterschiedliche Assoziationen beim Hören von Musik. Die Musik, die ihr heute hört und mit intensiven Gefühlen verbindet, kann auch später ihre emotionale Bedeutung für euch behalten.

»➤ **4** *Welche körperlichen Wirkungen habt ihr bei oder auch nach musikalischen Aktivitäten gespürt? In welchen Situationen hat euch Musik besonders gut getan?*

»➤ **5** *Stellt eine Liste der Lieder zusammen, die beim Singen gute Laune machen. Nutzt dazu auch das Angebot im Kapitel „Lieder, Spielstücke und Tänze".* ↗ S. 212 ff.

Musiktherapie

Im Alten Testament der Bibel wird von der heilenden Kraft des Harfenspiels Davids berichtet, der an den Hof des Königs Saul gerufen wird, um ihn von seiner Schwermut zu heilen. Dies soll im 11. Jahrhundert vor Christus stattgefunden haben. David ließe sich damit als einer der ältesten Musiktherapeuten bezeichnen, denn er nutzte gezielt die heilsame emotionale und körperliche Wirkung der Musik. Musik kann aktivieren, entspannen und trösten, sie kann Heilungsprozesse fördern und sogar die Schmerztoleranz steigern. Durch bestimmte Musikstücke können Glückshormone (Endorphine) in uns freigesetzt werden. Solche Wirkungen macht sich Musiktherapie zunutze zur Wiederherstellung, Erhaltung und Förderung seelischer, körperlicher und geistiger Gesundheit.

König David spielt Harfe, hebräische Buchmalerei, spätes 13. Jh.

»➤ **6** *In welchen Situationen habt ihr empfunden, dass Musik eure Stimmung verändert? Was für Musik macht euch glücklich?*

Die Arbeit des Musiktherapeuten ist vielseitig und findet in Einzel- oder Gruppenübungen statt. Bei seinen Patienten kann es sich um Menschen jedweden Alters mit körperlicher oder geistiger Behinderung, mit psychischen Problemen wie Depressionen, Ruhelosigkeit, Burnout-Syndrom, um Stotterer oder kontaktgestörte Personen handeln.

Bei der *rezeptiven* Musiktherapie werden durch das Vorspielen von Musik vom Tonträger oder vom Therapeuten bestimmte Wirkungen erzielt. Gefühle, die beim Hören auftauchen, werden anschließend im Gespräch bewusst gemacht.

Bei der *aktiven* Musiktherapie musiziert oder improvisiert der Patient selbst mit Stimme oder Musikinstrument. Dabei spielen elementare Instrumente, auf denen sich jeder sofort ausdrücken kann, eine große Rolle. Anschließend wird über die Musik gesprochen, Einfälle und Erinnerungen werden ausgetauscht.

»➤ **7** *Warum ist gerade die Trommel besonders geeignet für die aktive Musiktherapie? Bezieht Funktion und Wirkung des Trommelns in verschiedenen Kulturkreisen in eure Überlegungen ein.* ➚ *S. 26 f., 179*

Aktive Musiktherapie

»➤ **8** *Das folgende „Stopp-Spiel" ist eine musiktherapeutische Trommelübung. Probiert es aus und sprecht anschließend über eure Erfahrungen:*

Jeder hat eine Trommel. Ein Mitspieler denkt sich einen einfachen Rhythmus aus und spielt ihn als Ostinato vor. Alle versuchen diesen Rhythmus mitzuspielen, wiederholen ihn immer wieder gemeinsam. Nach einer Weile ruft ein Mitspieler laut „Stopp!" und alle hören auf zu spielen. Der Rufer gibt nun einen neuen Rhythmus vor, in den die anderen Spieler wieder einsteigen. Das geht so lange, bis ein anderer Mitspieler „Stopp!" ruft und dann einen anderen Rhythmus vorgibt. Die Ausbildung zum Musiktherapeuten beinhaltet musikalische, medizinische und psychologische Kenntnisse und Fertigkeiten sowie ein ausgeprägtes Maß an Selbstreflexion.

»➤ **9** *Informiert euch über Ausbildungsmöglichkeiten zum Beruf des Musiktherapeuten und über die Institutionen, in welchen als solcher gearbeitet werden kann.*

Musikalischer Diebstahl

Als George Harrison kurz nach der Auflösung der legendären Beatles am 27. Mai 1970 die Londoner Abbey Road Studios betritt, soll für den „stillen Beatle", der jahrelang in der Band im Hintergrund stand und dessen Songs nur selten auf den Platten der Beatles erschienen, eine neue Schaffensperiode beginnen. Noch nie zuvor hat ein Musiker ein aus drei Langspielplatten bestehendes Album aufgenommen. Harrison wagt diesen Schritt und verblüfft mit seinem Projekt die Musikwelt. In England und den USA kommt „All Things Must Pass" auf den ersten Platz der Charts. Nach der Veröffentlichung des Albums im November 1970 wird am 15. Januar 1971 die Single *My sweet Lord* ausgekoppelt, die in vielen Ländern ebenfalls Platz 1 der Hitparaden erreicht.

George Harrison
★ 1943 Liverpool
† 2001 Los Angeles

My sweet Lord (Anfang) — George Harrison

»► **1** *Hört das Lied und singt den Anfang mit.* ◎ **VI|23**

The Chiffons

Die Freude über den Erfolg wird bald getrübt. Bereits im Februar 1971 reicht der Musikverlag Bright Tunes eine Klage ein: *My sweet Lord* sei ein Plagiat. Harrison habe einen Hit aus dem Jahr 1962 gestohlen: *He's so fine* von der amerikanischen Girlgroup The Chiffons. Es kommt zum Prozess, der sich über viele Jahre hinziehen wird.

»► **2** *Vergleicht „My sweet Lord" mit „He's so fine". Gebt eure Eindrücke wieder.* ◎ **VI|23, 24**

»► **3** *Wie könnte das Gericht in diesem Streit entschieden haben?*
a) *Dokumentiert die Fakten, tauscht Argumente aus und fällt ein Urteil.*
b) *Recherchiert den Ausgang des Verfahrens.*

Das Copyright oder Urheberrecht schützt ein Werk als geistiges Eigentum seines Erfinders. Wenn ein Musiker einen Song geschrieben hat, so ist er dessen „Besitzer" und kann bestimmen, was er damit machen will: veröffentlichen, Aufnahmen davon verkaufen oder kostenlos ins Netz stellen, die Noten anbieten. Üblicherweise wird der Musiker dabei mit Musikunternehmen zusammenarbeiten, seine Aufnahme von einer Plattenfirma produzieren und vertreiben, seine Noten und den Songtext von einem Verlag veröffentlichen lassen. Damit kommen weitere Rechte ins Spiel, denn diese Firmen erlangen sogenannte Nebenrechte – ein kompliziertes juristisches Feld, das jeden betrifft, der mit Musik zu tun hat. Grundsätzlich darf man auf seiner eigenen Website nur dann eine Musikuntermalung einbinden, wenn der Urheber dies genehmigt hat. Ansonsten macht man sich strafbar. Wenn wir Musik kaufen, dann bezahlen wir den Urheber dafür. Die beteiligten Firmen sind ebenfalls am Gewinn beteiligt. Würde jedoch der Song bspw. in einem Film verwendet, ohne dass der Urheber zugestimmt hätte und Geld dafür bekommt, so handelte es sich um Diebstahl.

Gema will Musikgebühren drastisch erhöhen

In Deutschland existiert, wie in vielen anderen Ländern auch, ein Urheberrechtsgesetz. Die Gesellschaft für musikalische Aufführungs- und mechanische Vervielfältigungsrechte (Abkürzung GEMA) überwacht dessen Einhaltung im Bereich der Musik und vertritt die Interessen der Künstler. Deshalb muss jeder Radio- oder Fernsehsender genau auflisten, wann er welchen Song und wie lange gespielt hat, und Gebühren an die GEMA zahlen, die sie an die Urheber weiterleitet.

》➤ **4** *Was wisst ihr über das Urheberrecht?*
a) Informiert euch über die GEMA-Meldepflicht für verschiedene Institutionen und Situationen von Privatnutzern (Schulen, Verlage, Straßenmusiker, DJs auf Familienfeiern und andere). 🗒
b) Auf welche Weise nutzt ihr Musik? Überlegt, wie man sich gegenüber den Inhabern von Urheberrechten verhalten sollte, und begründet euren Standpunkt.

》➤ **5** *Welche Möglichkeiten hat ein Musiker, mit seiner Musik Geld zu verdienen? Diskutiert die Vor- und Nachteile, wenn Musik grundsätzlich kostenlos verbreitet wird.*

Plagiat – Remix – Mash-up – Coverversion

Wird eine musikalische Idee geklaut, so spricht man von einem Plagiat. Manche Musiker sind aber damit einverstanden, wenn andere ihre musikalischen Einfälle verwenden, um etwas Eigenes daraus zu machen. Beim Remix bleiben Teile des Originals erhalten und werden durch neue Ideen ergänzt, beim Mash-up einem stilistisch kontrastierenden Titel entgegengestellt. Bei einer Coverversion wird der Song von anderen Musikern neu interpretiert. ↗ S. 122, 129, 132, 136

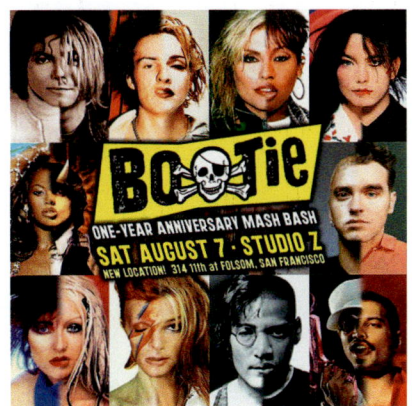

》➤ **6** *Analysiert die Songpaare und ordnet die passenden Begriffe zu.*
a) „Numb / Encore" von Jay-Z und Linkin Park mit der Vorlage „Numb".
◉ **V | 15, VI | 27**
b) „Kiss" von Prince mit der Version von The Art of Noise. ◉ **VI | 25, 26**

Zwischen Kalkül und Zufall

Im Jahr 2007 eroberte der Brite Paul Potts die englischen Hitparaden mit einem Musiktitel, der bereits über achtzig Jahre alt war: *Nessun dorma* (ital. Niemand schlafe) aus der Oper *Turandot* von Giacomo Puccini (1858–1924). Die Oper war 1926 nach dem Tod des berühmten Komponisten an der Mailänder Scala unvollendet uraufgeführt worden. Nach Potts Durchbruch in England setzte sich sein Erfolg mit der Arie in Deutschland im folgenden Jahr fort, wo der Titel ausschließlich als Download angeboten wurde und trotzdem Platz drei der Charts erreichte. Ein Rekord.

Jeden Tag erscheinen weltweit ungezählte neue Musiktitel. Bei diesem Angebot beachtet zu werden, ist – gerade für Newcomer – nicht einfach. Hat eine Plattenfirma einen Musiker unter Vertrag genommen, kümmert sie sich darum. Public Relations Manager (engl. Leiter der Öffentlichkeitsarbeit, Abkürzung PR-Manager) nutzen ihre Kontakte zu Medien und das Internet, um auf ein spezielles Produkt, wie zum Beispiel ein Album einer Newcomer-Band, aufmerksam zu machen. Oftmals verläuft die Promotion nach bewährten Mustern. Doch gibt es Beispiele, wie Musik auch auf ungewöhnlichen Wegen bekannt wurde.

>► **1** *Hört euch den Hit an und überlegt, was den Käufern der Aufnahme daran gefallen haben könnte.* ⊚ **VI|28**

>► **2** *Tauscht euch aus, wodurch ihr in letzter Zeit neue Musiktitel kennengelernt habt und was ihr über die Interpreten wisst. Woher stammen diese Informationen?*

>► **3** *Versetzt euch in die Rolle eines PR-Managers und entwickelt eine Werbestrategie für einen fiktiven Sänger oder eine Band. Wie könnte der neue Song von eurem Künstler heißen, wo könntet ihr ihn präsentieren?* 🗎

A-ha *Take on me* (1984) ⊚ **VI|29**
Die norwegische Band A-ha brauchte drei Anläufe, bis ihr erster Song *Take on me* 1985 endlich in die Charts kam, und zwar dank des attraktiven Videoclips des Songs, der im damals relativ neuen Musiksender MTV jeden Tag mehrfach ausgestrahlt wurde.

Annie Lennox *Into the west* (2003) ⊚ **VI|11**
Der Song wurde für den Nachspann des Films „Die Rückkehr des Königs", letzter Teil der Filmtrilogie „Der Herr der Ringe" (USA, Neuseeland 2003), komponiert, erhielt einen Oscar und wurde berühmt. ↗ S. 163

Justin Bieber *One time* (2009) ⊚ **VI|30**
Teenie-Idol Justin Bieber veröffentlichte selbstgedrehte Videos von seinen Songs im Internet. Namhafte Produzenten wurden auf ihn aufmerksam und rissen sich um ihn.

>► **4** *Nennt weitere Beispiele von Songs oder Musikern, die über ein Musikvideo, einen Film oder das Internet bekannt geworden sind.*

>► **5** *Recherchiert, warum Paul Potts' Version von „Nessun dorma" in Deutschland erst ein Jahr später zum Hit wurde als in Großbritannien.*

Casting – Geplant zum Erfolg

Statt für Musiker ein Publikum zu finden, geht es auch umgekehrt: Für ein bestimmtes Publikum wird der passende Star geformt. Heute geschieht dies meist öffentlich in weltweit beliebten TV-Castingshows – anders als im Fall der Boygroup Take That. Der Produzent Nigel Martin-Smith gab 1990 eine Zeitungsanzeige auf und fand so die Mitglieder für die von ihm produzierte Band. Bei diesem Casting (*engl.* Auswahlverfahren für eine Rolle) ging es nicht nur um Singen, sondern auch um Tanzen. Außerdem sollten die fünf Jungen unterschiedliche Typen verkörpern. Das Besondere jedoch: Die Band schrieb viele ihrer Hits selbst.

Take That bei ihrem Comeback, 2011

》➤ **6** *Überlegt, für welche Zielgruppe der Song „Back for good" (1994) von Band-Mitglied Gary Barlow produziert sein könnte. Wie unterscheidet sich der Titel von einem Song für einen Solostar?* ◎ **VI|31**

》➤ **7** *Recherchiert die Geschichte von Siegern musikalischer Castingshows. Dokumentiert Stationen des Erfolgs und die aktuelle Situation der Musiker. Welchen Sinn haben eurer Meinung nach solche Shows? Woher kommt die Beliebtheit des TV-Formats?*

Die Glee-Dasteller bei einem Auftritt, 2011

„Glee" – eine Fernsehserie als Marketingidee

Im Jahr 2009 startete ein neues Konzept von Marketing in Form der US-Fernsehserie „Glee". Die Handlung spielt an einer fiktiven amerikanischen Highschool. Der schulische Glee Club (Show-Chor „New Directions") singt Coverversionen und Mash-ups, die Teil der Handlung sind. ➚ S. 183 Alle Darsteller wurden gecastet, mussten natürlich singen und tanzen können. Das besondere Marketingkonzept von „Glee" bestand darin, dass die Songs jeder Folge unmittelbar nach der Erstausstrahlung per Download gekauft werden konnten. Da die Serie in den USA Kultstatus hatte, erreichten die Coverversionen große Verkaufszahlen und Rockstars boten den Fernsehproduzenten an, dass ihre früheren Hits in „Glee" gecovert werden dürfen. Aber auch weitere Wege wurden genutzt, die Musik zu verkaufen: als Bühnenshow, Kinofilm, Smartphone-Apps, Konsolenspiele, DVD und CD.

》➤ **8** *Vergleicht die Glee-Version von „Don't stop believing" (2009) mit dem Original (1981) der amerikanischen Band Journey. Wie könnte Journey von der Glee-Fassung profitiert haben?* ◎ **VI|32, 33**

》➤ **9** *Erörtert, welche Formen der Vermarktung derzeit erfolgreich sind.*

Projekt: Musik ist überall, aber jede Region hat ihren besonderen Klang

Der Projekttitel ist eine kühne These. Versucht, ihren Wahrheitsgehalt in einem Gemeinschaftsprojekt mit einer Partnerschule in einer anderen Region Deutschlands oder im deutschsprachigen Ausland zu überprüfen. Bei der Suche helfen euch Schulnetzwerke im Internet.

In einem geschützten virtuellen Klassenraum könnt ihr an diesem Projekt arbeiten. Nutzt bei der Projektarbeit die im Kapitel „Ouvertüre" vorgestellten Tipps für die Arbeitstechniken.

》► **1** *Legt gemeinsam eure Kommunikationsmedien (Lernplattform, Mail-Austausch, Videokonferenz oder anderes) und Präsentationsformen (Text-, Audio- oder Videodateien) sowie die Termine für die virtuellen Treffen fest.*

Mögliche Themen, um sich gegenseitig musikalisch kennenzulernen

1 Recherchiert, welche Musik in eurer Klasse oder eurer Schule besonders gern und häufig gehört wird.
- Erhebt eine Statistik und erstellt eine Hitliste.
- Dokumentiert das Musikleben an eurer Schule und der Region in Vergangenheit und Gegenwart. Nehmt dazu auch Musik und musikalische Umweltklänge auf.
- Interviewt Mitschüler nach den Motiven für ihre Vorlieben und musikalischen Aktivitäten.
- Bearbeitet eure mitgeschnittenen Audio- oder Videodateien, sodass die ganze Vielfalt deutlich wird.
- Spiegelt eure Ergebnisse mit denen der Partnerklasse und wertet die unterschiedlichen Vorlieben aus.

2 Beide Klassen wählen ein für ihre Region typisches Musikstück (zum Beispiel das Werk eines Komponisten aus der Gegend oder einer Band) und senden es sich gegenseitig.

- Hört den Titel der Partnerklasse und beschreibt eure Höreindrücke.
- Analysiert das Werk musikalisch.
- Informiert euch zu den Hintergründen und Wirkungszusammenhängen dieser Musik.
- Bewertet die Musik und vergleicht sie mit euren ersten Eindrücken.
- Stellt euch in einer Videokonferenz eure Arbeitsergebnisse vor und befragt eure Partnerschüler, ob sie eure Musik genauso empfunden haben wie ihr.
- Dokumentiert eure Ergebnisse auf der jeweiligen Schul-Website.

3 Komponiert und arrangiert in beiden Klassen je ein Lied zum gleichen Inhalt, in dem es um ein Thema geht, das euren Alltag betrifft.
- Verfasst einen Text. Komponiert und arrangiert die Musik dazu.
- Studiert es ein und nehmt es auf.
- Schickt euch gegenseitig die Fassungen oder spielt sie euch in einer Videokonferenz live vor.

》► **2** *Prüft mit euren Partnern im Gespräch eure These „Musik ist überall, aber jede Region hat ihren besonderen Klang".*

Die Beatles und indische Musik

Stets auf der Suche nach neuen musikalischen Ausdrucksmöglichkeiten, nahmen die Beatles Einflüsse indischer Musik
in einzelne Songs auf. Vor allem Gitarrist George Harrison
war fasziniert von Indien und seiner Kultur.

George Harrison und Ravi Shankar, Kalifornien,
1972

»➤ **3** *Bestimmt die indischen Einflüsse in drei Beatles-Songs aus den
Jahren 1965 bis 1967. Ordnet die Songs zeitlich ein, indem ihr
berücksichtigt, dass Harrison sich darum bemühte, die Eigentümlich-
keiten indischer Musik immer stärker in den Vordergrund treten zu
lassen.* ◎ **VI|34–36**

Cover – Zitat – Plagiat – Remix – Bearbeitung

Nicht selten finden sich Verweise
in der Rock- und Popmusik auf
andere Musikwerke oder Künstler,
manchmal auch in der visuellen
Präsentation oder Inszenierung.

»➤ **4** *Entscheidet bei den Musik-Paaren, in welchem Verhältnis
die Musiktitel zueinander stehen. Begründet eure Position.*
*a) Chuck Berry: „Sweet little sixteen" (1958) –
Beach Boys: „Surfin' U. S. A." (1963)* ◎ **VI|37,38**
*b) J. S. Bach: „Toccata in d-Moll" (18. Jh.) –
David Garrett: „Toccata" (2010)* ◎ **VI|39,40**
*c) Beach Boys: „I get around" (1964) –
Laurent Voulzy: „Rockollection" (1977)* ◎ **VI|41,42**
*d) Shirley Bassey: „Diamonds are forever" (1971) –
Mantronic: „Diamonds are forever" (2000)* ◎ **VI|43,44**

Forever Young?

„Forever young, I want to be forever young.
Do you really want to live forever?
Forever young." *Alphaville, Forever young,
1984*

„Things they do look awful cold,
hope I die before I get old."
The Who, My generation, 1965

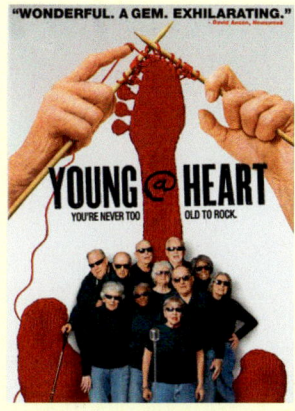

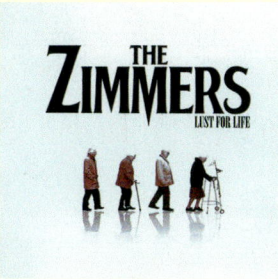

Im Jahr 2007 hatte die Gesangsgruppe The
Zimmers einen Hit mit ihrer Coverversion
des Who-Titels *My Generation*. Das Durch-
schnittsalter der Gruppe betrug damals 77
Jahre, der Videoclip zum Song wurde
mehrere Millionen Mal im Internet aufge-
rufen. Auch der amerikanische Young@
Heart Chorus mit seinen Sängern um die
80 Jahre, spezialisiert auf Soul- und Punk-
Songs, genießt große Popularität und tritt
international vor ausverkauften Sälen auf.

»➤ **5** *Jugendkulturen haben sich auch
immer über ihre Musik von der
Erwachsenengeneration abgesetzt.
Überlegt, wie ihr euch den Umgang
mit eurer jetzigen Lieblingsmusik vorstellt, wenn ihr alt seid.* ➚ *S. 172 f.*

Musiklabor

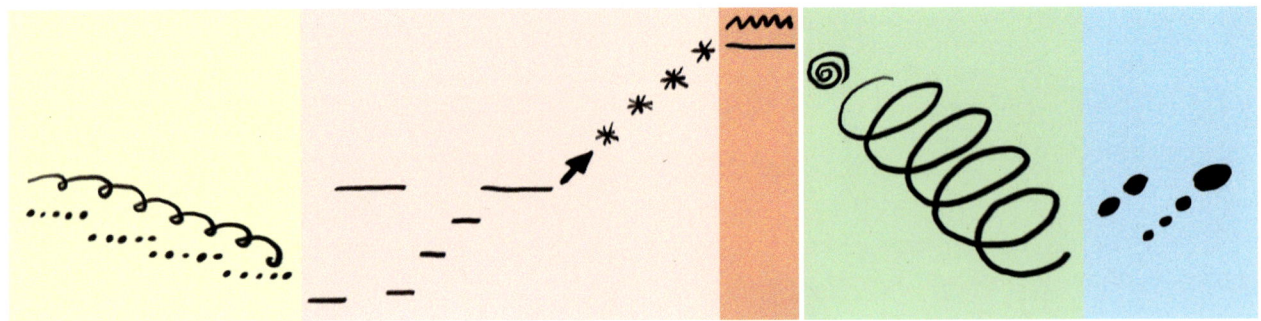

>➤ **1** *Betrachtet die grafische Notation.*
a) *Entwickelt eine Vorstellung, wie die zugehörige Musik klingen könnte, und tauscht euch darüber aus.*
b) *Hört die beiden Aufnahmen und überlegt, welche zur Notation passt.* ◉ **VI|45, 46**

Um musizieren zu können, ist eine Notation nicht zwingend notwendig: In manchen Kulturen wird bei der Weitergabe von Musik ganz darauf verzichtet.

>➤ **2** *Erläutert, weshalb der Ausschnitt aus Georg Friedrich Händels „Messias" weder mit Worten, grafischer Notation noch durch mündliche Überlieferung erlernt werden könnte.* ◉ **I/50** ↗ *S. 40f.*

Neumen mit Text und Illustration aus einer liturgischen Handschrift, um 975

Notenhandschrift „Hiob von seinem Weibe verspottet", 1400

Loyset Compère, Motette, 1472

>➤ **3** *Schaut euch die Darstellungen an und beschreibt, wie sich die Notation von Musik über die Zeit hinweg verändert hat. Bezieht auch das Seikilos-Bild und die Lieder „Il est bel et bon" bzw. „Es ist ein Ros entsprungen" in eure Überlegungen ein.* ↗ *S. 27, 30, 244* 📄

>➤ **4** *Überlegt außerdem, welche Merkmale eines Tones in der modernen Notenschrift dargestellt und für welche Zusatzbezeichnungen benötigt werden. Benennt Vorteile, aber auch Grenzen moderner Notation.* ↗ *S. 14f.*

Notenschlüssel

Für die genaue Bestimmung der Tonhöhe ist es notwendig, innerhalb des aus fünf Notenlinien und vier Zwischenräumen bestehenden Notensystems einen Bezugspunkt in Form eines Notenschlüssels festzulegen. Dieser hat sich in vielfältiger Weise über Jahrhunderte entwickelt.

Violinschlüssel (G-Schlüssel)

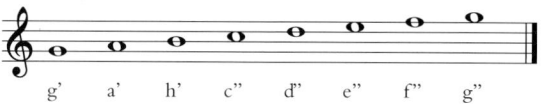 

Altschlüssel (C-Schlüssel)

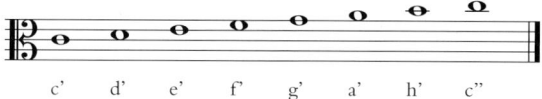 

Bassschlüssel (F-Schlüssel)

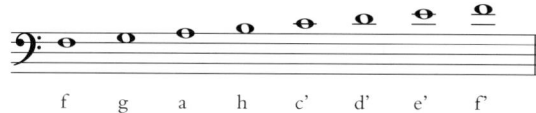 

Melodieanfänge

»➤ **5** *Bestimmt die Notennamen der Melodieanfänge und findet heraus, um welche Musikstücke es sich handelt.*

»➤ **6** *Welche Gründe könnten dazu geführt haben, dass die Notenschlüssel auch unterschiedlichen Notenlinien zugeordnet wurden? Vergleicht mit den Angaben in der Partitur auf der ➚ Seite 14 f. und ordnet den Schlüsseln die jeweiligen Instrumente zu.*

»➤ **7** *Übt und trainiert.*
a) *Schreibt eine Tonfolge im Violin- oder im Bassschlüssel nieder, bei der die Notennamen nicht angegeben sind. Lasst eure Mitschüler die Noten benennen.*
b) *Notiert ganze Noten im Bassschlüssel, die eure Mitschüler vom Blatt spielen sollen.*
c) *Komponiert kurze Melodien im Violinschlüssel mit einfachen Notenwerten und passenden Begleittönen im Bassschlüssel und spielt sie vor.*

»➤ **8** *Welche Vorteile könnte die Angabe von Akkorden oder Tabulaturen für Gitarristen haben? Bezieht in eure Überlegungen die vorletzte Seite des Buches ein (Gitarrengriffe) und die ➚ Seite 204 f.*

Im Jahr 1964 veröffentlichte der amerikanische Jazzpianist Herbie Hancock (geboren 1940) den Instrumentaltitel *Cantaloupe Island* (engl. Melonensorte bzw. Insel) bei dem berühmten New Yorker Plattenlabel für Jazzmusik Blue Note Records. Er wurde so beliebt, dass er sich zu einem Jazzstandard entwickelte.

Cantaloupe Island

Herbie Hancock

>► **1** *Hört die Aufnahme.* ⊚ VI|47
a) *Beschreibt die Gestaltung und die instrumentalen Effekte der Improvisation.*
b) *Erfasst das Feeling, indem ihr euch am Platz bewegt. Singt den Rhythmus der Melodie auf Tonsilben zur Musik.*

>► **2** *Musiziert und gestaltet den Jazzstandard.* ↗ *S. 118f., 209*

Begleitrhythmus

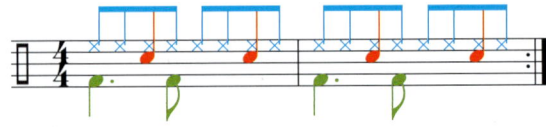

Silben der Vocal Percussion

1992 eroberte die britische Jazz-Hip-Hop-Band US3 mit einer eigenen Fassung *Cantaloop* die Charts. In dieser Version spielte die Neuverarbeitung von konservierten Aufnahmen, das Sampling, eine große Rolle. So hört man am Anfang eine Ansage aus dem legendären Jazzclub Birdland in New York. Ebenfalls wurden Teile des originalen Klavierparts von Herbie Hancock eingefügt. Musikalisch wurde vor allem der Rhythmus verändert, wurden gerappte Strophen integriert sowie die Basslinie vom Computersound verstärkt.

Cantaloop (1. Strophe)   Herbie Hancock, Rahsaan Kelly, Mel Simpson, Geoff Wilkinson

I   I   I   I
Groovy, groovy, jazzy, funky,

I   I   I   I
pounce, bounce, dance as we

I   I   I   I
   dip in the melodic sea, the

I   I   I   I
rhythm keeps flowin', it drips to MC

I   I   I   I
   sweet sugar pop, sugar pop rocks it

I   I   I   I
pops ya don't stop till the sweet beat drops.

I   I   I   I
   I show and prove as a stick in move, hear the

I   I   I   I
poems recited on top of the groove,

I   I   I   I
smooth, mind, floating like a butterfly.

I   I   I   I
Notes start to float, suttle like a lullabye.

I   I   I   I
Brace yourself – as the beat hits ya.

I   I   I   I
   Dip trip, flip fantasia.

▶ 3 *Vergleicht diese Rap-Version mit dem Original.*

◉ VI|48

a) *Bestimmt Unterschiede in Form, Tempo, melodischer Gestaltung und rhythmischer Begleitung.*
b) *Findet heraus, zu welchen Wörtern im Rap das Klaviermotiv erklingt.*

▶ 4 *Rappt und musiziert.*

a) *Rappt die erste Strophe von „Cantaloop": Die „I" stehen für die Zählzeiten des ⁴/₄-Taktes. Teilt die Wörter entsprechend dem Metrum auf.*
b) *Verwendet die melodischen und rhythmischen Bausteine (▮) aus dem Original. Transponiert sie, wenn notwendig, den Harmonien entsprechend.*
c) *Integriert die oben stehenden Begleitrhythmen sowie die Zwischenrufe wie Yeah, yeah, yeah.*

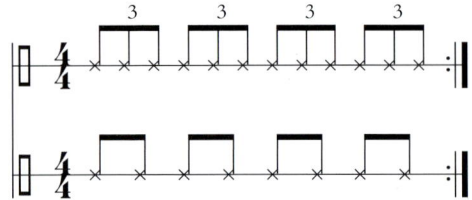

»► 1 Gestaltet die Rhythmen.

a) Musiziert zuerst gemeinsam die Triolen, indem ihr mit einem Bleistift auf den Tisch klopft, und anschließend die Achtel, indem ihr mit den Fingern einer Hand klopft.

b) Bildet nun zwei Gruppen: Eine beginnt mit dem Bleistift die Triolen zu spielen, die andere klopft dann die Achtel.

Wenn sich in einem Stück sehr unterschiedliche, beispielsweise duolische und triolische Rhythmen überlagern, dann spricht man von Polyrhythmik. Diese findet sich schon in der traditionellen afrikanischen Musik und vielen anderen Musikrichtungen. Der Reiz der Polyrhythmik ist ihre übereinandergeschichtete Komplexität.

»► 2 Erlebt ihre Wirkung in unterschiedlichen Musikrichtungen.

a) Erkennt in dem Titel „Further" (1994) der britischen Band Autechre verschiedene Rhythmen. Wählt einzelne aus und spielt sie gleichzeitig zur Musik. ⊙ **VI|49**

b) Beschreibt Bilder, die für euch beim Hören der „Arabesque" von Claude Debussy entstehen. ⊙ **VI|50**

c) Welches Instrument erklingt an den polyrhythmischen Stellen im Song „Scarborough Fair" (1966) von Simon & Garfunkel? ⊙ **VI|51** ↗ S. 231

2 : 3

»► 3 Teilt die Übung „2 : 3" taktweise auf, wählt ein ruhiges Tempo und musiziert sie. Ihr könnt bei der Wiederholung die Achtel in der zweiten Stimme durch Sechzehntel ersetzen. 📄

»► 4 Studiert auch das Sprechstück „Hell und klar und weit" ein, in welchem die Worte „über" und „in mir" besonders betont werden. Bildet zwei Gruppen und beginnt versetzt. Vielleicht fällt euch eine neue Textierung ein. 📄

Hell und klar und weit   Jan Olschewski

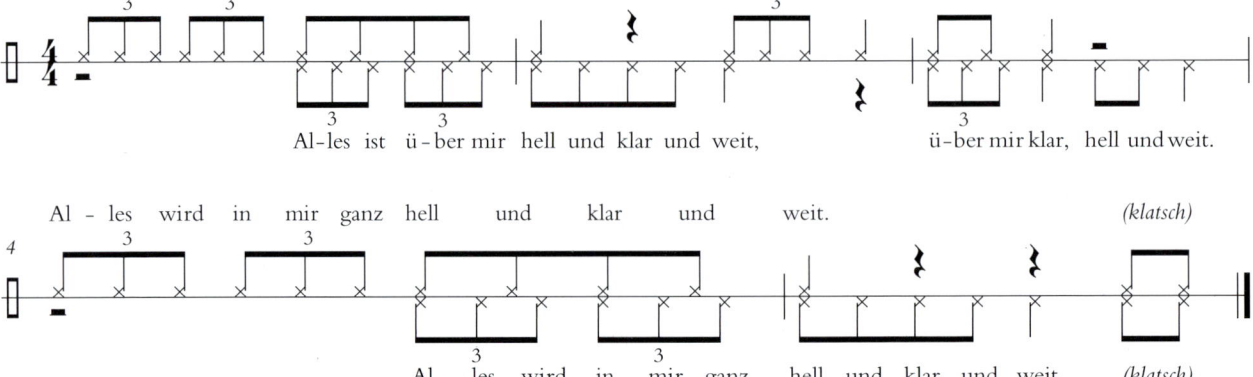

The Girl from Ipanema

Worte: Norman Gimbel (engl. Fassung) · Melodie: Antônio Carlos Jobim

A

F   G

Tall   and tan and young__ and love - ly, the girl__   from I - pa - ne - ma goes walk - ing, and when
When she walks she's like__   a sam - ba that__ swings so cool and sways__   so gen - tle that when

g   Ges⁷   F   Ges

__ she   pass - es, each one__   she   pass - es goes   "aah!"__
__ she   pass - es, each one__   she   pass - es goes   "aah!"

B

Ges   ⌐3⌐ ⌐3⌐   Ces   fis   ⌐3⌐ ⌐3⌐

Oh,__   but I watch her so   sad - ly.__   How__   can I tell her I

D   g   ⌐3⌐   ⌐3⌐   Es   ⌐3⌐

love her?__   Yes,__   I would give my heart glad - ly,__   but each

a ⌐3⌐   ⌐3⌐   D⁷   g ⌐3⌐   ⌐3⌐   C⁷

day when she walks to the   sea,   she   looks straight a - head, not   at   me.

C

F   G

Tall   and tan and young__ and love - ly, the girl__   from I - pa - ne - ma goes walk - ing, and when

g   Ges⁷   ⌐3⌐   F   Ges⁷

__ she pass - es I smile,__   but she does - n't   see.

Dieses Lied ist 1962 in Brasilien entstanden und gilt als einer der bekanntesten Songs des Bossa Nova (*portug.* „Neue Welle"), welcher musikalische Elemente aus Samba und Cool Jazz verbindet. ↗ S. 109

Begleitrhythmen

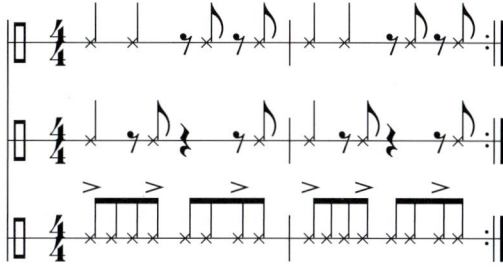

》► **5** *Hört die Interpretation und summt die Melodie leise mit.*
◉ **VI|52**
a) *Welches Instrument prägt in besonderer Weise den Bossa Nova?*
b) *Wählt für die Begleitung passende Instrumente zu eurem Gesang.* 🗎

》► **6** *Schreibt selbst kurze polyrhythmische Stücke und führt sie auf.*

Spielsatz

Stefan Auerswald

Mel. 1

Mel. 2

Begl.

Bass

»➤ **1** *Übt den Spielsatz und bestimmt die Akkorde.*
Orientiert euch an den Grundtönen in der Basslinie.

Einfache Kadenz

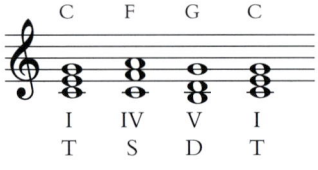

Verwandtschaftliche Beziehungen der Hauptdreiklänge

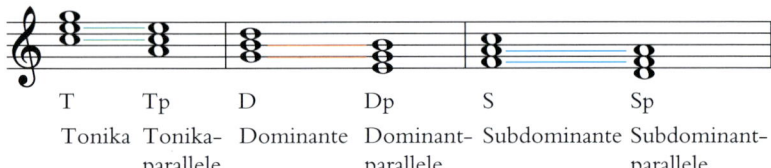

Zwischen den Harmonien im Spielsatz bestehen verwandtschaftliche Beziehungen: a-Moll ist beispielsweise die Parallel-
tonart zu C-Dur. Wenn man solche Beziehungen ausnutzt,
dann kann man Lieder abwechslungsreicher begleiten. Jeder
Hauptdreiklang (T, S, D) der einfachen Kadenz in Dur besitzt
somit einen parallelen Nebendreiklang in Moll (Tp, Sp, Dp).
Die verwandten Akkorde haben zwei gleiche Töne.

»➤ **2** *Benennt die gemeinsamen Töne zwischen den verwandten*
Akkorden im Notenbild.

»➤ **3** *Bestimmt, auf welcher Stufe der Durtonleiter sich jeweils die*
Tonikaparallele (Tp), die Subdominantparallele (Sp) und die Domi-
nantparallele (Dp) befindet.

Die Verbindung von Haupt- und Nebendreiklängen bezeichnet man als erweiterte Kadenz.

»➤ **4** *Erprobt unterschiedliche Möglichkeiten der*
Verbindung von Haupt- und Nebendreiklängen.
Beginnt und endet immer mit der Tonika. Die
Schlusswirkung ist am größten, wenn ihr vor der
Tonika die Dominante spielt.

Island in the sun

Harry Belafonte, Irving Burgess

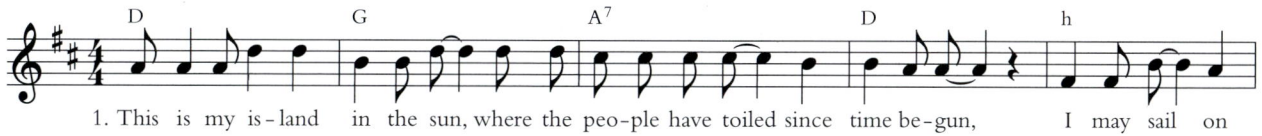

1. This is my is-land in the sun, where the peo-ple have toiled since time be-gun, I may sail on

man-y a sea. Her shores will al-ways be home to me. 1.–4. Oh is-land in the sun,— willed to me by my

fa-ther's hand. All my days I will sing in praise of your for-ests, wa-ters, your shin-ing sand.

2. When morning breaks the heav'n on high,
   I lift my heavy load to sky,
   sun comes down with a burning glow
   that mingles my sweat with the earth below.

3. I see woman on bended knee,
   cutting cane for her family.
   I see man at the waterside
   casting nets at the surging tide.

4. I hope the day will never come
   that I can't awake to the sound of drum.
   Never let me kiss Carnival
   with Calypso songs philosophical.

>► **5** *Singt und musiziert den Song von 1957. Begleitet mit den Grundtönen der Harmonien. Welche harmonische Verbindung entdeckt ihr in den letzten drei Takten? Variiert die Instrumente bei der Begleitung.* 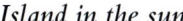 ↗ S. 134f.

Aus dem Jazz stammt eine Schlusswendung, die oft auch in der Rock- und Popmusik anzutreffen ist, die II-V-I-Verbindung. Sie besteht aus den Vierklängen über den Grundtönen der II., V. und I. Stufe einer Durtonleiter und kommt häufig in zweitaktigen Kadenzen, den sogenannten Turnarounds (engl. sich im Kreis drehen), vor. Turnarounds bilden Bausteine für längere Formteile oder leiten diese ineinander über.

Begleitrhythmen

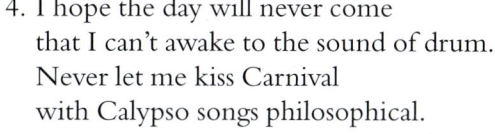

>► **6** *Musiziert die folgenden Turnarounds und improvisiert mit eurer Stimme dazu. Wenn möglich, dann improvisiert auch mit Keyboards oder anderen passenden Instrumenten dazu. Tipp: Orientiert euch an den jeweiligen Akkordtönen.* ↗ S. 209f. ◉ VI|53 ◉

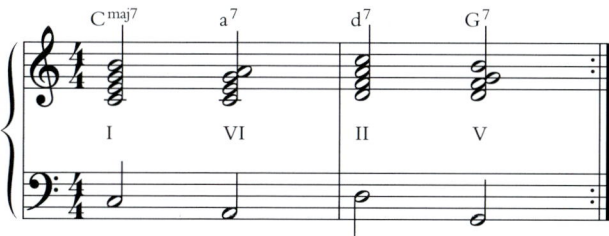

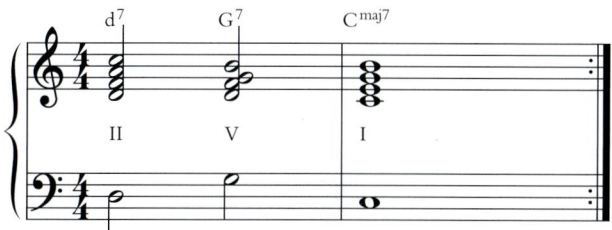

Let me entertain you

Guy A. Chambers, Robert P. Williams

Hell is gone and hea-ven's here, there's no-thing left for you to fear,

shake your ass, come ov-er here, now scream. I'm a burn-ing ef-fi-gy of

ev-ery-thing I used to be you're my rock of em-pa-thy, my dear. So come on,

let me en-ter-tain you, let me en-ter-tain you.

Robbie Williams
* 1974 in Stoke-on-Trent,
Staffordshire (England)

Robbie (Robert Peter) Williams ist ein britischer Musiker, der seine Karriere bei der Boygroup Take That begann und ab 1997 auch eine überaus erfolgreiche Solokarriere startete.

》➤ 1 *Entdeckt musikalische Besonderheiten und Gestaltungsmöglichkeiten im Song „Let me entertain you" von 1998.*

a) *Ordnet die verschiedenen Versionen den folgenden Stilrichtungen zu: Dancefloor, Gospel, Popjazz.* ➚ *S. 114f., 136* ◎ I|**15–17**

b) *Notiert die entsprechenden Dreiklänge zu den Harmonien im Refrain und singt diesen mehrstimmig.* 🗒

c) *Erfasst die rhythmische Gestaltung der Dancefloor-Fassung und spielt zur Musik.* ◎ I|**17**

d) *Welche Tonarten (Dur, Moll) kennzeichnet ein ♭ in den Generalvorzeichen? Entdeckt im Notentext den Ton, der immer wieder durch ein zusätzliches ♭ verändert wird.*

Die mixolydische Tonleiter stammt aus der Musik der griechischen Antike. Im Mittelalter wurde diese Tonleiter mit den Stammtönen g bis g festgelegt. ➚ S. 210 Sie ähnelt der Dur-Tonleiter, weist aber als charakteristisches Merkmal eine kleine Septime zum Grundton auf.

》➤ 2 *Notiert von unterschiedlichen Anfangstönen ausgehend die mixolydische Tonleiter in verschiedener Rhythmisierung. Singt anschließend das jeweilige Ergebnis.*

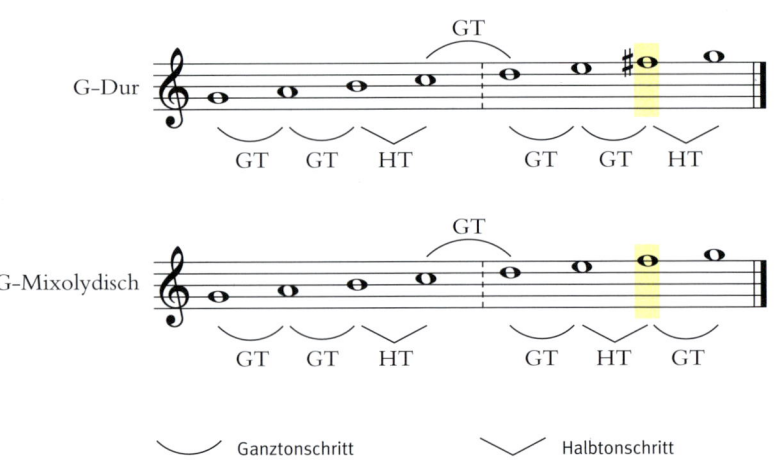

G-Dur

GT GT GT HT GT GT HT

G-Mixolydisch

GT GT HT GT HT GT

⌣ Ganztonschritt   ⌄ Halbtonschritt

An hellen Tagen   Melodie: Giovanni Gastoldi · Worte: Peter Cornelius

2. Beim Dämmrungsschimmer, Herz, du pochst immer. Fa la …
   Sind auch zerronnen Strahlen und Wonnen,
   Herz will an beiden still sich noch sonnen, fa la …

3. Ward Nacht hinieden, Herz hat nicht Frieden. Fa la …
   Schlummer mag walten, Traum sich entfalten,
   Herz hat mit beiden Zwiesprach zu halten, fa la …

»► **3** *Interpretiert das Tanzlied aus der Renaissance.* ↗ *S. 30 f.*
a) Tanzt zur Musik den Grundschritt einer Galliarde. ⊚ **I | 18** 🗎
b) Begleitet euren Gesang mit einem ostinaten Rhythmus sowie den Grundtönen der Harmonien auf geeigneten Instrumenten.

Während die Vorzeichen im laufenden Notentext des Songs von Robbie Williams Mixolydisch erkennen lassen, wird die Tonart in dem Tanzlied aus der Renaissance durch das General-vorzeichen ♭ am Anfang der Notenzeilen signalisiert: Der Schlusston c verweist auf C-Dur. Das vorgezeichnete ♭ verweist auf die kleine Septime und damit C-Mixolydisch. ↗ *S. 210*

In mixolydian mode (Ausschnitt)   Béla Bartók

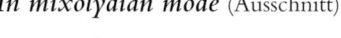

Dieses Übungs- und Lehrstück für Klavier in G-Mixolydisch findet sich in dem Zyklus *Mikrokosmos* des ungarischen Komponisten Béla Bartók (1881–1945).

»► **4** *Vertieft eure Klangerfahrungen mit Mixolydisch und musiziert den Ausschnitt. Gestaltet eine eigene Improvisation: Behaltet die Begleitung bei und improvisiert darüber mit den Tönen der mixolydischen Skala.* ↗ *S. 210*

Die Sekunde

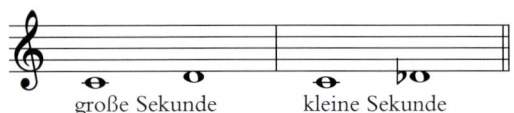

große Sekunde   kleine Sekunde

>► **1** *Findet im Song „Bye-bye, love" (1957) der Everly Brothers die kleinsten Intervalle.*
a) *Singt die Melodie auf Tonsilben und spielt sie anschließend auf Instrumenten zur Musik. Der Refrain beginnt mit dem Ton d, die Strophe mit cis.* ↗ S. 240 ⊚ VI|54
b) *Findet im Anfang des Songs Ganz- und Halbtonschritte.*

Ganz- und Halbtonschritte werden auch als große und kleine Sekunden bezeichnet. Der Begriff leitet sich vom Lateinischen *secundus*, der Zweite, ab. Gemeint ist damit der zweite Ton vom Ausgangston einer Tonleiter. Sekunden gehören in der Musikgeschichte zu den dissonanten Intervallen. Man empfindet den Zusammenklang als Reibung, die bestrebt ist sich aufzulösen. ↗ S. 211

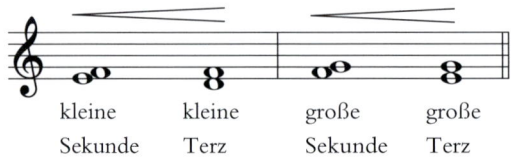

kleine   kleine   große   große
Sekunde   Terz   Sekunde Terz

>► **2** *Singt die abgebildeten Zweiklänge. Beginnt mit den Sekunden sehr leise und entwickelt ein Crescendo (<). Sobald die Spannung am größten ist, löst sie zur Terz auf.*

Widerstehe doch der Sünde (Anfang, vereinfacht)   Johann Sebastian Bach

>► **3** *Erfahrt den Klang der Sekunden in der Einleitung der Arie zur gleichnamigen Kantate (BWV 54) von Johann Sebastian Bach.*
a) *Hört die Musik und findet die Sekunden im Notentext.* ⊚ VI|55
b) *Spielt die vier Takte sehr langsam auf Tasteninstrumenten. Vergleicht euren Klangeindruck mit dem Original. Weshalb hat Bach wohl Streichinstrumente für die Besetzung gewählt?*
c) *Warum eignen sich Sekunden und deren Auflösung für die Umsetzung des Titels der Kantate?* ↗ S. 16

Septimen, Septakkorde

»➤ **4** *Musiziert zuerst ohne die farbig markierten Töne und dann mit ihnen. Macht euch mit dem Klangunterschied vertraut.*

Dreiklänge in Grundstellung entstehen durch die Übereinanderschichtung von zwei Terzen.
Wenn man sie mit einer weiteren Terz ergänzt, dann entsteht ein Vierklang. Das Rahmenintervall ist eine Septime. Septakkorde mit einer großen Septime werden mit ^{maj7} (engl. major, groß) gekennzeichnet, die mit einer kleinen Septime mit einer ^{7}.

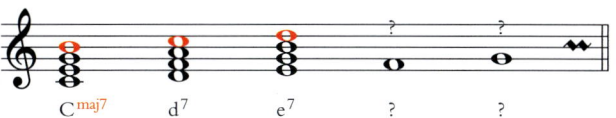

»➤ **5** *Analysiert die Akkorde der Tonleiter und setzt die Akkordfolge fort.* 🗎

Dominantseptakkord

Dominantseptakkord mit
Auflösung in F-Dur

Besonders häufig kommt der Dominantseptakkord
(D^{7}) zum Einsatz. Er besitzt besondere harmonische Eigenschaften. Beim Dominantseptakkord streben drei Töne zu Tönen der Tonika. Das erhöht die Schlusswirkung. 🗎

»➤ **6** *Singt den Dominantseptakkord mit Auflösung und variiert: die Akkordtöne nacheinander oder gleichzeitig, rhythmisch und dynamisch.*

»➤ **7** *Entdeckt die besondere Akkordfolge C–C^{maj7}–C^{7} am Anfang des Beatles-Songs „Something" (1969) von George Harrison, indem ihr die ersten drei Takte mit einem C-Dur-Dreiklang begleitet und die Melodietöne herausfindet.* ⊚ **VI|56**

Präludium in C-Dur (Anfang)   Johann Sebastian Bach

»➤ **8** *Spielt den Anfang des „Präludiums" (BWV 846) von Johann Sebastian Bach in gemäßigtem Tempo auf Tasteninstrumenten und bestimmt die Akkorde.* 🗎

Um Musik, die einem besonders gefällt, nach Gehör spontan selbst
spielen zu können, hilft das Erkennen von Intervallen.

》► **1** *Hört und erkennt die Anfangsintervalle.* 🗒
a) Singt die folgenden Melodien mit:
Rolling Stones: „As tears go by" (Anfangston: g) ◉ **VI|57**
Elmer Bernstein: Filmmusik zu „Die Glorreichen Sieben" (Anfangston: es) ◉ **VI|58**
Robert Schumann: „Träumerei" (Anfangston: c) ◉ **VI|59**
b) Übertragt die Melodien auf ein Instrument und bestimmt die Anfangsintervalle.
c) Spielt den Anfang oder den Refrain eurer derzeitigen Lieblingssongs nach.
Bestimmt dabei das Anfangsintervall.

> Intervalle können in zwei Formen erscheinen, entweder sukzessiv oder
> simultan: Sukzessiv bedeutet, dass zwei Töne nacheinander erklingen,
> wie zum Beispiel in einer Melodie. Simultan meint wiederum gleich-
> zeitig, also zum Beispiel als Begleitung oder in einem Akkord.
> Intervalle lassen sich leichter bestimmen, wenn man sie sich durch
> Liedanfänge oder bekannte Musikstücke einprägt.

Intervalle aufwärts

With a little help from my friends

Der Mond ist aufgegangen

Ach, bittrer Winter

Eh noch der Lenz beginnt

La Marseillaise

Maria (West Side Story)

Morgen kommt der Weihnachtsmann

》► **2** *Trainiert die Intervalle. Singt die Liedanfänge
mehrfach und kontrolliert euch mit einem Instrument.
Wählt auch unterschiedliche Anfangstöne.*

Go down Moses

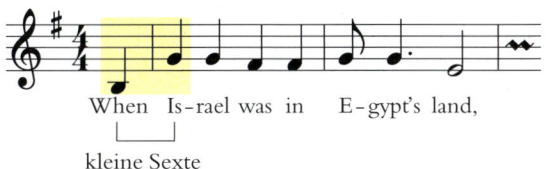

When Is-rael was in E-gypt's land,

kleine Sexte

My Bonny is over the ocean

My Bon-ny is o-ver the o-cean

große Sexte

Somewhere (West Side Story)

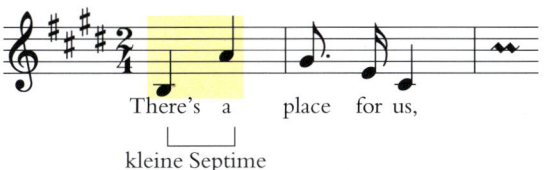

There's a place for us,

kleine Septime

Somewhere over the rainbow

Some - where o – ver the rain - bow

Oktave

»➤ **3** *Singt oder spielt euch die Liedanfänge gegenseitig vor und lasst die anderen bestimmen, um welches Intervall es sich jeweils handelt.*

Intervalle abwärts

All my loving

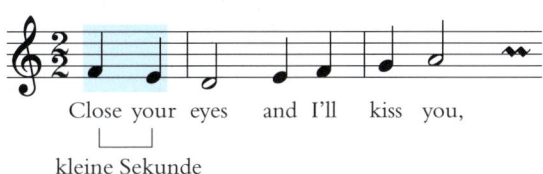

Close your eyes and I'll kiss you,

kleine Sekunde

Beethovens Fünfte Sinfonie, 1. Satz

große Terz

Nobody knows the trouble I've seen

No-bod-y knows the trou-ble I've seen,

große Sexte

Funktion der Stimmgabel

Auch beim Chorsingen ist es nützlich, Intervalle zu beherrschen. So stimmt beispielsweise ein Chorleiter den Beginn eines Stückes für die einzelnen Singstimmen mithilfe einer Stimmgabel an. Er hört den Ton a', den sogenannten Kammerton, von welchem er alle Anfangstöne ableitet.

»➤ **4** *Singt auch diese Melodieanfänge und findet weitere Beispiele.*

»➤ **5** *Versetzt euch in die Lage eines Chorleiters. Stimmt verschiedene Lieder im Kapitel „Lieder, Spielstücke und Tänze" an und überlegt euch Strategien, wie ihr nur mit einer Stimmgabel die entsprechenden Anfangstöne findet.*

»➤ **6** *Achtet in eurem Alltag auf Intervalle (Werbung, Signale, Klingeltöne usw.), nehmt sie auf und bestimmt sie gemeinsam im Unterricht.*

Day-O (Banana boat song)

Aus Jamaika

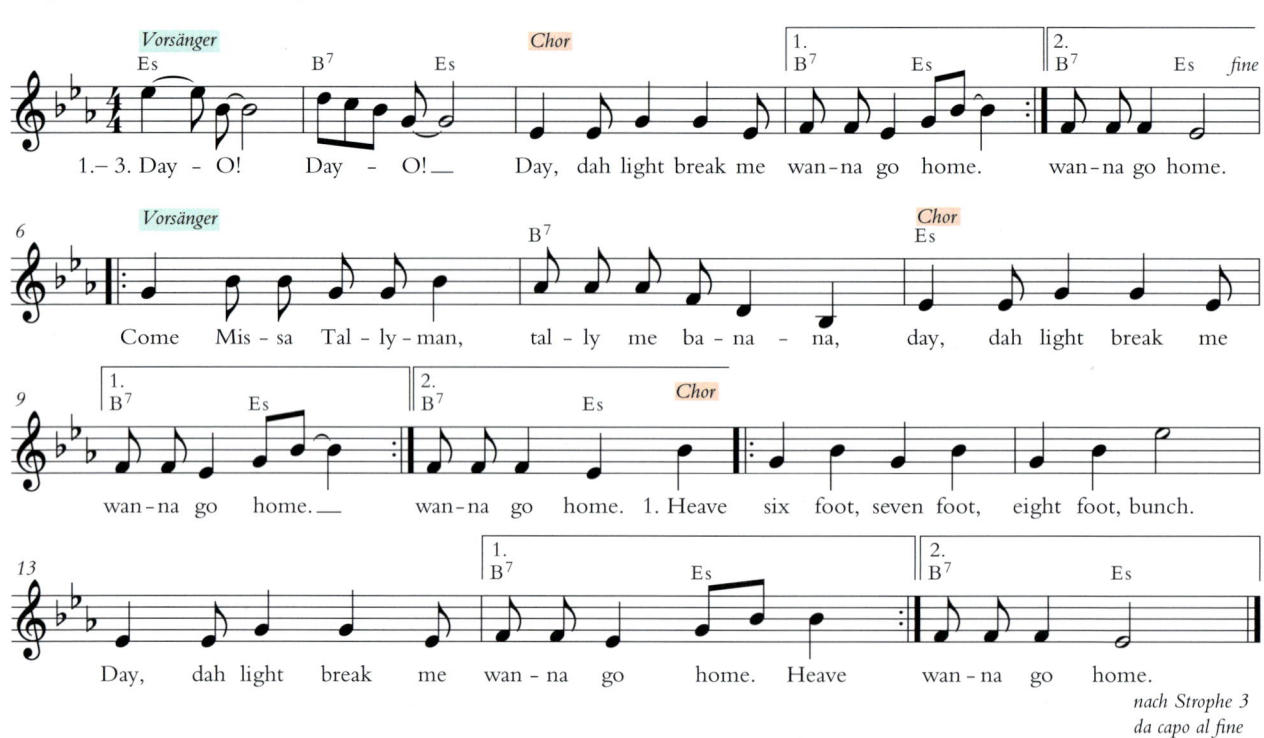

*nach Strophe 3
da capo al fine*

2. ‖: A clerk man check but him check with caution.
Day, dah light break me wanna go home. :‖

3. ‖: My back just broke with bare exhaustion.
Day, dah light break me wanna go home. :‖

》► **1** *Erfasst in der vom Notentext geringfügig abweichen-den Interpretation von Harry Belafonte (1956) den Wechsel von Solo- und Chorgesang.* ⓞ **VI|60**

Die einfachste Möglichkeit, einen mehrstimmigen Satz zu schreiben, besteht darin, unter die Melodie die restlichen Töne des Dreiklanges zu setzen. Schreibt man zwei Stimmen in ein Notensystem, so werden die Notenhälse der ersten Stimme nach oben und die der zweiten nach unten gesetzt. Aus Grün-den der Lesbarkeit ist es besser, eine dritte Stimme in einem neuen Notensystem festzuhalten, so wie im folgenden Beispiel passend zum Song:

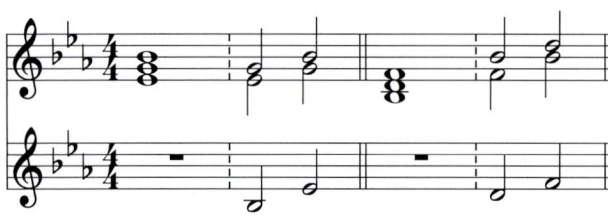

》► **2** *Gestaltet den „Banana boat song" auf un-terschiedliche Weise.*
a) *Schreibt einen dreistimmigen Satz für die Chorstellen. Beginnt in Takt 3 zunächst einstimmig, damit alle beteiligten Sänger auch gut ihren Ton finden. Ab g' setzt dann die Dreistimmigkeit ein.* 🗒
b) *Singt euren Satz und übt besonders den Wechsel zwischen dem Vorsänger und Chor.*
c) *Begleitet die Chorstellen durch eine einfache rhythmische Begleitung.*
d) *Der Vorsänger kann seine Melodie auch variieren, wenn möglich anders als Belafonte.*

Lady in black   Ken Hensley

1. She came to me one morn-ing, one lone-ly Sun-day morn-ing, her___
   I know not how she found me, for in dark-ness I was walk-ing, and de-

long   hair flow-ing in   the   mid - win-ter wind.
struc-tion lay a-round me from a fight I could not win.

1.–5. Ah,_____ ah._____

2. She asked me name my foe then. I said the need within some men
   to fight and kill their brothers without thought of love or God.
   And I begged her give me horses to trample down my enemy
   so eager was my passion to be yours this way of life.

3. But she would not think of battle that reduces men to animals
   so easy to begin and yet impossible to end.
   For she the mother of all men did counsel me so wisely then,
   I feared to walk alone again and asked if she would stay.

4. Oh lady, lend your hand, I cried or let me rest here at your side,
   have faith and trust in me, she said and filled my heart with life.
   There is no strength in numbers, have no such misconception,
   But when you need me be assured I won't be far away.

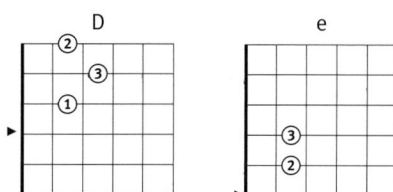

》► **3** *Übt die beiden Gitarrengriffe und begleitet euch damit beim Singen des Liedes.*

Um aus einer Melodie ein mehrstimmiges Band-
arrangement zu gestalten, sollten folgende Grund-
sätze beachtet werden:
- Melodie: gesungen oder instrumental (siehe oben)
- Harmonie: rhythmisierte oder liegende Akkorde
  z.B. von Gitarre und/oder Keyboard
- Bass: Verwendung von Grundtönen und Wechselbass (Unterquarte oder Oberquinte)
- Rhythmus: Percussion, durchlaufende Patterns
  und Fill-Ins ↗ S. 134 f.

》► **4** *Erarbeitet anhand der Hinweise und Beispiele selbst ein mehrstimmiges Arrangement zum Song „Lady in black" (1970) von Uriah Heep.*

Bass

Rhythmus
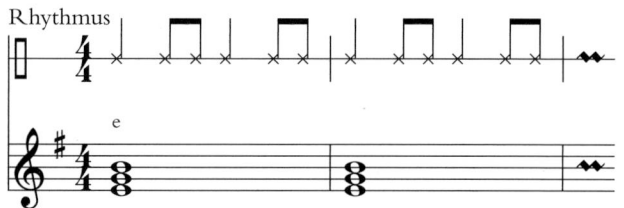

Wir Menschen hegen besondere Erwartungen an unser Leben: Träume und Vorstellungen von Glück und Lebenserfüllung können uns motivieren und lassen uns sogar manchmal die Grenzen der eigenen Leistungsfähigkeit überwinden. Daneben wissen wir auch, dass das Leben nicht immer gleichmäßig fließt. Für jeden Einzelnen ist dieser Lebensfluss einmalig. Unerfüllte Wünsche, aber auch einschneidende Ereignisse, wie der Tod von nahestehenden Menschen, Naturkatastrophen und Kriege, zeigen deutlich, dass sich aus dem ruhigen Fließen ein reißender Strom entwickeln kann, der uns mit seinen Strudeln in die Untiefen des Seins hinabzieht.

The unanswered question (Anfang) Charles Ives

»► **1** *Denkt gemeinsam darüber nach, wie der Fluss des Lebens mit seinen unterschiedlichen Phasen von Ruhe, Freude, aber auch Dramatik musikalisch umgesetzt werden könnte. Entwickelt ein grundlegendes Formschema und notiert es.*

1 *ital.* mit Dämpfer zu spielen

»► **2** *Entschlüsselt den Anfang der Partitur. ↗S. 14f.* a) *Musiziert die einzelnen Streicherstimmen der ersten 5 Takte auf Instrumenten. Beachtet, dass die Viola im C-Schlüssel steht. ↗S. 191* b) *Bestimmt die Harmonien und ihre Besonderheiten.* c) *Beschreibt die Trompetenstimme.* d) *Vergleicht die Flötenstimmen mit den Streichern.*

Das Stück *The unanswered question* schrieb der amerikanische Komponist Charles Ives (1874–1954) schon 1906. Später fügte er ein philosophisches Programm bei. Die Streicher verkörpern demnach das „Schweigen der Druiden" (keltische Priester), die „weder wissen, sehen noch hören".

The unanswered question (Schlusstakte)

Charles Ives

Eine einzelne Trompete wiederholt sieben Mal in Abständen immer dasselbe Motiv, die „ewige Frage nach der Existenz". Die Holzbläser suchen eine Antwort darauf.

»➤ 3 *Achtet auf die Kontraste im Verlauf des Stücks. Auf welche Weise verändert sich der Flötensatz?* ⊚ **VI|61**

»➤ 4 *Formuliert eine Aussage, die eurer Meinung nach gegen Ende des Stückes getroffen wird. Schließt in eure Überlegungen auch das Notenbild mit ein.*

»➤ 5 *Gestaltet eine Komposition zum Thema „Der Fluss des Lebens". Knüpft an eure eingangs skizzierte Formidee an.*
a) *Überlegt, mit welchen verfügbaren Instrumenten Kontraste erzeugt werden können, und bildet entsprechende Stimmgruppen.*
b) *Trefft Entscheidungen bezüglich der Notation (Takte oder Zeitleiste, aufgeschriebene Motive oder improvisierte Elemente usw.). Arbeitet mit Wiederholungen, denn auch in eurem eigenen Leben passiert nicht ständig etwas Neues.*
c) *Probiert eure Ideen immer wieder aus. Sobald ihr zu einem Ergebnis gekommen seid, nehmt es auf und hört es euch an. Verbessert es, bis es euren Vorstellungen entspricht.*
d) *Präsentiert eure Ergebnisse und lasst das jeweils Gehörte interpretieren.*

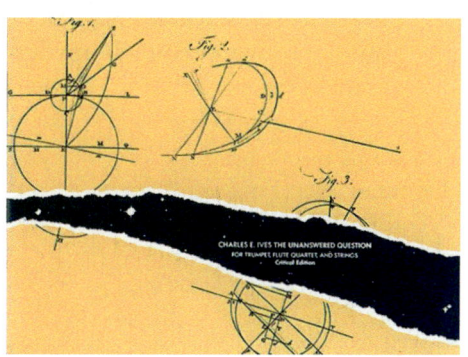

Cover der Partitur

Bewegung improvisieren und musikalisch begleiten

Improvisation an der Palucca-Schule Dresden, 2013

Tanz folgt üblicherweise der gespielten Musik. Manchmal werden aber auch die Rollen getauscht, beispielsweise bei der Begleitung eines Balletttrainings oder einer Tanzimprovisation. Hier reagiert die Musik auf die Bewegung. ↗ S. 78 f.

⫸ **1** *Bildet Gruppen und probiert diese besonderen Herangehensweisen aus, indem ihr eines der beiden folgenden Improvisationsmodelle umsetzt.*

Modell 1: Metrum – Tempo – Rhythmus
Besetzung: ein Tänzer und eine Rhythmusgruppe (Tasteninstrument und Percussion)
Ablauf: Der Tänzer gibt mit seinen Schritten das Metrum und Tempo vor, indem er jeweils auf die erste Zählzeit eine markante Bewegung in den Armen ausführt. Die Musiker nehmen beides auf und fügen passende Begleitrhythmen hinzu. Der Tänzer entwickelt jetzt eine kurze markante Bewegungsfolge mit leicht nachvollziehbarem Rhythmus, welche er beliebig oft wiederholt. Die Musiker übernehmen den vorgegebenen Rhythmus in ihre Begleitung. Nach einer Zeit ändert der Tänzer wieder die Bewegungsfolge und die Musiker reagieren darauf. Mit einer klar erkennbaren Geste wird die Improvisation vom Tänzer beendet. Der Rhythmus der Bewegungsbegleitung kann auch in beliebigen Tönen umgesetzt werden.

> „Tanz ist ein Telegramm an die Erde mit der Bitte um Aufhebung der Schwerkraft." *Fred Astaire*

> „Es kann fast alles Tanz sein." *Pina Bausch*

Modell 2: Klangflächen
Besetzung: zwei Tänzer, eine Instrumental- und eine Vokalgruppe
Ablauf: Die Instrumental- und die Vokalgruppe bilden im Raum zwei entgegengesetzte Pole. Beide Gruppen müssen im Verlauf der Improvisation sehr gut aufeinander eingehen.
Die Instrumentalgruppe verwendet Körper- oder Alltagsgegenstände, um Geräusche zu gestalten. Einer der Tänzer steht wie ein Dirigent vor dieser Gruppe. Musiker und Tänzer legen vorher fest, welche emotionalen Zustände gestaltet werden sollen, beispielsweise Ruhe, Angst oder Zorn. Musiker und Tänzer reagieren aufeinander, indem der Tänzer die Emotionen in beliebiger Reihenfolge in Bewegung umsetzt und die Musiker diese mit passenden Geräuschen spontan unterstützen. Die Vokalgruppe sucht sich einen gemeinsamen Anfangston in mittlerer Stimmlage. Der andere Tänzer entwickelt mit seinem Körper Bewegungen für Höhe, Tiefe und Lautstärke. Die Sänger reagieren darauf, indem sie sich mit Glissandi laut und leise von dem Ausgangston nach oben oder unten entfernen und wieder zurückfinden.
Beide Tänzer sollten darauf achten, dass keine Musik die andere vollständig überlagert. Zudem sollte es eine Verabredung über einen gemeinsamen Schluss geben. ↗ S. 78 f.

⫸ **2** *Tauscht euch über eure Erfahrungen aus und bezieht die beiden Zitate ein. Was könnten sie mit eurem Leben zu tun haben?*

Improvisieren im Jazz

Improvisation ist ein wichtiges Gestaltungsmittel im Jazz. Sie ist an die Melodie, die dazu gehörigen Harmonien, die Taktzahl und den Jazzstil gebunden. Oft dienen die jeweiligen Harmonien als Grundlage, um eigene Motive und Themen zu entwickeln. ↗ S. 118 f.

All of me

Gerald Marks, Seymour B. Simons

Walking Bass

»▶ **3** *Hört den Jazzstandard „All of me" (1931). Verfolgt und beschreibt die Variationen der Melodie in der Interpretation von Inge Brandenburg.* ◎ **VI|62**

»▶ **4** *Entwickelt eine Scatimprovisation.*
a) *Wiederholt die in der Aufnahme vorgegebenen Motive.*
b) *Erfindet im zweiten Durchlauf eigene Motive.*
c) *Improvisiert über das gesamte Lied.*
e) *Nutzt zur Begleitung einen Walking Bass und singt dazu die Melodie.* 📄

Tonleitern

Unser heutiges Tonsystem entwickelte sich aus den *Kirchentonarten* (Modi) des Mittelalters. In den Tonleitern der Kirchentonarten folgen große und kleine Tonschritte *(Ganz- und Halbtonschritte)* in bestimmter Reihenfolge. Mit der Entstehung der Mehrstimmigkeit setzte sich im 16. Jahrhundert das Dur-Moll-System durch. Der Anfangston der Tonleiter *(Grundton)* gibt der jeweiligen Tonart den Namen. Die Tonleiter in Moll ist durch eine im Vergleich zur Durtonleiter andere Abfolge von Ganz- und Halbtonschritten gekennzeichnet.

Kirchentonleitern, Beispiele:

Dorisch *(griech.* Stamm der Dorier), Moll ähnlich, aber mit großer Sexte zum Grundton

Mixolydisch (Landschaft Lydien), Dur ähnlich, mit kleiner Septime zum Grundton

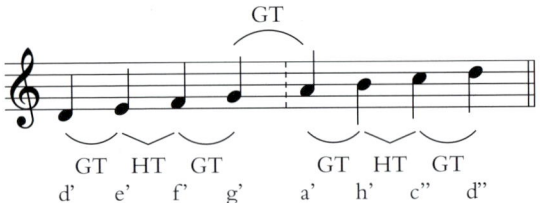

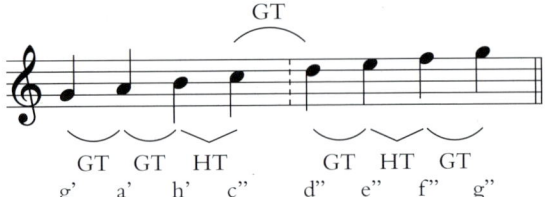

Dur- und Molltonleitern

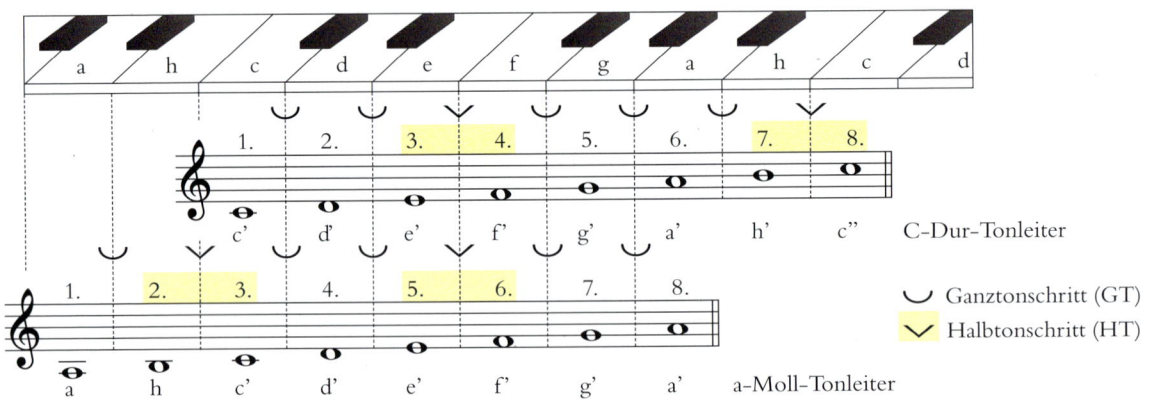

Jede Durtonleiter besteht aus zwei identisch aufgebauten *Tetrachorden (griech.* „Vierton"), GT-GT-HT, die durch einen Ganztonschritt miteinander verbunden sind. Die Halbtonschritte liegen somit zwischen dem 3. und 4. sowie dem 7. und 8. Ton. Der Grundton gibt der jeweiligen Tonart den Namen. Die notwendigen *Vorzeichen* ♯ und ♭ werden an den Anfang jeder Notenzeile gesetzt. Die *reine Molltonleiter* besteht aus zwei unterschiedlichen Tetrachorden (GT-HT-GT und HT-GT-GT), die ebenfalls durch einen Ganztonschritt miteinander verbunden sind. Die Halbtonschritte liegen zwischen dem 2. und 3. Ton sowie dem 5. und 6. Ton. Bei der *harmonischen Molltonleiter* wird die 7. Stufe um einen Halbton erhöht:

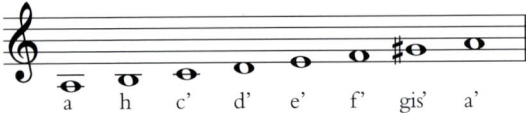

Die Tonleitern von C-Dur und a-Moll bezeichnet man als *Paralleltonarten.* Der Grundton einer parallelen Molltonleiter liegt eine kleine Terz tiefer als der Grundton der entsprechenden Durtonleiter. Sie haben unterschiedliche Grundtöne, aber gleiche Vorzeichen.

Weitere Tonleitern siehe **2**

2

Chromatische Tonleitern bestehen aus zwölf Tönen im Halbtonabstand innerhalb einer Oktave. Bei steigender Melodielinie wird die Erhöhung eines *Stammtons* (Stammton ist ein Ton ohne Vorzeichen) um einen Halbton durch ♯ gekennzeichnet. Die chromatische Tonleiter ist Ordnungsgrundlage der Zwölftonmusik. Beispiel:

c' cis' d' dis' e' f' fis' g' gis' a' ais' h' c"

Bei abwärtsführender Melodie wird die Erniedrigung des Stammtons um einen Halbton durch das Vorzeichen ♭ gekennzeichnet. Beispiel:

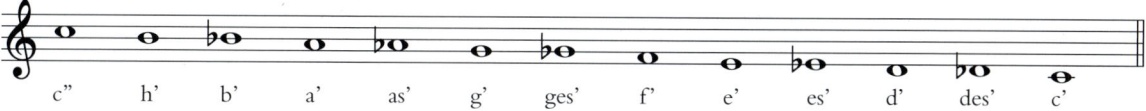

c" h' b' a' as' g' ges' f' e' es' d' des' c'

Ganztonleitern bestehen aus sechs Tönen im Ganztonabstand. Beispiel:

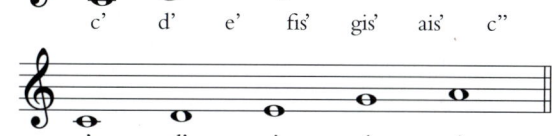

c' d' e' fis' gis' ais' c"

Pentatonische Tonleitern bestehen aus fünf Tönen (*griech.* Pentatonus, fünftönig) und besitzen keine Halbtonschritte. Beispiel:

c' d' e' g' a'

Bluestonleitern ergeben sich aus einer Überlagerung von Pentatonik mit dem Dur–Moll–System. Es gibt keine allgemeingültige Tonleiter, allerdings gemeinsame Merkmale wie die Verwendung der I., IV. und V. Stufe, den Verzicht auf den Leitton (große Septime) und das Einbeziehen der *Blue Notes* (kleine Terz, kleine Septime, verminderte Quinte). Beispiele:

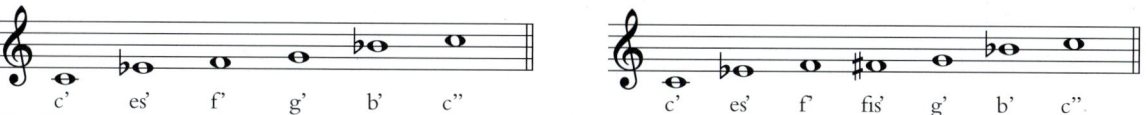

c' es' f' g' b' c"   c' es' f' fis' g' b' c"

Intervalle

3

Der Abstand zwischen zwei nacheinander oder gleichzeitig erklingenden Tönen wird *Intervall* genannt (*lat.* intervallum, Zwischenraum). Prime, Quarte, Quinte und Oktave sind rein (können vermindert oder übermäßig gestaltet werden).

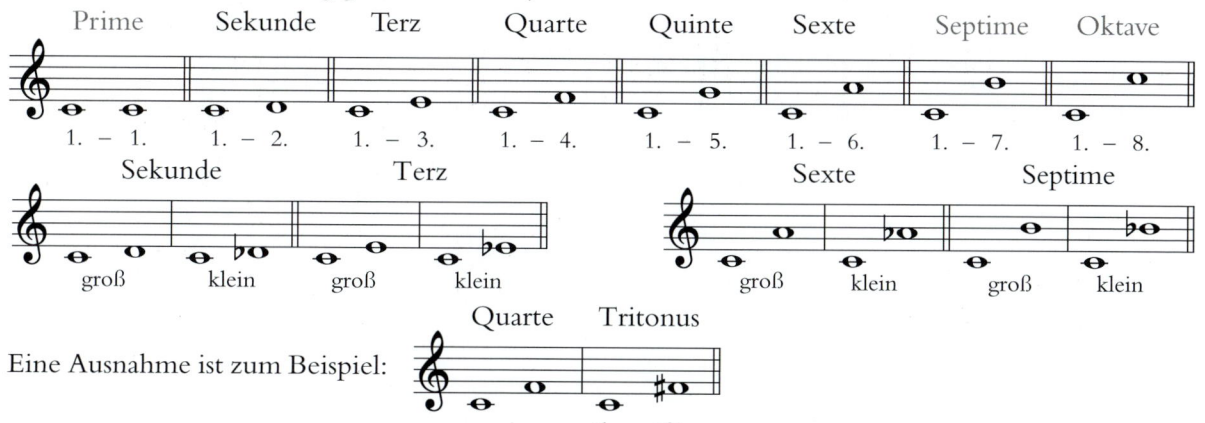

Prime   Sekunde   Terz   Quarte   Quinte   Sexte   Septime   Oktave

1. – 1.   1. – 2.   1. – 3.   1. – 4.   1. – 5.   1. – 6.   1. – 7.   1. – 8.

Sekunde   Terz   Sexte   Septime

groß   klein   groß   klein   groß   klein   groß   klein

Eine Ausnahme ist zum Beispiel:

Quarte   Tritonus

rein   übermäßig

Lieder, Spielstücke und Tänze

Deutschlandlied ↗ Kapitel „Musik und Gesellschaft" S. 170

Worte: Heinrich Hoffmann von Fallersleben
Melodie: Joseph Haydn

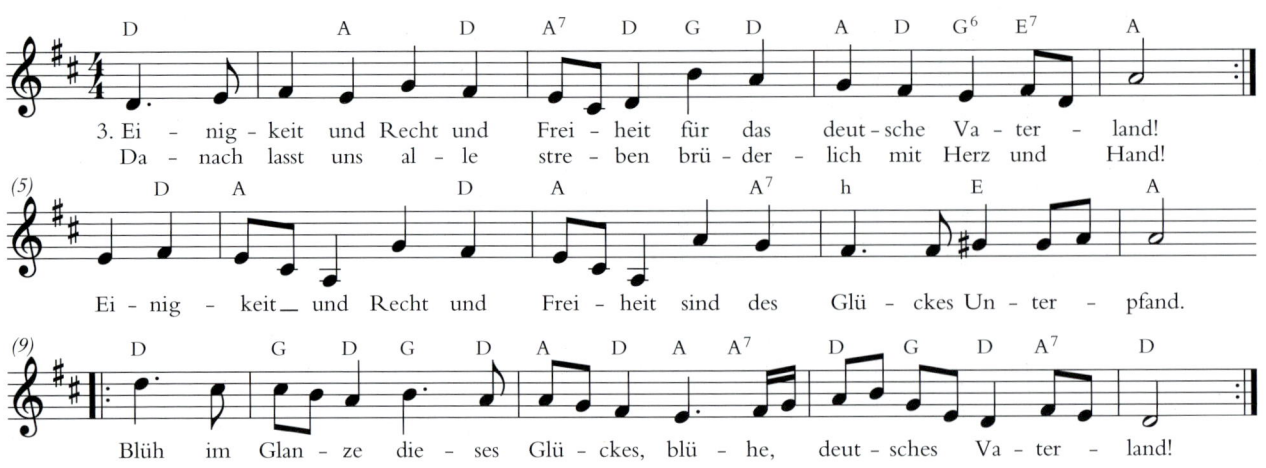

3. Ei - nig - keit und Recht und Frei - heit für das deut - sche Va - ter - land!
Da - nach lasst uns al - le stre - ben brü - der - lich mit Herz und Hand!

Ei - nig - keit — und Recht und Frei - heit sind des Glü - ckes Un - ter - pfand.

Blüh im Glan - ze die - ses Glü - ckes, blü - he, deut - sches Va - ter - land!

Europahymne ↗ Kapitel „Musik und Gesellschaft" S. 171

Ludwig van Beethoven

Mel.

2. St.

3. St.

Mel.

2. St.

3. St.

Die Europahymne ergänzt als gemeinsames musikalisches Symbol des Europarates und der Europäischen Gemeinschaft die Nationalhymnen der Mitgliedsländer. ↗ S. 171

≫► **1** *Musiziert und überlegt gemeinsam: Warum wird auf einen Text verzichtet? Erörtert, für welche gemeinsamen Werte Europas diese Hymne stehen könnte. Bezieht Friedrich Schillers Ode „An die Freude" mit ein. Spielt die Bassstimme auch mit Schlaginstrumenten.* ◎ **VI|14**

≫► **2** *Textet und komponiert eine Schul- oder Klassenhymne.*

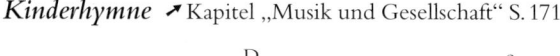

Kinderhymne ↗ Kapitel „Musik und Gesellschaft" S. 171   Worte: Bertolt Brecht · Melodie: Hanns Eisler

1. An - mut spa - ret nicht noch Mü - he, Lei - den - schaft nicht noch Ver - stand,____ dass ein
3. Und nicht ü - ber und nicht un - ter an - dern Völ - kern woll'n wir sein,____ von der

gu - tes Deutsch - land blü - he wie ein an - dres gu - tes Land.____ 2. Dass die
See bis zu den Al - pen, von der O - der bis zum Rhein.____ 4. Und weil

Völ - ker nicht er - blei - chen___ wie vor ei - ner Räu - ber - in, son - dern
wir dies Land ver - bes - sern,___ lie - ben und be - schir - men wir's. Und das

ih - re Hän - de rei - chen uns wie an - dern Völ - kern hin,____ uns wie an - dern Völ - kern hin.
Lieb - ste mag's uns schei - nen so wie an - dern Völ - kern ihrs,____ so wie an - dern Völ - kern ihrs.

Auf die Frage, ob die *Kinderhymne* geeignet sei als Hymne für das 1990 wiedervereinigte Deutschland, sagte der Schriftsteller Martin Walser: „Als Hymne kann es, glaube ich, keine bessere geben als den Text von Brecht, den er ‚Kinderhymne' nannte. Das wäre endlich und zum ersten Mal eine Hymne, bei der man, wenn man sie singt, keinen Schluckauf bekäme."

»► **3** *Erörtert, ob die Kinderhymne als deutsche National-hymne geeignet wäre.* ↗ *S. 171*

a) *Singt die Hymne und findet ein passendes Tempo hier-für.*

b) *Untersucht, inwieweit Brecht in seinem Gedicht auf das „Deutschlandlied" Bezug nimmt.*

c) *Interpretiert das Zitat von Martin Walser.*

Viva la musica   Melodie: Michael Praetorius

Kanon

Vi - va, vi - va la Mu - si - ca!   Vi - va, vi - va la Mu - si - ca!   Vi - va la Mu - si - ca!

Halleluja   Textfassung aus Taizé (Frankreich) · Melodie: Karen Lafferty

Hal - le - lu - ja, hal - le - lu - hal - le - lu - ja, hal - le - lu - ja, hal - le - lu - ja! lu - ja!
Wiederholung zweistimmig

Hal - le - lu - ja, hal - le - lu - ja, lu - ja!

Lorelei (Ich weiß nicht, was soll es bedeuten) ↗ Kapitel „Romantik" S. 60 ff.

Worte: Heinrich Heine
Melodie: Friedrich Silcher

1. Ich weiß nicht, was soll es be-deu-ten, dass ich so trau-rig bin? _____ Ein
Mär-chen aus al-ten Zei-ten, das kommt mir nicht aus dem Sinn. _____ Die
Luft _ ist kühl und es dun-kelt und ru-hig fließt der Rhein, _____ der
Gip-fel des Ber-ges fun-kelt im A-bend-son-nen-schein. _____

2. Die schönste Jungfrau sitzet
dort oben wunderbar,
ihr goldnes Geschmeide blitzet,
sie kämmt ihr goldenes Haar;
Sie kämmt es mit goldenem Kamme
und singt ein Lied dabei;
das hat eine wundersame,
gewaltige Melodei.

3. Den Schiffer im kleinen Schiffe
ergreift es mit wildem Weh;
er schaut nicht die Felsenriffe,
er schaut nur hinauf in die Höh.
Ich glaube, die Wellen verschlingen
am Ende Schiffer und Kahn;
das hat mit ihrem Singen
die Lorelei getan.

Christoph Friedrich Dörr, Friedrich Silcher und
Ehefrau Louise Rosine (geborene Enßlin), um 1822

Friedrich Silcher (1789–1860) schuf zahlreiche beliebte Lieder vor allem für Männerchöre. In der Romantik blühte das gemeinschaftliche unbegleitete Singen in Männerchören auf. Es entsprang der damaligen Begeisterung für Volkslieder, die systematisch gesammelt und veröffentlicht wurden. Neben der Freude an der Musik bot das Singen Anlass für Geselligkeit. Es gründeten sich Gesangsvereine, die ebenso wie die zeitgleich entstandenen Turnvereine auch eine politische Dimension hatten: Sie boten dem aufstrebenden Bürgertum die Gelegenheit, sich zu organisieren und seinem Wunsch nach nationaler Einheit Ausdruck zu verleihen. Silcher selbst gründete mit seiner Tübinger Liedertafel 1829 einen solchen Gesangsverein, den er bis zu seinem Tod leitete. Das Gedicht von Heinrich Heine (1797–1856) greift eine Sage auf, deren Ort genau benannt ist: der Loreleifelsen am Mittelrhein.

≫► **1** *Welche Bezüge zur Geisteswelt der Romantik lässt das Lied erkennen?*

Der König von Thule ↗ Kapitel „Romantik" S. 60 ff.　　Worte: Johann Wolfgang von Goethe · Melodie: Carl Friedrich Zelter

Begl. / Mel.

1. Es war ein Kö - nig in Thu - le gar treu bis an das Grab, dem
2. Es ging ihm nichts dar - ü - ber, er leert' ihn je - den Schmaus, die
3. Und als er kam zu ster - ben, zählt er sei - ne Städt' und Reich', gönnt'

(1.) ster - bend sei - ne Buh - le ei - nen gold - nen Be - cher gab.
(2.) Au - gen gin - gen ihm ü - ber, so oft er trank dar - aus.
(3.) al - les sei - nem Er - ben, den Be - cher nicht zu - gleich.

4. Er saß beim Königsmahle,
   die Ritter um ihn her,
   im hohem Vätersaale
   dort auf dem Schloss am Meer.

5. Dort stand der alte Zecher,
   trank letzte Lebensglut,
   und warf den heil'gen Becher
   hinunter in die Flut.

6. Er sah ihn stürzen, trinken
   und sinken tief ins Meer,
   die Augen täten ihm sinken,
   trank nie einen Tropfen mehr.

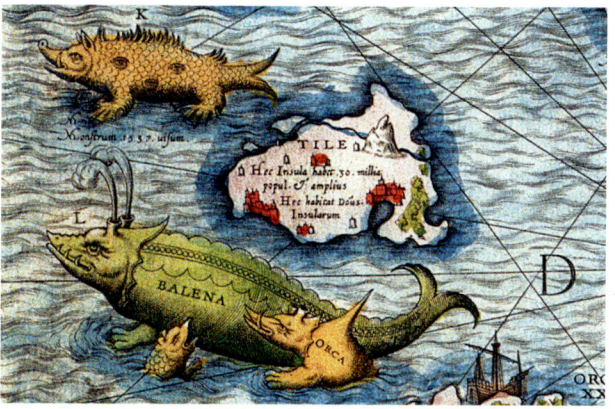

Olaus Magnus, Fantastische Landkarte von Thule, 1539

Diese Ballade dichtete Johann Wolfgang von Goethe 1774 und verwendete sie später in seinem Drama „Faust". Dort ist sie das erste von drei Liedern, die Margarete („Gretchen") im Verlauf der Handlung singt; sie spiegeln Entwicklungen im Liebesverhältnis von Margarete zu Faust wider. Allerdings hatten die „Lieder" des Dramas keine Melodien, sodass sich bis in die Gegenwart Musiker dazu angeregt fühlten, die Gedichte ausdrucksvoll zu vertonen. Im Falle des *Königs von Thule* könnte ein weiterer Grund darin liegen, dass das Gedicht wie der Text eines Volksliedes wirkt. Carl Friedrich Zelter (1758– 1832) komponierte seine Fassung 1812. Goethe und Zelter verband eine enge Freundschaft.

1 Thule: sagenumwobene Insel der griechischen Mythologie
2 Buhle: Geliebte
3 die Augen gingen ihm über: es traten ihm Tränen in die Augen

»➤ **2** *Klärt den Inhalt des Textes und überlegt, welche Ähnlichkeiten das Gedicht zum Volkslied aufweist.*

»➤ **3** *Singt ausdrucksvoll in verteilten Rollen. Findet einen geeigneten Rhythmus und begleitet euch mit Trommeln und dem Spielsatz.*

Wiener Damen-Ländler ↗ Kapitel „Romantik" S. 60 ff.

Franz Schubert

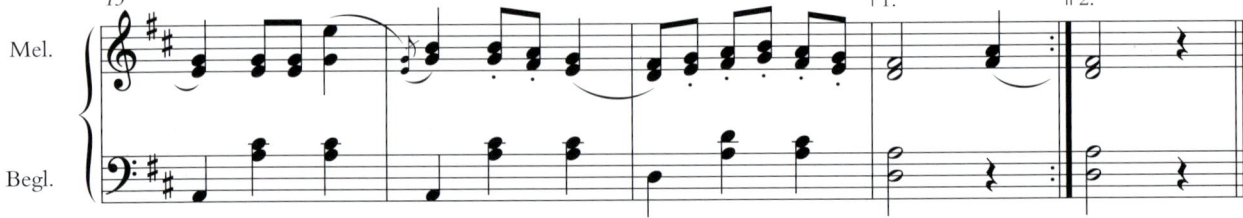

»► **1** *Musiziert und tanzt den Ländler von Franz Schubert.*
Passt eure Begleitung dem Tempo der Tänzer an. ↗ S. 71, 249

Tanzbeschreibung
Aufstellung: je vier Tänzer im Kreis, Hände gefasst

Teile/Takte

A 1–4 im Uhrzeigersinn im Charakter der Musik gehen
  5–8 dasselbe in die Gegenrichtung
    Wiederholung Teil A bis hierhin
A' 1–4 Allemanden-Kreuzfassung: Beide Tänzer stehen mit
    der gleichen Schulterseite nebeneinander und fassen
    kreuzweise beide Hände, der Arm der äußeren
    Schulter geht über den Rücken
  5–8 dasselbe mit dem anderen Partner

Ferdinand Freiherr von Reznicek, Aufforderung zum Tanz

B   9–12   Knie leicht gebeugt:

                        3 Klatscher im Metrum mit der rechten Hand auf das linke Knie,

                        3 Klatscher mit der linken Hand auf das rechte Knie,

                        3 Klatscher in die Hände,

                        1 Klatscher mit beiden Händen auf die Knie, in der Pause einen Schritt zum seitlichen Partner

        13–16   dasselbe rechte gegen rechte Hand, linke gegen linke Hand,

                        beide Hände gegen beide Hände des Partners klatschen,

                        1 Klatscher ist auf die eigenen Knie, in der Pause zum anderen Partner wechseln

                        Wiederholung Teil B

B'   9–12   dasselbe wie in den Takten 9–12 mit dem anderen Partner,

                        am Ende in der Pause zurück auf den Ausgangsplatz

        13–16   alle improvisieren einen Schuhplattler

Aus grauer Städte Mauern ↗ Kapitel „Musik und Gesellschaft" S. 172 f.   Worte: 1.–3. Strophe Hans Riedel, 4. Strophe Hermann Löns · Melodie: Robert Götz

2. Der Wald ist unsre Liebe, der Himmel unser Zelt,
   ob heiter oder trübe, wir fahren in die Welt.

3. Ein Heil dem schönen Walde, zu dem wir uns gesellt.
   Hell klingt's durch Berg und Halde, wir fahren in die Welt.

4. Die Sommervögel ziehen schon über Wald und Feld.
   Da heißt es Abschied nehmen, wir fahren in die Welt.

Das Lied entstand in der Jugendbewegung und wurde von „Wandervögeln" gesungen. Text und Musik spiegeln diesen Entstehungskontext wider. ↗ S. 172

»► **2** *Welche musikalischen Gestaltungsmerkmale weisen das Lied als Wanderlied aus?* ◉ **V|57**

»► **3** *Wie wird die „Welt" außerhalb der Städte beschrieben? Was wird über die Menschen ausgesagt, die sich den Sängern nicht anschließen wollen?*

»► **4** *Dichtet eine Strophe für diejenigen, die in der Stadt bleiben wollen, mit dem Kehrreim: „Halli, hallo, wir bleiben, wir bleiben in der Stadt."*

Himmel auf ↗ Kapitel „Ouvertüre" S. 12 — Stefanie Kloss, Andreas Nowak, Johannes und Thomas Stolle

Intro: Chor

Oh oh— oh oh— oh oh— oh oh— oh oh— oh oh— oh oh— oh oh

1. Tau-send Kreu-ze trägt er ü-ber den Tag, — drei-hun-dert-fünf-und-sechs-zig Ta-ge im Jahr.
2. Es ist das Le-ben hier im Pa-ra-dies, — wenn das sü-ße Gift in ih-re Ve-nen schießt,

Zwölf Stun-den zeich-nen sein— Ge-sicht, es ist o. k., a-ber schön ist es nicht.
Ver-gisst sie al-les, was so gna-den-los schien, den kal-ten Him-mel und das kal-te Ber-lin.

Je-den Mor-gen geht er durch die-se Tür, und je-den Mor-gen bleibt die Fra-ge, wo-für? Und
Sie ist nicht gern ge-se-hen in die-ser Stadt, weil un-ser Netz sie nicht auf-ge-fan-gen hat, weil

je-der Tag glei-tet ihm aus der Hand— un-ge-bremst ge-gen die Wand. Ist nicht
der Teu-fel sei-ne Krei-se um sie zog, noch nie fiel ihr was in den Schoß. Ist nicht

ir-gend-wo da drau-ßen'n biss-chen Glück für mich, ir-gend wo 'n Tun-nel-en-de, das Licht ver-spricht? Er will so
ir-gend-wo da drau-ßen'n biss-chen Glück für mich, ir-gend wo 'n Tun-nel-en-de, das Licht ver-spricht? Sie will so

viel, doch ei-gent-lich nicht, nur ein klei-nes biss-chen Glück.
viel, doch ei-gent-lich nicht, nur ein klei-nes biss-chen Glück. 1., 2. Wann reißt der

Him-mel auf, — auch für mich, auch für mich? Wann reißt der Him-mel auf, — auch für mich,

— auch für mich? Wann reißt der Him-mel auf, — sag mir wann, — sag mir wann? Wann reißt der

Him-mel auf, ___ auch für mich, ___ auch für mich? Sag, wann reißt der

1. Him-mel auf? ___ Sag, wann reißt der Him-mel auf? ___

2. Him-mel auf? ___ Wann reißt der Him-mel auf? ___

Outro: Chor

Oh oh ___ oh oh ___ oh oh ___ oh oh ___ oh oh ___ oh oh ___ oh oh ___ oh oh

Silbermond aus Bautzen/Budyšin (Sachsen) gehört zu den erfolgreichsten deutschen Bands. Hervorgegangen aus einem Jugendprojekt (1998) sangen die vier Musiker anfangs Cover und eigene Songs auf Englisch. Aus der Unzufriedenheit mit ihren englischen Texten entstanden ab 2001 die ersten deutschsprachigen Lieder. Silbermond unterstützt heute Nachwuchsbands und setzt sich für die sorbische Kultur ein.

》► **1** *Interpretiert den Song von Silbermond.* ↗*S. 12, 16*
a) Vergleicht den Ablauf der Musik mit dem Hörbeispiel. ◉ I|9
b) Setzt das Intro und Outro zweistimmig um.
c) Gestaltet den Text nach euren Vorstellungen. Ihr könnt dafür den Rhythmus und die Tonhöhen auch verändern.

Major Tom (völlig losgelöst) ↗ Kapitel „Rock- und Popmusik" S. 128 f.   Pierre Schilling

1. Gründ-lich durch-ge-checkt steht sie da und war-tet auf den Start,
2. Ef-fek-ti-vi-tät be-stimmt das Han-deln, man ver-lässt sich blind
3. Erd-an-zieh-ungs-kraft ist ü-ber-wun-den, al-les läuft per-fekt,
4. Im Kon-troll-zen-trum, da wird man pa-nisch, der Kurs der Kap-sel, der

al-les klar. Ex-per-ten strei-ten sich um ein paar Da-ten.
auf den an-dern. Je-der weiß ge-nau, was von ihm ab-hängt.
schon seit Stun-den. Wis-sen-schaft-li-che Ex-pe-ri-men-te.
stimmt ja gar nicht. Hal-lo, Ma-jor Tom, kön-nen Sie hö-ren?

Die Crew hat dann noch ein paar Fra-gen, doch
je-der ist im Stress, doch Ma-jor Tom
doch was nüt-zen die am En-de, denkt
Woll'n Sie das Pro-jekt denn so zer-stö-ren? Doch

1., 3.
der Count-down läuft.
macht ei-nen Scherz.
sich Ma-jor Tom.
er kann nichts hör'n.

2., 4.
Dann hebt er ab und:
Er schwebt wei-ter.

2., 4. Völ-lig los-ge-löst von der Er-de schwebt das Raum-schiff, völ-lig schwe-re-

1. los.
2. 3. Die los. Die Er-de schim-mert blau,

sein letz-ter Funk kommt: „Grüßt mir mei-ne Frau!" Und er ver-stummt.

Un-ten trau-ern noch die E-go-is-ten, Ma-jor Tom denkt sich, wenn die wüss-ten!

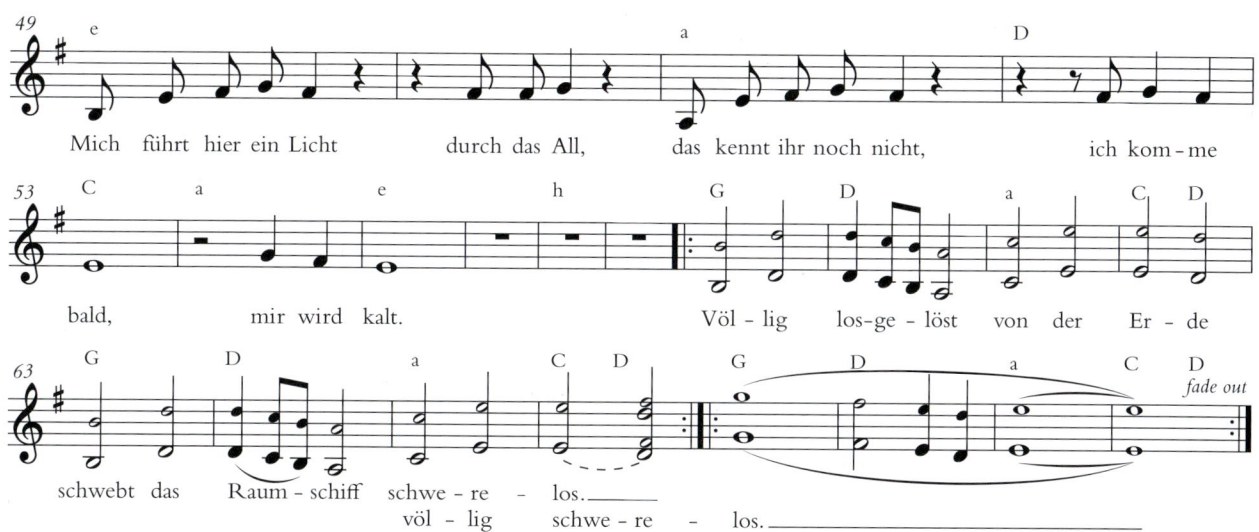

Mich führt hier ein Licht durch das All, das kennt ihr noch nicht, ich kom-me

bald, mir wird kalt.   Völ - lig los-ge - löst von der Er - de

schwebt das Raum - schiff schwe - re - los.
völ - lig schwe - re - los.

Space oddity

David Bowie

Ground control to Major Tom, ground control to Major Tom,
take your protein pills and put your helmet on.
Ground control to Major Tom, commencing countdown, engines on.
Check ignition and may God's love be with you.

This is ground control to Major Tom, you've really made the grade.
And the papers want to know whose shirts you wear.
Now it's time to leave the capsule, if you dare.
This is Major Tom to ground control, I'm stepping through the door
and I'm floating in a most peculiar way.
And the stars look very different today.
For here am I sitting in a tin can far above the world.
Planet Earth is blue and there's nothing I can do.

Though I'm past one hundred thousand miles, I'm feeling very still
and I think my spaceship knows which way to go.
Tell my wife I love her very much, she knows.

Ground control to Major Tom, your circuit's dead, there's something wrong.
Can you hear me, Major Tom? Can you hear me, Major Tom?
Can you hear me, Major Tom? Can you hear …

… here am I floating round my tin can far above the moon.
Planet Earth is blue and there's nothing I can do.

Als Peter Schilling gelang dem Stuttgarter Pierre Schilling mit *Major Tom* ein überragender Hit der „Neuen Deutschen Welle": Nr. 1 in Deutschland, Österreich, der Schweiz und – in einer englischsprachigen Fassung – in Kanada. Der erfolgreichste Musiktitel des Jahres 1983 im deutschen Musikmarkt greift eine Gestalt von David Bowie aus dessen Song *Space oddity* (1969) auf: einen Astronauten, dessen Raumflug scheitert und der mit seiner Raumkapsel in der Weite des Weltalls verschwindet. ↗ S. 128

»➤ **1** *Singt den Song von Peter Schilling und vergleicht ihn mit der Vorlage von David Bowie. Geht zunächst vom Text aus und untersucht anschließend dessen musikalische Gestaltung. Versucht eine persönliche Bewertung beider Lieder.* ◉ **VI | 63, IV | 31**

»➤ **2** *Der Song wird am Ende ausgeblendet (engl. fade out). Findet als Alternative einen passenden Schlussakkord.*

The Time Warp ↗ Kapitel „Musik und Szene" S. 164 f.   Richard O'Brien

1. It's a-stound-ing, time is fleet-ing, mad-ness takes its toll.

Lis-ten close-ly, not for ve-ry much lon - ger, I've got to keep con-trol.

I re-mem-ber do-ing the Time Warp, drink - ing those mo-ments, when

the black-ness hit me and the void would be call - ing____

let's do the Time Warp a-gain, let's do the Time Warp a-gain.

It's just a jump to the left____ and then a step to the right____

with your hands on your hips____ you bring your knees in tight____

but it's the pel - vic thrust,____ that real-ly drives you in - sane.____

Let's do the Time Warp a-gain, let's do the Time Warp a-gain.

Der Song aus der *Rocky Horror Show* wurde in den 1980er- und 1990er-Jahren zum beliebten Partytanz. Das Besondere: Die Tanzanweisungen für den Gruppentanz sind in den Songtext integriert. Der Titel verweist auf den fiktiven „Warp-Antrieb", mit dem das Raumschiff Enterprise in der gleichnamigen Science-Fiction-TV-Serie „Star Trek" mit Überlichtgeschwindigkeit fliegen konnte: Die Raumzeit wird gekrümmt (*engl.* to warp, krümmen).

2. It's so | dreamy, | oh fantasy | free me. |
   So you can't | see me, | no, not at | all. |
   In another di- | mension | with voyeuristic in- | tension. |
   Well se- | cluded, | I'll see | all. |
   With a bit of a | mind flip, |
   you're into the | time slip |
   and | nothing | can ever be the | same. |
   You're spaced out on sen- | sation, |
   like you're under se- | dation.

Die zweite Strophe wird gesprochen. Die letzte Zeile der zweiten Strophe kann gesungen werden.

»▶ **1** *Singt und tanzt „The Time Warp".* ◎ **V|53** 📄

Somewhere over the rainbow ↗ Kapitel „Ouvertüre" S. 10 und „Musiklabor" S. 200 f.

Worte: Edgar Y. Harburg
Melodie: Harold Arlen

»▶ **2** *Bevor ihr das Lied interpretiert, singt euch gut ein: Übt besonders den Oktavsprung am Anfang und die Folge von Terzen ab Takt 10. Versucht jeweils zwei Takte auf einen Atem zu singen und bei längeren Notenwerten die Stimme klingen zu lassen.* ↗ S. 10, 200 f.

Into the west ⬀ Kapitel „Musik und Szene/Gesellschaft" S. 162 f., 184   Annie Lennox, Howard L. Shore, Franees R. Walsh

1. Lay down your sweet and wea-ry head.
2. Hope fades in-to the world of night

Night is fal-ling. You have come to jour-ney's end.
through shad-ows fall-ing out of mem-o-ry and time.

Sleep now. Dream of the ones who came be-fore.
Don't say, we have come now to the end.

They are cal-ling from a-cross the dis-tant shore.
White shores are call-ing you and I will meet a

Why do you weep? What are these tears up-on your face?

Soon you will see all of your fears will pass a-way.

Safe in my arms, you're on-ly sleep-ing.

What can you see on the ho-ri-zon? Why do the white gulls

call? A-cross the sea, a palemoon ris-es.

The ships have come to car-ry you home. And all will turn

to sil-ver glass. A light on the wa-ter, (1.) all souls pass.
(2.) grey ships
2. a gain. And you'll be here in my arms just sleep-ing.
coda G/H pass in-to the West.

»► **1** *Gestaltet einen deutschsprachigen Text zum Song. Wie weit ihr euch von der Vorlage entfernen wollt, entscheidet ihr selbst.* ↗ *S. 145* ◎ **VI|11**

Canon in swing ♪♪ = ♩♪ ↗ Kapitel „Jazz" S. 105 ff., 137   Rieks Veenker

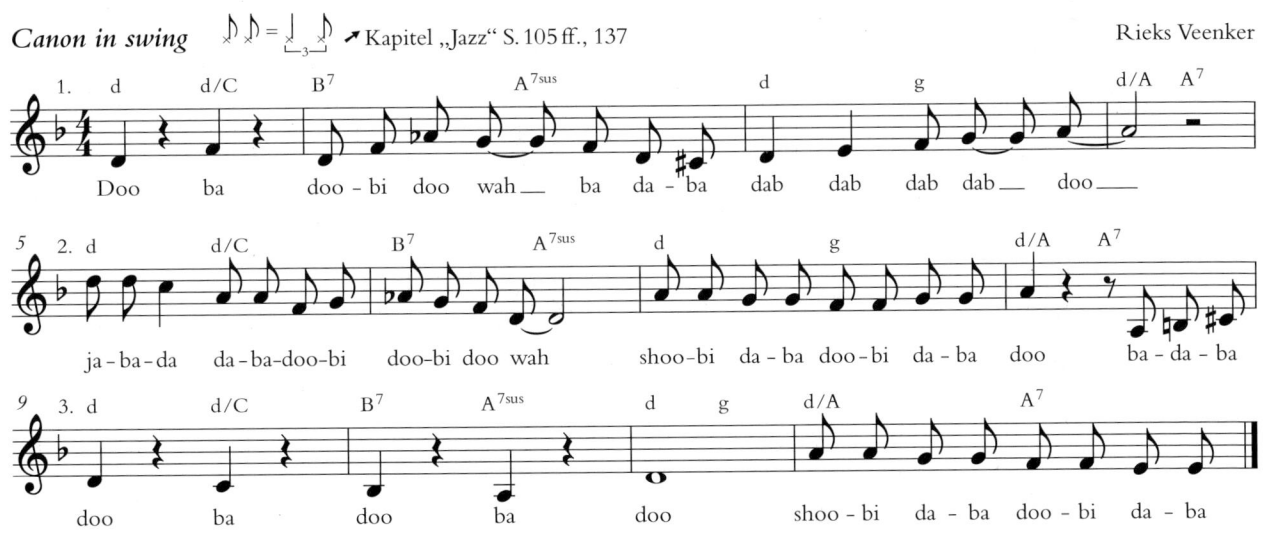

Doo ba doo-bi doo wah ba da-ba dab dab dab dab doo
ja-ba-da da-ba-doo-bi doo-bi doo wah shoo-bi da-ba doo-bi da-ba doo ba-da-ba
doo ba doo ba doo shoo-bi da-ba doo-bi da-ba

Tanzbeschreibung

Takte 1–4: In Halben mit rechts beginnend vier Schritte vorwärts, drei rückwärts, dann den linken neben dem rechten Fuß anstellen.

Takte 5, 6: In Halben abwechselnd den rechten und den linken Arm zur Seite bewegen, gleichzeitig den Oberkörper mit „verschieben".

Takte 7, 8: Mit vier Schritten in einem kleinen Kreis über rechts einmal um sich selbst drehen.

Takte 9, 10: Jeweils auf die 2. und 4. ZZ abwechselnd das rechte Bein diagonal über das linke Bein in die Luft kicken, gleichzeitig den linken Arm seitlich nach vorn bewegen und schnipsen, das linke über das rechte Bein in die Luft kicken, den rechten Arm seitlich nach vorn bewegen und schnipsen.

Takt 11: Auf die 4. ZZ beide Arme nach vorn oben bewegen.

Takt 12: Auf die 1. ZZ sind beide Arme wieder unten. Gleichzeitig in Achteln den Oberkörper „schütteln" und nach unten bewegen.

»► **2** *Singt und tanzt den Kanon im Swingfeeling.*

Backwater blues ↗ Kapitel „Jazz" und „Rock- und Popmusik" S. 105 ff., 122 f., 137   Huddie Ledbetter

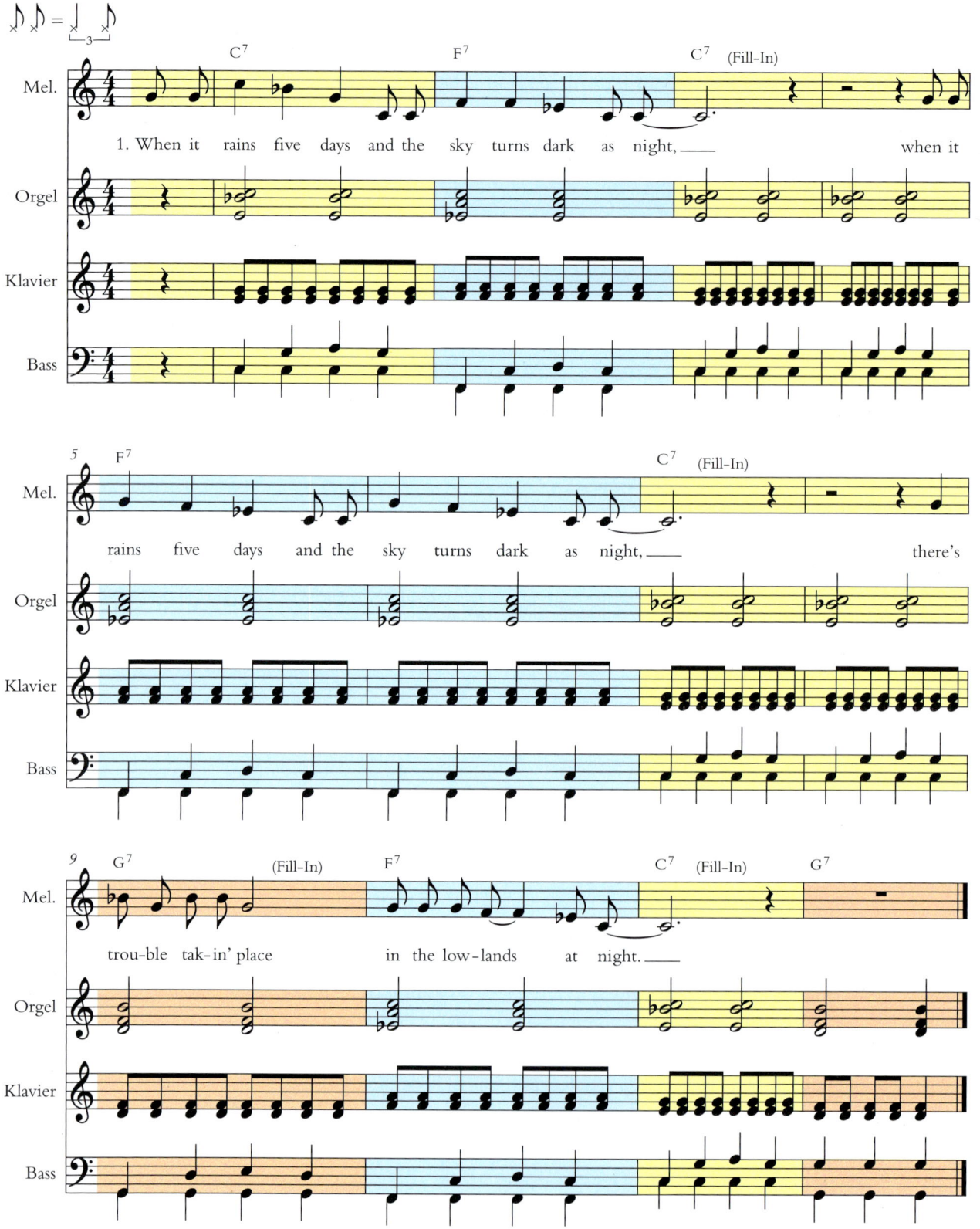

2. ‖: I woke up this mornin', can't even get out of my door. :‖
There's enough trouble to make a poor girl wonder where she wants to go.

3. ‖: Then they rowed a little boat about five miles 'cross the pond, :‖
I packed all my clothes, throwed them in, an' they rowed me along.

4. ‖: When it thunders an' lightnin' an' when the wind begins to blow, :‖
there's thousands of people ain't got no place to go.

5. ‖: Then I went and stood upon some high old lonesome hill, :‖
then looked down on the house where I used to live.

6. ‖: Backwater blues done call me to pack my things an' go, :‖
'cause my house fell down an' I can't live there no more.

7. ‖: Mm, mm, I can't move no more, :‖
There ain't no place for a poor old girl to go.

》➤ **1** *Bildet eure Klassenband und singt und musiziert den „Backwater blues"
von Huddie Ledbetter (1888–1949), genannt Lead Belly.* 📄
a) *Phrasiert im Swingfeeling.* ➚ *S. 105 ff., 137* ◉
b) *Spielt die Fill-Ins mit Tönen der Bluestonleiter.*
c) *Probiert ein eigenes, improvisiertes Solo.*
d) *Welche bluestypischen Noten prägen die Orgelstimme?*

Goin' home ➚ Kapitel „Die Romantik" S. 68 f.   Worte: William A. Fisher · Melodie: nach Antonín Dvořák

Die Melodie dieses Liedes entstammt dem zweiten Satz der *Sinfonie Nr. 9 in e-Moll (Aus der neuen Welt)* von Antonín Dvořák. Diese Liedfassung verbreitete sich schnell und fand auch Eingang in das Repertoire vieler Spiritual-Chöre.

》➤ **2** *Vergleicht diese Fassung mit dem Original.* ➚ *S. 68 f.*

》➤ **3** *Wählt die Grundtöne der Harmonien und begleitet euch mit ruhigen Vierteln. Beachtet die Synkopen in der Melodie.*

Hit the road, Jack   ♪♫ = ♩ ♪ ⌐3⌐ ✎ Kapitel „Rock- und Popmusik" S. 124 f.   Percy Mayfield

1.–4. Hit the road, Jack, and don't you come back no more, no more, no more, no more. Hit the

road, Jack, and don't you come back no more. (What you say?)

1. Woah, wo-man, oh___ wo-man, don't treat me so mean. You're the

mea-nest old wo-man that I've e-ver seen. I guess if you said so. I'd

have to pack my things and go. (That's right.) 2. Now___

ba-by, list-en, ba-by, don't ya treat me this a way. 'Cause I'll be back___ on my
care___ if you do___ 'cause it's un – der – stood. You ain't got mo-ney you just

feet some-day. 3. Don't___ ain't no good. Well, I guess if you said

so. I'd have to pack my things and go. (That's right.)

Begleitung

Vocal Percussion

dun ka dun ka dun ka dun ka

2. Stimme

Keyboard

Bass

》► **1** *Singt „Hit the road, Jack" und spielt die Begleitung dazu:*
Hört euch die Interpretation von Ray Charles an. Überlegt, warum
in der Strophe Frauen- und Männerstimmen abwechselnd besetzt sind.
Gestaltet dies in eurer Liedversion. ↗ *S. 124 f.* ◉ **II|57** ◉

Scarborough Fair ↗ Kapitel „Rock- und Popmusik" S. 145 und „Musiklabor" S. 194, 210   Aus England

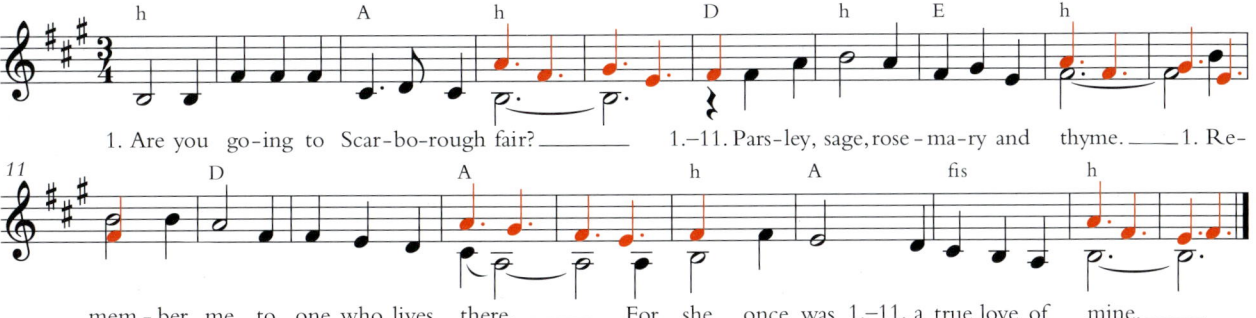

1. Are you go-ing to Scar-bo-rough fair?_____ 1.–11. Pars-ley, sage, rose - ma-ry and thyme.____ 1. Re-
mem – ber me to one who lives there. _____ For she once was 1.–11. a true love of mine.____

2. Tell her to make me a cambric shirt. Parsley…
   Without no seam nor fine needlework, and then she'll be…

3. Tell her to wash it in yonder dry well. Parsley…
   Which never sprung water, nor rain ever fell, and then she'll be…

4. Tell her to dry it on yonder thorn. Parsley…
   Which never bore blossom since Adam was born, and then she'll be…

5. Ask her to do me this courtesy. Parsley…
   And ask for a like favour from me, and then she'll be…

6. Have you been to Scarborough Fair? Parsley…
   Remember me from one who lives there, for he once was a true love of mine.

7. Ask him to find me an acre of land. Parsley…
   Between the sea foam and the sea sand, for then he'll be…

8. Ask him to plough it with a lamb's horn. Parsley…
   And sow it all over with one peppercorn, for then he'll be…

9. Ask him to reap it with a sickle of leather. Parsley…
   And tie it all up with a peacock's feather, or never be…

10. When he has done and finished his work. Parsley…
    Ask him to come for his cambric shirt, for then he'll be…

11. If you say that you can't, then I'll reply, Parsley…
    Oh, let me know that at least you will try, or you'll never be a true
    love of mine.

Das alte Lied spielt auf die einst bedeutende Handelsmesse an, die seit
1523 stets vom 15.8. bis 29.9. im mittelenglischen Hafenort
Scarborough stattfand. Es stammt vermutlich aus dem 16./17. Jahrhundert. Inzwischen finden sich unzählige Textvarianten. Durch eine
Interpretation von Simon & Garfunkel wurde der Song noch popu-
lärer. ◉ **VI|51**

Simon & Garfunkel, 1981

》► **2** *Studiert das Lied ein*
und achtet auf die Glocken-
spielstimme (siehe rot ge-
färbte Noten). Singt mit
verteilten Rollen: Strophen
1, 6 und 11 gemeinsam,
Strophen 2 bis 5 Männer-
stimmen, Strophen 7 bis 10
Frauenstimmen.

》► **3** *Bestimmt die beson-*
dere Tonart. ↗ *S. 210*

With a little help from my friends

♪♪ = ♩♪ ↗ Kapitel „Rock- und Popmusik" S. 138 f.

John Lennon,
Paul McCartney

1. What would you think, — if I sang out of tune, — would you stand — up and walk — out on me? — Lend me your ears — and I'll sing — you a song — and I'll try — not to sing — out of key. — Oh, — No, — I get by — with a lit-tle help of my friends. — Mm, I get high with a lit-tle help from my friends. — Mm, I'm gon-na try with a lit-tle help from my friends. — Do you need — an-y-bod-y? — I need some-bod-y to love. — Could it be — an-y-bod-y? — I want some-bod-y to love. —

2. What do I do — when my love — is a-way, — does it wor-ry you to — be a-lone? — How do I feel — by the end — of the day, — are you sad — be-cause you're — on your own? —

3. Would you be-lieve — in a love — at first sight? — Yes, I'm cer-tain that it hap-pens all the time. — What do you see — when you turn — out the light? — I can't tell — you but I — know it's mine. —

— nach Strophe 3
dal segno ℅ al fine

»► **1** *Singt die Frage „Do you need anybody?" (▬) mehrstimmig.*

Den Song schrieben Lennon und McCartney 1967 für Beatles-Schlagzeuger Ringo Starr, der ihn als „Billy Shears" im Rahmen des Konzeptalbums „Sgt. Pepper's Lonely Hearts Club Band"[1] sang. Zum Nr.-1-Hit wurde das Lied durch die Interpretation von Joe Cocker im folgenden Jahr.

1 Sergeant Peppers Kapelle vom Club der einsamen Herzen

Heaven is a wonderful place ↗ Kapitel „Jazz" S. 105, 116

Gospel aus den USA

Kanon

➤ 2 *Bildet drei Gruppen nach euren bevorzugten Stimmlagen. Jede Gruppe singt in ständiger Wiederholung zwei Zeilen des Kanons. Es beginnt Gruppe 1 (Jungen), nach acht Takten kommt Gruppe 2 hinzu usw. Geendet wird gemeinsam. Begleitet euch mit Körperinstrumenten.*

Der Gospelsong schildert die Situation, wenn nach christlichem Glauben der Verstorbene in den Himmel kommt. Dies wird als glücklicher Moment beschrieben, da er dem Heiland (*engl.* saviour) begegnen wird. Das Lied verbreitet Lebensfreude, denn der Tod verliert damit seinen Schrecken. Vor allem in Deutschland ist dieser Gospelsong sehr populär. Übrigens begann auch Xavier Naidoo, dessen Vorname wie saviour gesprochen werden soll, seine Musiklaufbahn unter anderem in einem Gospelchor.

234

In the mood Kapitel „Jazz" S. 105 ff. Joseph C. Garland

Klavierbegleitung

Swingparty in den 1930er-Jahren in den USA

》► 1 *Entdeckt das Swingfeeling.* ↗ *S. 105 ff.*
a) *Bewegt euch zur Musik am Platz, schnipst dazu auf die zweite und vierte Zählzeit.*
◎ **III|47**
b) *Musiziert die Melodie und Begleitung auf Tasteninstrumenten und beachtet die ternäre Spielweise der Achtelnoten.*
c) *Setzt die Klavierbegleitung in den Strophen entsprechend den Harmonien um.*
d) *Begleitet den Refrain mit den Grundtönen der Harmonien im Metrum.*
e) *Bildet vier Gruppen: Jede Gruppe singt eine Zeile in den Strophen. Den Refrain singen alle gemeinsam.*
f) *Recherchiert im Internet, wie sich das Swingfeeling beim Tanzen widerspiegelt. Singt, musiziert und tanzt gemeinsam.*

Tanzbeschreibung

Aufstellung: Verteilt euch paarweise frei im Raum, stellt euch gegenüber und gebt euch die rechte Hand.

Mögliche Schrittkombinationen:

1. Springt im Metrum zur Musik abwechselnd jeweils zweimal auf das rechte und linke Bein und kickt das jeweils andere in die Luft. Bewegt euch dabei wenn möglich aufeinander zu und wieder voneinander weg. Das Kicken des jeweils freien Beines kann auch durch Anwinkeln desselbigen ersetzt werden.

2. Fasst euch an beiden Händen, dreht euch einmal um euch selbst, ohne die Hände dabei loszulassen.

3. Stellt euch gegenüber, ohne Handfassung. Auf die ersten drei Zählzeiten macht ihr jeweils einen Schritt seitwärts rechts und stellt das linke Bein an; auf die 4. Zählzeit ein Schritt seitwärts rechts und kickt mit dem linken Bein über das rechte. Dann wiederholt ihr alles zur anderen Seite, sodass ihr euch wieder gegenübersteht.

》► 2 *Kombiniert die Schritte unterschiedlich und erfindet weitere zur Ergänzung.*

236

Shy boy ↗ Kapitel „Jazz" S. 115

Mike Batt

Strophen 1, 2

1. I'm sit-tin' in the win-dow of a street ca-fé,
2. So good look-ing you seem to be, but you're too

watch-in' you walk-ing by each day. It seems that you al-ways wan-na
tongue-tied to say hi to me. You could make it hap-pen so ea-

look my way. Hey, you can't de-ny, boy,
si-ly. Wooh, I'll tell you why, boy,

Bridge

you're such a shy boy. Most guys ad-ver-tise by
'cos I'm look-ing for a shy boy.

mak-ing eyes and tell-ing lies. If you on-ly knew

you could make your dreams come true. All you got-ta do is ask me to. 3. If

Strophen 3, 4

this was a quiz on a T. V. show and the prize was a guy who would love me so, what-
4. Some guys act a bit too sure and may-be you're think-in' that less is more, but

ev-er they ask, the an-swer I know. Hey,
Ho-ney you still got-ta knock on my door. Hey,

my re-ply, boy, is gim-me a shy boy.
just try, boy, and you could be my boy.

Bassstimme

[Notenbeispiel: Bassstimme mit Intro, Strophen (C), Bridge, 2x Wiederholung, dal segno al fine]

Ablauf

Intro
Strophen 1+2
Bridge
Strophe 3
(Solo)
(Bridge)
Strophe 4
(Coda)

Müssen Jungen stark sein? Und müssen Mädchen warten, bis sie von einem Jungen angesprochen werden? Es kann manchmal so schwierig sein, wenn man sich verliebt und der Mut fehlt, die Initiative zu ergreifen. Der Song von Katie Melua aus dem Jahr 2006, geschrieben von ihrem Produzenten Mike Batt, könnte vielleicht manchem Jungen Mut machen.

»➤ **1** *Lest die Noten beim Hören mit und findet die Unterschiede im Ablauf.* ◉ IV\7

»➤ **2** *Singt den Song mit verteilten Rollen: die Mädchen die Melodie mit Text, die Jungen die Bassstimme. Überlegt euch hierfür geeignete Singsilben. Unterscheidet dabei die unterschiedlichen rhythmischen Motive. Verwendet zur Unterstützung Instrumente.*

Robert Aragon, Christian oder The shy boy, 1968

Rolling in the deep ↗ Kapitel „Ouvertüre" S. 8 und „Rock- und Popmusik"

Adele L. Adkins, Paul R. Epworth

»➤ 1 Übt in fünf Gruppen. (◉) I|1

a) *Tasteninstrumente, Gitarren: Findet den Grundrhythmus für die Begleitung. Übt die angegebenen Harmonien, beachtet, dass bei der Bezeichnung z. B. H⁵ nur der Grundton und die Quinte gespielt werden sollen, zudem wechseln die Harmonien nicht immer auf den Zählzeiten.*

b) *Findet geeignete Rhythmusinstrumente und verfolgt in der Musik die einzelnen Einsätze.*

c) *Die Sänger entwickeln eine Interpretation, indem sie Wechsel zwischen Solo- und Gruppeneinsätzen festlegen, dynamische Veränderungen einbeziehen u. a.*

d) *Stellt euch eure Gestaltungsergebnisse gegenseitig vor und musiziert dann gemeinsam.*

Bye-bye, love ↗ Kapitel „Musiklabor" S. 200

Worte: Felice Bryant · Melodie: Felice und Boudleaux Bryant
Satz: Ulf Firke

1. There goes my ba – by __ with some – one new. __ She sure looks
hap – py, __ I sure am blue. __ She was my
ba – by __ till he stepped in. __ Good – bye to
ro – mance __ that might have been. __

1. u. 2. Bye – bye, love, bye – bye, hap – pi – ness. Hel – lo lone – li – ness, I
Bye – bye, love, bye – bye, sweet ca – ress. Hel – lo emp – ti – ness, I

1. think I'm gon – na cry. __ 2. feel like I could die. __ Bye – bye, my love, bye – bye.

2. I'm through with romance, I'm through with love,
   I'm through with counting the stars above.
   And here's the reason that I'm so free:
   My lovin' baby is through with me.

>► **1** *Analysiert und interpretiert das Lied.*
a) *In welcher Tonart steht das Original?*
b) *Welche Sekunden findet ihr am Beginn des Refrains in der Melodie und in der zweiten Stimme?* ◉ **VI|54** ↗ *S. 200*
c) *Singt das Lied mehrstimmig und begleitet euch mit Gitarre oder Klavier.*

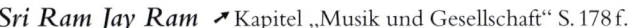

Sri Ram Jay Ram ↗ Kapitel „Musik und Gesellschaft" S. 178 f.   Aus Südindien

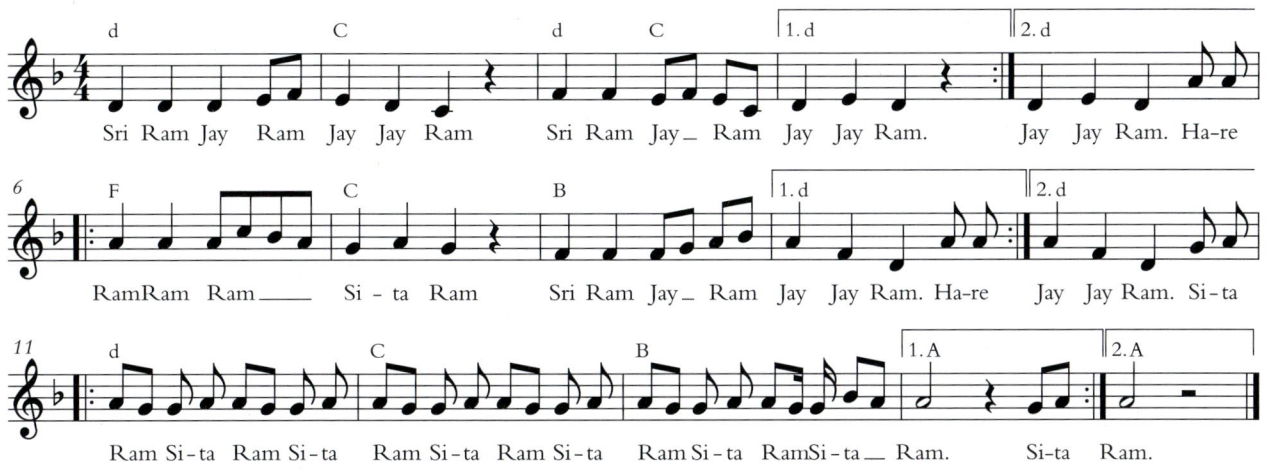

Übersetzung:

Wir grüßen und preisen das göttliche Paar.

Rama und Sita, ihr erfüllt unsere Herzen mit Freuden.

Aussprache
Jay: Dschej
Ram: Raam

Der Gott Rama und seine Frau Sita sind die Helden in dem berühmten indischen Nationalepos „Ramayana", das zwischen dem 4. Jahrhundert vor Christus und dem 2. Jahrhundert nach Christus entstand und in dem die Lebensgeschichte des Prinzen und Gottes Rama erzählt wird. Das Lied beinhaltete eines der bekanntesten indischen Mantren, das Mantra „Sri Ram Jay Ram Jay Jay Ram". Ein Mantra (Sanskrit: Spruch, Lied, Hymne) ist eine kurze Wort- oder Silbenfolge, die rezitiert, gesungen oder im Kopf wiederholt wird. Dieses Mantra wird in Indien täglich in unzähligen Varianten von Millionen von Menschen gesungen und rezitiert. Es soll bei der gewaltfreien Lösung von Konflikten und der Heilung von Negativität und Wut helfen.

>➤ **2** *Singt die Lieder jeweils mehrmals hintereinander im Vorsänger-Nachsänger-Prinzip. Begleitet euren Gesang mit den Cymbel- und Trommelrhythmen von ↗ Seite 179. Nach indischer Art wird das Lied mit den leeren Quinten der angegebenen Akkorde begleitet.*

Govinda Jaya Jaya ↗ Kapitel „Musik und Gesellschaft" S. 178 f.   Aus Indien

Macht hoch die Tür

Worte: Georg Wessel · Melodie: aus Halle (Saale)

1. Macht hoch die Tür, die Tor macht weit; es kommt der Herr der Herr-lich-keit, ein Kö-nig al-ler Kö-nig-reich, ein Hei-land al-ler Welt zu-gleich, der Heil und Le-ben mit sich bringt; der-hal-ben jauchzt, mit Freu-den singt: Ge-lo-bet sei mein Gott, mein Schöp-fer reich von Rat.

2. Er ist gerecht, ein Helfer wert; Sanftmütigkeit ist sein Gefährt,
   sein Königskron ist Heiligkelt, sein Zepter ist Barmherzigkeit;
   all unsre Not zum End er bringt, derhalben jauchzt, mit Freuden singt:
   Gelobet sei mein Gott, mein Heiland groß von Tat.

3. O wohl dem Land, o wohl der Stadt, so diesen König bei sich hat.
   Wohl allen Herzen insgemein, da dieser König ziehet ein.
   Er ist die rechte Freudensonn, bringt mit sich lauter Freud und Wonn.
   Gelobet sei mein Gott, mein Tröster früh und spat.

4. Macht hoch die Tür, die Tor macht weit, eu'r Herz zum Tempel zubereit'.
   Die Zweiglein der Gottseligkeit steckt auf mit Andacht, Lust und Freud;
   so kommt der König auch zu euch, ja, Heil und Leben mit zugleich.
   Gelobet sei mein Gott, voll Rat, voll Tat, voll Gnad.

5. Komm, o mein Heiland Jesu Christ, meins Herzens Tür dir offen ist.
   Ach zieh mit deiner Gnade ein; dein Freundlichkeit auch uns erschein.
   Dein Heil'ger Geist uns führ und leit den Weg zur ewgen Seligkeit.
   Dem Namen dein, o Herr, sei ewig Preis und Ehr.

Giotto di Bondone, Einzug
Jesu in Jerusalem, 1303–1306

Tochter Zion, freue dich   Worte: Friedrich Heinrich Ranke · Melodie: Georg Friedrich Händel

1. Toch - ter Zi - on, freu - e dich, jauch - ze laut, Je - ru - sa - lem!
2. Ho - si - an - na, Da - vids Sohn, sei ge - seg - net dei - nem Volk!
3. Ho - si - an - na, Da - vids Sohn, sei ge - grü - ßet, Kö - nig mild!

Sieh, dein Kö - nig kommt zu dir, ja er kommt, der Friede de -
Grün - de nun dein e - wig Reich, Ho - si - an - na in der Höh!
E - wig steht dein Frie - dens -thron, du, des ew' - gen Va - ters Kind.

fürst. Toch - ter Zi - on, freu - e dich, jauch -ze laut, Je - ru - sa
Ho - si - an - na, Da - vids Sohn, sei ge - seg - net dei - nem Volk!
Ho - si - an - na, Da - vids Sohn, sei ge - grü - ßet, Kö - nig mild!

Der in Wiehe (Thüringen) geborene Theologe Friedrich Heinrich
Ranke schrieb einen Chorsatz Georg Friedrich Händels um, der aus
dessen Oratorien *Joshua* (1747) und *Judas Maccabäus* (in der Neufassung
1751) stammte. Es entstand eines der populärsten Adventslieder im
deutschsprachigen Raum. In England, Frankreich und Norwegen
werden andere Textfassungen gesungen – zum Osterfest.

➤ **1** *Gestaltet gemeinsam das Lied mit Gesang und Instrumenten.*
a) *Sucht einen passenden Anfangston und singt zunächst einstimmig die Melodie.*
b) *Verteilt euch je nach Stimmlage auf die vier Stimmen und probt die einzelnen
Stimmen in der angegebenen Tonlage. Nutzt Instrumente zur Unterstützung. Ihr könnt
beim Proben den Text auch durch passende Singsilben ersetzen.*
c) *Sucht nach Aufführungsorten, an denen euer Gesang besonders gut zur Geltung
kommt (z. B. Treppenhaus, Kirche). Experimentiert dazu mit ungewöhnlichen
Aufstellungen, indem ihr euch in Gruppen an verschiedenen Stellen im Raum aufstellt.*

Es ist ein Ros entsprungen

Satz: Michael Praetorius

1. St./Sopran

1. Es ist ein Ros ent - sprun - gen aus ei - ner Wur - zel zart,
wie uns die Al - ten sun - gen, von Jes - se kam die Art

2. St./Alt

2. Das Blüm - lein, das ich mei - ne, da - von Je - sa - ja sagt,
hat uns ge - bracht al - lei - ne Ma - rie, die rei - ne Magd;

3. St./Tenor

3. Das Blü - me - lein so klei - ne, das duf - tet uns so süß;
mit sei - nem hel - len Schei - ne ver - treibt's die Fin - ster - nis.

4. St./Bass

4. O Je - su, bis zum Schei - den aus die - sem Jam - mer - tal,
lass dein Hilf uns ge - lei - ten hin in den Freu - den - saal,

1. St./Sopran

(1.) und hat ein Blüm - lein bracht mit - ten im kal - ten Win - ter wohl zu der hal - ben Nacht.

2. St./Alt

(2.) aus Got - tes ew - gem Rat hat sie ein Kind ge - bo - ren, wel - ches uns se - lig macht.

3. St./Tenor

(3.) Wahr' Mensch und wah - rer Gott, hilft uns aus al - lem Lei - de, ret - tet von Sünd und Tod.

4. St./Bass

(4.) in dei - nes Va - ters Reich, da wir dich e - wig lo - ben; o Gott, uns das ver - leih!

》➤ **1** *Die Notation des vierstimmigen Satzes von 1609 ist auch heute noch so in den Evangelischen Gesangbüchern zu finden. Welche Besonderheit weist sie auf? Beachtet beim Singen der verschiedenen Stimmen jeweils den richtigen Strophentext.*

Der Text spielt auf das Buch Jesaja im Alten Testament an. Dort heißt es: „Es wird ein Reis hervorgehen aus dem Stamm Isais und ein Zweig aus seiner Wurzel Frucht bringen. Auf ihm wird ruhen der Geist des Herrn, der Geist der Weisheit und des Verstandes, der Geist des Rates und der Stärke, der Geist der Erkenntnis und der Furcht des Herrn." *Jesaja 11, 1–2, Lutherbibel, 1984*
Unter der Nazidiktatur wurde eine Textfassung gesungen, in der alle religiösen Bezüge gestrichen waren.

Tausend Sterne sind ein Dom

Siegfried Köhler

Ruhig, fließend

1. Tau-sen Ster - ne sind ein Dom in stil - ler, wel - ten - wei - ter Nacht. Ein
2. All dies Schwei-gen macht uns froh, ein Leuch-ten durch die Her-zen geht. Und
3. Al - les Dun-kel sinkt hin - weg, wir ha - ben un - ser Licht ent - facht. Es

Licht blüht auf im Ker - zen - schein, das uns um - fängt und glück - lich macht.
sil - bern schwingt der ho - he Dom, vom Hauch der Weih - nach still um - weht.
leuch - tet uns zum neu - en Jahr in tie - fer, stern - ver - klär - ter Nacht.

Vor- und Zwischenspiel

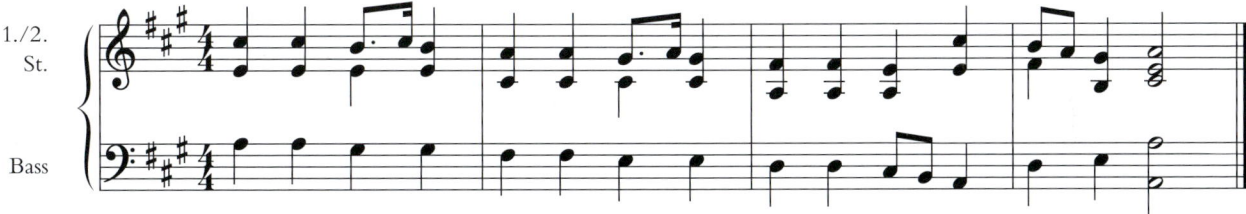

Naumburger Dom

Das Lied stammt aus der gleichnamigen Kantate (op. 8) des Komponisten und gehörte in der DDR zu den beliebtesten Weihnachtsliedern. Nach der Wiedervereinigung Deutschlands wurde es im ganzen Land bekannt.

》➤ **2** *Weihnachtslieder spiegeln ihre Entstehungszeit wider. Wie unterschiedlich mag man Weihnachten gefeiert haben?*
a) *Ordnet die Lieder historisch ein und überlegt, welche musikalischen Epochenmerkmale ihr möglicherweise finden könnt.*
b) *Vergleicht die Texte, indem ihr nach Bildern und Metaphern sucht, die Hinweise auf die Bedeutung des Weihnachtsfests geben.*

afroamerikanische Musik Sammelbezeichnung für Musik, die aus der Verschmelzung afrikanischer und europäischer Traditionen in Amerika entstand (z. B. Jazz, Blues, Rockmusik)

Akkord Zusammenklang von mehr als zwei Tönen unterschiedlicher Höhe

Aleatorik (*lat.* alea, Würfel) Zufallsmusik

Alt tiefe Stimmlage der Frau, auch tiefe Kinderstimme

Arie kunstvolles und gefühlsbetontes Sologesangsstück mit Orchesterbegleitung in Oper, Kantate, Oratorium

Arrangement Instrumentierung, Festlegung des Sounds und Ausarbeitung der einzelnen Stimmen eines Musikstücks

Artikulation Vortragsweise; 1. beim Sprechen: die (sorgfältige) Aussprache; 2. in der Musik: Binden (legato) oder Trennen (staccato) von Tönen

atonal (Gegensatz: tonal) Musik, die nicht auf einen bestimmten Grundton oder eine bestimmte Tonart bezogen ist

Ballett 1. szenische Tanzdarbietung als Teil einer Aufführung; 2. Gattung des Musiktheaters; die Handlung wird zur Musik ohne Sprache und Gesang tänzerisch dargestellt und durch Mimik, Gestik, Kostüme und Bühnenbild unterstützt; 3. Gruppe der ausführenden Tänzer (Ballett-Ensemble)

Bandleader Leiter einer Jazz- oder Rockgruppe

Bariton mitteltiefe Stimmlage des Mannes

Barock Kunstepoche, etwa 1600–1750

Bass 1. tiefe Stimmlage des Mannes; 2. Kurzform für Bassgitarre oder Kontrabass; 3. tiefste Stimme eines Instrumentalsatzes

Beat (*engl.* Schlag) 1. Grundschlag, Metrum; 2. (englische) Rock- und Popmusik der 1960er-Jahre

Belcanto auf Schönklang gerichteter Gesangsstil, ausgehend von der italienischen Oper

Biedermeier idyllischer Kunststil innerhalb der Romantik, etwa 1815–1848

Bigband (*engl.*) großes Jazz- oder Tanzorchester mit mehrfach besetzten Bläserstimmen

binäre Phrasierung Spielweise in regelmäßigen, „geraden" Achteln

Black Music (*engl.* schwarze Musik) populäre afroamerikanische Musik in den USA (z. B. Soul, Hip-Hop)

Blues (*engl.*) in der zweiten Hälfte des 19. Jahrhunderts unter der schwarzen Südstaatenbevölkerung der USA entstandene poetisch-musikalische Ausdrucksform; Vorform des Jazz; fand Eingang in die Rock- und Popmusik; verbreitetes 12-taktiges Formmodell (Bluesschema)

Bordun („Brummbass") tiefer Halteton als Melodiebegleitung

Bossa Nova (*port.* Neue Welle, Kurzform: Bossa) Verbindung aus Jazz und brasilianischer Musik in den späten 1950er-Jahren

Breakdance (*engl.*) akrobatische Tanzform, Teil der Hip-Hop-Kultur

BWV (Abk. für Bach-Werke-Verzeichnis) Verzeichnis aller Kompositionen von Johann Sebastian Bach

Cancan (*frz.*) um 1830 in Frankreich entstandener Sprungtanz in schnellem Tempo

Charleston Modetanz der 1920er-Jahre aus den USA

Choreograf (*altgriech.* „Tanzschreiber") Gestalter einer Choreografie, der die Tanzbewegungen zu einer Musik erfindet, aufzeichnet und mit den Tänzern einstudiert

Coda (*ital.* Schwanz) anhängender Schlussteil eines Musikstücks

Combo kleine, solistisch besetzte Band

Comes (*lat.* Begleiter, Gefährte) zweiter Themeneinsatz in einer Fuge

Concerto grosso Komposition, die auf dem Wechselspiel von vollem Orchester (tutti) und kleiner Gruppe von Soloinstrumenten (concertino) beruht

Cover (*engl.* Hülle, Verb: covern) 1. Bucheinband; 2. Hülle einer CD, DVD o.Ä.; 3. Kurzform für Coverversion

Coverversion (*engl./dt.*) Neuaufnahme eines bereits veröffentlichten Songs, meist in verändertem Arrangement

Dancefloor (*engl.* Tanzboden) u.a. Sammelbezeichnung für verschiedene Stile elektronischer Tanzmusik

Dirty Tones (*engl.* schmutzige Töne) verschliffene oder absichtlich unsauber gespielte Töne, vor allem in afroamerikanischer Musik gebräuchlich

Disco (Kurzform: Diskothek bzw. Discomusik) populärer Tanzmusikstil seit 1975

Dissonanz (*lat.* unterschiedlich, auseinander klingen, Gegensatz: Konsonanz) Zusammenklang von Tönen, der als spannungsgeladen oder misstönend empfunden wird

Dominante fünfter Ton der Tonleiter (Quinte) sowie der darauf gebildete Dreiklang

Dreiklang 1. Zusammenklang von drei Tönen im Terzabstand, 2. Schulbuch für Musikfans

Drumset (*engl.*) Grundinstrumentarium des Schlagzeugers in Jazz und Rock, bestehend aus Bass drum, Snare drum, Hi-Hat sowie weiteren Trommeln und Becken

Dur Tongeschlecht, dessen Tonleiter u.a. durch die große Terz zwischen Grundton und drittem Ton charakterisiert ist (s. Moll)

Durchführung motivisch-thematische Verarbeitung von Themen oder Themenausschnitten, vor allem in der Sonatenhauptsatzform und in der Fuge

Dux (*lat.* Führer) erster Themeneinsatz in einer Fuge

Dynamik in der Musik: Lautstärke und deren Abstufungen, z.B. piano (leise) oder forte (laut)

Elektroakustische Musik Musik, die unter Einsatz elektronischer Hilfsmittel erzeugt und wiedergegeben wird

Ensemble (*frz.* zusammen) Gruppe von Musikern oder anderen Künstlern, die gemeinsam Musik machen

Etüde (*frz.* étude von étudier, studieren) Studie, Übungsstück

Exposition (Vor-, Ausstellung) Vorstellung der Themen als erster Teil der Sonatenhauptsatzform oder der Fuge

Expressionismus (*lat.* expressio – Ausdruck): Anfang des 20. Jahrhunderts entstandene Kunstrichtung, die den subjektiven Ausdruck und seelische Momente thematisiert und eine Wirklichkeitswiedergabe ablehnt

Falsett (*ital.* falso, falsch, künstlich) Gesangstechnik, bei der die männliche Stimme eine Oktave höher klingt als normal (Kopfstimme)

Fermate (*ital.* Haltestelle) 1. Haltezeichen, auch Schlusszeichen im Kanon, 2. abschließende Kapitelseiten im vorliegenden Schulbuch

Filmmusik funktionale Musik, die insbesondere im Tonfilm die emotionale Wirkung des Films unterstützen soll und dabei ästhetisch die Erwartungen des Publikums mit einbezieht; üblicherweise gehört Filmmusik nicht der Sphäre der Filmhandlung an, kann aber auch Teil der Handlung werden, z.B. als Gesangsvortrag innerhalb einer Szene

Finale (*lat.* finis, Ende) Schlussszene eines Opernaktes, eines gesamten Musiktheaterwerkes, einer Show, auch eines mehrsätzigen Musikwerkes

Folk (Kurzform: Folklore) Sammelbegriff für musikalische Stilrichtungen, die an Musizierformen der Volksmusik anknüpfen

Form Gliederung musikalischer Werke von den kleinsten Formeinheiten wie Motiv, Thema, Liedformen bis hin zu den großen zyklischen Formen

Fuge (*lat.* fuga, Flucht) mehrstimmiges, polyfones Instrumental- oder Gesangsstück, bei dem ein einziges Thema nacheinander durch alle beteiligten Stimmen geführt wird (meist drei oder vier, z.B. Sopran, Alt, Tenor und Bass)

Funk (*engl.* funky, umgangssprachlich in den 1950er-Jahren für erdig, schmutzig, erregt) 1. rhythmisch komplexe Spielart afroamerikanischer Musik seit den 1960er-Jahren, z.B. im Soul; 2. zugehöriger Musikstil

funktionale Musik Musik, die auf die Erfüllung außermusikalischer Zwecke zielt, z. B. Filmmusik

Galliarde (*ital.* gagliardo, lustig, ausgelassen) schneller Sprungtanz im Dreiertakt (meist ⅜-Takt) im 16. Jahrhundert

Generalbass im Barock (Generalbasszeitalter) gebräuchliche instrumentale Bassstimme mit Harmonieangaben in Ziffern

Gigue (*engl.* jig, hüpfen) schneller Tanz meist im ⅜-Takt; im 18. Jahrhundert oft Bestandteil der Suite, in der Regel als Schlusssatz

Gospel (*engl.* Evangelium, frohe Botschaft; auch: Gospelsong) christliches afroamerikanisches Gemeindelied; heute auch Sammelbegriff für englischsprachige christliche Popmusik; Thema der Texte ist die Erlösung der Menschen durch Jesus (s. Spiritual)

grand opéra (*frz.* große Oper, Gegensatz: opéra comique) Oper mit auskomponierten Rezitativen zwischen den Musiknummern

Groove (*engl.*) von Bass und Schlagzeug geprägtes Grundmodell der Begleitung in Rock und Jazz

Grundschlag gleichmäßig pulsierende Bewegung in der Musik, im Wechsel von „schwer" und „leicht" wahrnehmbar (s. Metrum)

Grundton 1. erster Ton einer Tonleiter und damit das tonale Zentrum; 2. der Ton, auf dem ein Akkord aufgebaut ist

Harmonik Lehre vom Zusammenklang der Töne

Hauptdreiklang (Gegensatz: Nebendreiklang) Dreiklang auf der I., IV. oder V. Stufe einer Tonleiter (Tonika, Subdominante, Dominante)

Heavy Metal (*engl.* Schwermetall; Kurzform: Metal) Musikstil in Weiterentwicklung des Hardrock

Hip-Hop (*engl.*) seit den 1970er-Jahren in den USA entstandene afroamerikanische Jugendkultur mit Musik, die vor allem durch Rap und Breakdance charakterisiert ist

Homofonie, homofon (*griech.* Gleichklang, Gegensatz: Polyfonie) Mehrstimmigkeit, in der sich alle Stimmen einer Hauptstimme (Melodie) unterordnen

Imitation 1. Nachahmung von Naturgeräuschen durch Musik; 2. Nachahmung von Motiven, Themen oder Melodieabschnitten in einer anderen Stimme

Impressionismus Ende des 19. Jahrhunderts ausgehend von der Malerei in Frankreich entstandene Kunstrichtung; Vermittlung von unmittelbaren Natureindrücken und einhergehenden Stimmungen

Improvisation 1. (Musik) erfinden aus dem Stegreif; 2. spontanes Verändern (Improvisieren über) einer musikalischen Vorlage; 3. für Jazz-, Rock- und Popmusik typische Musizierpraxis (s. Soloimprovisation)

Instrumentierung Aufteilung der Stimmen eines Musikstücks auf verschiedene Instrumente oder Instrumentengruppen

Inszenierung Planung und Ausarbeitung eines Bühnenstücks nach den Vorstellungen des Regisseurs

Interpretation (*lat.* deuten, erklären, übersetzen) die persönliche Auslegung eines Musikwerks bei seiner Aufführung durch den Interpreten

Intervall (*lat.* intervallum, Zwischenraum) Abstand zwischen zwei Tönen, die gleichzeitig (simultan) oder nacheinander (sukzessiv) erklingen

Jazz (*engl.*) afroamerikanische Musikpraxis, die sich um 1900 von den USA ausgehend verbreitete und stilistisch weit auffächerte

Jazzstandard Jazzkomposition, die in das Repertoire vieler Jazzmusiker Eingang fand, dadurch bekannt und oftmals auch in unterschiedliche Stilistiken „übersetzt" wurde

Kadenz (*lat.* cadere, fallen) 1. Akkordfolge mit Schlusswirkung, z. B. Tonika (I), Subdominante (IV) und Dominante (V), Tonika (I); 2. virtuoses unbegleitetes Spiel des Solisten in einem festgelegten Teil des Solokonzertes

Kammermusik Musik für kleine Besetzung (z. B. Streichquartett)

Kanon Musikstück, bei dem mehrere Stimmen nacheinander mit derselben Melodie einsetzen

Kantate (*lat.* cantare, singen) mehrsätziges (zyklisches) Werk für Gesangssolisten, Chor und Orchester mit geistlicher oder weltlicher Thematik (s. Oratorium)

Kantor 1. Leiter der Kirchenmusik einer Gemeinde; 2. Vorsänger

Kastrat Sänger, der vor Eintritt der Pubertät kastriert wurde, um die Knabenstimme zu erhalten; durch entsprechend entwickelte Lungengröße und Muskulatur waren lange Melodien und Verzierungen möglich

Kirchentonart Tonleitern mit von Dur und Moll abweichendem Aufbau (z. B. mixolydisch)

Klassik u. a. Kunstepoche, in der Musik etwa 1750–1820

Koloratur (*lat.* color, Farbe) mit schnellen, gleichmäßigen Umspielungen ausgeschmückte Gesangsmelodie (s. Melisma)

Konsonanz (*lat.* zusammenklingen, Gegensatz: Dissonanz) Zusammenklang von Tönen, der als wohlklingend und in sich ruhend empfunden wird

Kontrapunkt Kompositionstechnik zur Gestaltung polyfoner Tonsätze

Konzert 1. Musikdarbietung vor Publikum; 2. meist dreisätzige Komposition für Soloinstrument(e) und Orchester (auch: Solokonzert)

konzertant 1. Aufführung eines Musiktheaterwerks ohne szenische Darbietung; 2. in der Art eines Konzerts

Kopfmotiv markantes, einprägsames Motiv, mit dem ein musikalisches Thema beginnt

KV (Abk. für Köchelverzeichnis) chronologisches Verzeichnis aller bekannten Werke W. A. Mozarts, das Ludwig von Köchel 1862 angelegt hat

Ländler süddeutsch-österreichischer Volkstanz im ¾-Takt; Vorläufer des Walzers

Latin (*engl.*) Sammelbezeichnung für musikalische Stilrichtungen, die von der Musik Lateinamerikas beeinflusst sind (z. B. Bossa Nova)

Leitmotiv einprägsames musikalisches Motiv oder Thema, das in Werken des Musiktheaters oder in Filmmusik bestimmten Personen, Gegenständen oder Orten der Handlung zugeordnet ist

Leitton Melodie- oder Akkordton, der nach einer Weiterführung in den oberen benachbarten Halbton drängt

Libretto (*ital.* Büchlein, Plural: Libretti) Textbuch eines Musiktheaterwerks

Liederzyklus Folge zusammengehöriger Lieder

Liedformen Gliederung kleiner Formen der Vokal- und Instrumentalmusik; man unterscheidet ein- oder mehrteilige Liedformen

Madrigal wichtigste weltliche Gattung mehrstimmiger Vokalmusik in der Renaissance; musikalisch oft sehr anspruchsvoll gestaltet mit Auszierungen der Gesangsstimmen, die den Text ausdrucksvoll in Musik umformen (Madrigalismen); geistliches Gegenstück ist die Motette

Mash-up (*engl.* to mash, zerdrücken, auch: Bastard Pop) Remix-Praxis, wobei zwei oder mehr kontrastierende Titel miteinander verbunden werden, bei der Musikerangabe oft zu erkennen durch „vs." (versus); urheberrechtlich nicht unproblematisch

Melisma, melismatischer Gesang (*griech.* melos, Gesang, Gegensatz: syllabischer Gesang) in einer Melodie die Verteilung einer Textsilbe auf mehrere Töne, besonders kunstvoll in einer Koloratur

Menuett (von *frz.* menu pas, kleiner Schritt) 1. aus Frankreich stammender höfischer Paartanz der Barockzeit im ¾-Takt; 2. in Barock und Wiener Klassik als Satz einer Suite, Sonate oder Sinfonie in der Form Menuett – Trio – Menuett (A-B-A)

Messe zyklische Form der geistlichen Vokalmusik, deren Ablauf der katholischen Gottesdienstordnung folgt

Metrum Puls, gleichmäßig wiederkehrende Grundschläge; die Geschwindigkeit der Grundschläge bestimmt das Tempo

Mezzosopran mitteltiefe Stimmlage der Frau

MIDI (Abk. für Musical Instrument Digital Interface) Standard zur Datenübertragung zwischen elektronischen Musikinstrumenten und Computer

Minimal Music (*engl.*) seit den 1960er-Jahren in den USA entwickelte Musik, die auf ständig wiederholten Patterns basiert

Minnesänger Dichter, Komponist und Solointerpret höfischer Liebeslieder im Mittelalter

Mischpult Anlage zur Klangregelung und Aussteuerung elektronischer Tonsignale im Studio und bei Liveauftritten

Moll Tongeschlecht, dessen Tonleiter u. a. durch die kleine Terz zwischen Grundton und drittem Ton charakterisiert ist (s. Dur)

Motette (wahrscheinlich von *frz.* mot, Wort) seit dem Mittelalter Bezeichnung für mehrstimmige Vokalmusik, wobei sich im Verlauf der Geschichte die Bedeutung des Gattungsbegriffs wandelte; in der Renaissance Gegenstück zum weltlichen Madrigal, ohne festen Bezug zum Kirchenjahr oder zur Messe

Motiv kleinster sinnstiftender musikalischer Baustein

Musical (*engl.* Kurzform von musical play, musikalisches Theaterstück) in den USA entstandene Gattung des Musiktheaters mit gesprochenen Dialogen, Gesang, Tanz und Showeffekten, musikalisch angelehnt an Jazz, Rock und Pop

Musikdrama Bezeichnung für eine Oper, in der die Musik mit der Handlung eine Einheit bildet

Musiktheater 1. Bühnenwerk mit Musik (z. B. Oper, Operette, Musical, Ballett); 2. Spielstätte für Musiktheaterwerke

Musiktherapie ist der gezielte Einsatz von Musik zur Wiederherstellung, Erhaltung und Förderung körperlicher, geistiger und seelischer Gesundheit

Nebendreiklang (Gegensatz: Hauptdreiklang) Dreiklang auf der II., III. VI., oder VII. Stufe einer Tonleiter

Neue Musik Sammelbegriff für nach 1920 entstandene Werke der Kunstmusik

Off Beat (*engl.* weg vom Grundschlag) in afroamerikanischer Musik: Akzentverschiebung gegen den Grundschlag

Oper Gattung des Musiktheaters, in der dramatische Handlung, Musik, Text, Bühnenbild und Bühnentechnik zusammenwirken

opéra comique (*frz.* komische Oper, Gegensatz: grand opéra) Oper mit gesprochenen Dialogen

Operette („kleine Oper") unterhaltsame und volkstümliche Form des Musiktheaters mit gesprochenen Dialogen, einprägsamen Melodien und lebhaften Tänzen

op., Opus (*lat.* Werk) Werkregister eines Komponisten (z. B. op. 67)

Oratorium (*lat.* orare, beten) mehrteilige (zyklische) Komposition für Gesangssolisten, Chor, Orchester, mit Handlungselementen und meist geistlichem Hintergrund, wird konzertant aufgeführt (vgl. Kantate)

Ostinato gleichbleibende, immer wiederkehrende musikalische Figur, meist in der Begleitung

Partitur Aufzeichnung aller Einzelstimmen einer Komposition in übereinander angeordneten Notensystemen, sodass der Dirigent das musikalische Geschehen jederzeit überschauen kann

Pattern (*engl.* Muster) ein rhythmisches (seltener: melodisches) Modell, das sich zur Ostinato-Begleitung eines Musikstücks oder für Minimal Music eignet (s. Ostinato)

Pavane höfischer Schreittanz spanisch-italienischer Herkunft, vor allem im 16., 17. Jh. populär

Percussion (*engl.*) in Jazz, Rock, Pop gebräuchliche Sammelbezeichnung für alle Schlaginstrumente mit Ausnahme des Drumsets, insbesondere Latin Percussion

Phrasierung 1. sinnvolle Gliederung musikalischer Abschnitte; 2. in Jazz, Rock, Pop: Gestaltung der Mikrorhythmik durch einen Interpreten

Playback (*engl.*) Musikaufnahme der Instrumentalstimmen, zu denen „live" gesungen werden kann (Sonderform: zur Begleitung von Instrumentalisten, z. B. ein Soloinstrument)

Polonaise (*frz.* die Polnische) polnischer Schreittanz im ¾-Takt

Polyfonie, polyfon (*griech.* Vielstimmigkeit, Gegensatz: Homofonie) Mehrstimmigkeit, bei der alle Stimmen gleichberechtigt sind (Kanon, Fuge)

Polyrhythmik das gleichzeitige Ablaufen mehrerer selbstständiger Rhythmen

Popmusik (Kurzwort: Pop) abgeleitet vom Begriff „popular music" (*engl.* beliebte, weit verbreitete Musik) gilt Popmusik als Oberbegriff für Musik, die vornehmlich durch Massenmedien und eingebunden in die Musikwirtschaft eine möglichst große Bekanntheit anstrebt (s. Rockmusik)

Premiere (*frz.* die Erste) Erstaufführung eines Werkes oder einer neuen Inszenierung (s. Uraufführung)

Produktion 1. Aufnahme und Bearbeitung eines Musikstücks im Tonstudio; 2. Inszenierung eines Musiktheaterwerks oder einer Bühnenshow

Programmmusik Instrumentalmusik, die sich auf eine außermusikalische Vorlage (ein Programm, z. B. Bild, Literatur, Naturereignis) bezieht

Ragtime (*engl.*) um 1900 in den USA entstandener Klavierstil, einer der Vorläufer des Jazz, bei dem eine synkopierte Melodie mit einem regelmäßigen Beat unterlegt wird

Rap (*engl.* to rap, pochen, klopfen, schlagen, meckern) rhythmischer Sprechgesang afrikanischen Ursprungs, stilprägend im Hip-Hop

Rave (Music) (*engl.* to rave, rasen, toben) 1. Musikstil; 2. ekstatische Tanzveranstaltung der Techno-Fans

Refrain (*frz.*) Kehrreim: im Wechsel mit verschiedenen Strophen unverändert wiederkehrender Teil in Liedern und Instrumentalstücken

Reggae aus Jamaika stammender Stil der Rockmusik

Remix (*engl.*) 1. neue Abmischung bestehender Spuren einer Mehrkanalaufnahme; 2. Neumontage einer bestehenden Aufnahme durch Demontage des Vorhandenen (Zerstückelung, Klangveränderung u.Ä.) und Hinzufügen neuer Klangeffekte

Renaissance (*frz.* Wiedergeburt) Kunstepoche im 15. und 16. Jahrhundert

Repertoire (*lat.* repertorium „Fundstätte") Vorrat einstudierter Kompositionen oder Bühnenrollen

Reprise (*frz.* Wiederaufnahme) Wiederaufnahme der Themen am Ende eines Musikstückes oder eines Tonträgers, insbesondere in der Sonatenhauptsatzform

Requiem (*lat.* requiem aeternam dona eis, Domine: Ewige Ruhe schenke ihnen, o Herr) Vertonung der katholischen Totenmesse (Messe zum Begräbnis oder zum Gedenken des Verstorbenen)

Rezitativ (*ital.* recitare, vortragen) Sprechgesang in Oper und Oratorium, der die Handlung vorantreibt und instrumental sparsam begleitet wird

Rhythm & Blues (*engl.*, Abk. R&B) 1. aus dem Blues hervorgegangene afroamerikanische Tanzmusik, Vorläufer des Rock 'n' Roll; 2. seit den 1980er-Jahren Bezeichnung für unterschiedliche Erscheinungsformen afroamerikanischer Popmusik (Black Music)

Rock 'n' Roll (*engl.* schaukeln und wälzen, Abk. R&R) 1. Sammelbegriff für die in den USA in den 1950er-Jahren entstehende Jugendmusik; 2. in engerem Sinne ein sich damals entwickelnder Musikstil; 3. ein dazu praktizierter Tanzstil

Rockmusik (Kurzwort: Rock) seit Mitte der 1960er-Jahre gebräuchlicher Überbegriff für vielfältige Musikstile, die u. a. aus der Weiterentwicklung des Rock 'n' Roll entstanden

Romantik Kunstepoche, in der Musik ca. 1820 bis 1890

Sampling (*engl.* eine Probe nehmen) Vorgang der Entnahme eines digitalen Ausschnitts aus einer Musik- oder Geräuschaufnahme, um ihn als Material in anderem musikalischen Zusammenhang zu verwenden

Sarabande (*frz.*) aus Spanien stammender langsamer Schreittanz im Dreiertakt; wurde oft in die barocke Suite eingefügt

Satz 1. in sich geschlossener Teil eines größeren musikalischen Werkes (Sinfonie, Suite); 2. Zusammenfügung der Stimmen (Textur) in einer mehrstimmigen Komposition (z. B. polyfoner Satz, Chorsatz)

Scherzo (*ital.* Scherz, Mehrzahl: Scherzi) Musikstück heiteren Charakters im schnellen ¾-Takt, auch als Mittelsatz in Sinfonie und Sonate üblich, dort verwandt dem Menuett

Sequenzerprogramm Software zur Speicherung, Bearbeitung und Wiedergabe musikalischer Abläufe auf mehreren Spuren

Shuffle (*engl.* schlurfen) ternärer Rhythmus (ähnlich einem ungenau gespielten punktierten Rhythmus)

Sinfonie großes, meist viersätziges Orchesterwerk (s. Satz)

Singballett Kombination von kunstvollem Tanz und Singspiel im Barock, vom Adel selbst ausgeführt, um sich zu profilieren

Soloimprovisation in Jazz und Rockmusik übliche Spielform, bei der ein Musiker oder Sänger improvisiert, während die Mitmusiker eine festgelegte Begleitung dazu spielen, z. B. eine bestimmte Akkordfolge (s. Improvisation)

Sonate (*lat.* sonare, klingen) drei- oder viersätziges Instrumentalwerk für ein Soloinstrument oder mehrere Instrumente (z. B. Violine und Klavier)

Sonatenhauptsatzform Modell zum formalen Aufbau eines Satzes, der auf zwei kontrastierenden Themen beruht (Exposition – Durchführung – Reprise); häufig zu finden im ersten Satz einer Sonate, Sinfonie u. a.

Sopran hohe Stimmlage der Frau oder der Kinderstimme (Knabensopran)

Soul (*engl.* Seele) Stilrichtung afroamerikanischer Musik, zentraler Stil der Black Music

Sound (*engl.* Klang, Geräusch) Klang(farbe), speziell in Jazz, Rock, Pop; manchmal als klangliches Markenzeichen betrachtet (z. B. Motown-Sound)

Soundcheck (*engl.* Klangprüfung) Einstellung und Überprüfung der Klangwiedergabe vor Liveauftritten

Soundtrack (*engl.* Tonspur) 1. Tonspur eines Films, die Musik, Geräusche und Sprache enthält; 2. veröffentlichte Fassung einer Filmmusik z. B. auf CD (oft: Original Soundtrack, Abk. OST)

Spiritual (*engl.*) geistliches Lied der Afroamerikaner in den USA, in dem ursprünglich die Sklaven ihr Schicksal beklagten und auf Erlösung hofften; die Texte orientierten sich oft am Alten Testament (s. Gospel)

Strophe 1. Lyrik: Abschnitt eines Gedichts; 2. Abschnitt eines Liedes, der mit jeweils wechselndem Text gesungen wird (s. Refrain)

Subdominante vierter Ton der Tonleiter sowie der darauf gebildete Dreiklang

Suite (*frz.* Folge) 1. Folge von in sich geschlossenen Sätzen, meist mit tänzerischem Charakter; 2. Zusammenstellung von Musiktheater- und Filmmusikmelodien für eine Konzertaufführung

Swing (*engl.*) 1. für den Jazz typische rhythmische Spannung auf der Basis ternärer Phrasierung; 2. Jazzstil und die zugehörige Epoche

Syllabik, syllabischer Gesang (*griech.* „Silbenweise", Gegensatz: Melisma) Zuordnung genau eines Melodietons zu jeder Textsilbe

Synkope rhythmische Figur, die zu einer Verschiebung der regulären, durch die Taktart vorgegebenen Betonung führt

Synthesizer (*engl.*) elektronisches Musikinstrument mit unbeschränkten Klangmöglichkeiten (ursprünglich analog, heute meist digital)

Tanztheater (Gegensatz: klassisches Ballett) Verbindung von tänzerischen und dramatischen Mitteln mit freien Ausdrucksformen

Techno rhythmusorientierte elektronisch produzierte Tanzmusik

Tempo (Plural: Tempi) das Tempo des Grundschlages (s. Metrum)

Tenor hohe Stimmlage des Mannes

ternäre Phrasierung Spielweise in triolischen Achteln („Swingfeeling", s. Triole)

Thema einprägsame Melodie, musikalische „Gestalt"; bedeutsam für den Verlauf eines Musikstücks (s. Sonatenhauptsatzform, Variation)

tonal (Gegensatz: atonal) Musik, die sich melodisch und harmonisch auf einen Grundton oder eine bestimmte Tonart bezieht

Tonika Grundton einer Tonleiter sowie der darauf gebildete Dreiklang

Track (*engl.* Spur) Tonspur auf einem Tonband, in einem Sequenzerprogramm oder auf einem Tonträger (CD)

Triller (Abk. *tr*) musikalische Verzierung, schneller Wechsel mit dem benachbarten Ton

Triole Unterteilung eines Notenwertes in drei statt in zwei gleiche Teile; im Notentext mit einer 3 gekennzeichnet

unisono (*ital.* Gleichklang) Parallelführung mehrerer Stimmen eines musikalischen Satzes in Primen oder Oktaven

Uraufführung erstmalige Aufführung eines Werkes (s. Premiere)

Variation 1. allgemein: Abwandlung eines musikalischen Gedankens (Themas); 2. selbstständiges Musikstück bzw. ein Satz innerhalb eines zyklischen Werkes, in dem ein einprägsames Thema mehrmals in jeweils rhythmisch, melodisch oder veränderter Form wiederholt wird; 3. Solotanz im Ballett

Virtuose Musiker, der seine Kunst in vollendeter Weise beherrscht

Vokalmusik Musik für Singstimme(n)

Walking Bass (*engl.* gehender Bass) für den Jazz typische Gestaltung der Bassstimme in regelmäßigen Notenwerten unter Bevorzugung kleiner Intervallschritte

Zwölftonmusik (Dodekaphonie) von Schönberg entwickelte Kompositionsmethode, bei der alle zwölf Töne der chromatischen Tonleiter gleichberechtigt behandelt werden

Zyklus eine umfassende Gesamtkomposition zu einer Thematik, zu der mehrere in sich eigenständige Einzelwerke zusammengefasst werden

Sachwortverzeichnis

Personenverzeichnis

Lieder, Spielstücke und Tänze (alphabetisch)

Lied	Seite	Singen	Körperinstrumente	rhythmische/melodische Begleitung	Bewegung/Tanz	komponieren/improvisieren/arrangieren	Sprachen/Texten	außermusikalische Angebote	Kapitelbezug
4'33" (Cage)	91							♪	7
Abschied vom Walde	62	♪						♪	5
All of me	209	♪		♪		♪	♪		12
Alternative-Projekt	133	♪	♪	♪	♪	♪	♪		9
An der schönen blauen Donau	71			♪	♪			♪	5
An hellen Tagen	199	♪		♪	♪				12
Auenland-Thema	162	♪						♪	10
Auntie Skinner's chicken dinner	117	♪		♪			♪	♪	8
Aus grauer Städte Mauern	172, 219	♪					♪	♪	11, 13
Backwater blues	123, 228 f.			♪		♪	♪	♪	9, 13
Blue rondo à la turk	109		♪	♪				♪	8
Bye-bye, love	200, 240	♪		♪			♪		12, 13
Cancan	159				♪			♪	10
Canon in swing	227	♪			♪				13
Cantaloop	193	♪		♪		♪	♪		12
Cantaloupe Island	192	♪		♪					12
Clapping music (Reich)	96		♪					♪	7
Compared to what?	110	♪	♪				♪	♪	8
Coverversion	145						♪		9
Day-O (Banana boat song)	204	♪		♪		♪	♪		12
Deine Stimme	11	♪				♪			1
Der Fluss des Lebens	207					♪			12
Der König von Thule	217	♪		♪				♪	13
Der Lindenbaum (Schubert)	12	♪	♪						1
Deutschlandlied	170 f., 214	♪					♪	♪	11, 13
Die Nationalhymne der DDR	171	♪					♪	♪	11
Die Propheten des Frühlings (Strawinsky)	78				♪			♪	6
Es ist ein Ros entsprungen	244	♪						♪	13
Europahymne	171, 214			♪					11, 13
Filmmusik und Sounddesign	167					♪	♪		10
Five foot two, eyes of blue	119			♪		♪			8
Fortune plango vulnera	82	♪		♪			♪	♪	6
Gigue	45				♪		♪	♪	3
Goin' home	69, 229	♪		♪			♪	♪	5, 13
Govinda Jaya Jaya	241	♪		♪				♪	13
Habanera	150			♪			♪	♪	10
Halleluja	215	♪							13
Hallelujah (Cohen)	17	♪		♪		♪			1
Heaven is a wonderful place	233	♪					♪		13
Hell und klar und weit	194	♪					♪	♪	12
Himmel auf	12, 220 f.	♪	♪			♪	♪	♪	1, 13
Hit the road, Jack	230			♪			♪		13
Improvisation über einer Bluestonleiter	123					♪			9
Improvisation zu Filmszene	167					♪		♪	10
Improvisationsgrundlage	19					♪	♪		1
In mixolydian mode (Bartók)	199			♪		♪			12
In the mood	107, 234 f.	♪		♪	♪		♪	♪	8, 13
Into the west	163, 184, 226 f.	♪					♪	♪	10, 11, 13
Island in the sun	197	♪		♪			♪		12
Jazzrock- und Rock-Pattern	112			♪				♪	8

Lied	Seite	Singen A	Körperinstrumente	rhythmische/melodische Begleitung	Bewegung/Tanz	komponieren/improvisieren/arrangieren	Sprachen/Texten	außermusikalische Angebote	Kapitelbezug
Kinderhymne	171, 215	♪				♪	♪		11, 13
Klangpalettenverfahren (Saunders)	93					♪			7
Klavierpräparation	92					♪			7
Lady in black	205	♪	♪		♪	♪			12
Let me entertain you	198		♪			♪	♪		12
Lorelei (Ich weiß nicht, was soll es bedeuten)	216	♪					♪		13
Macht hoch die Tür	242	♪							13
Major Tom (völlig losgelöst)	128, 222 f.	♪					♪		9, 13
Minimal Music (Reich)	97				♪		♪		7
My sweet Lord	182	♪				♪	♪		11
Napominanje k rejowanju/Aufforderung zum Tanz	177	♪	♪			♪	♪		11
Penny Lane	138 f.					♪	♪		9
Polonaise	70			♪			♪		5
Reeperbahn	139					♪	♪		9
Remix	145				♪		♪		9
Riffs aus Birdland	113		♪				♪		8
Rolling in the deep	238 f.	♪	♪			♪			13
Scarborough Fair	145, 194, 231	♪	♪			♪	♪		9, 12, 13
Schul- und Klassenhymne	214	♪	♪		♪	♪			11, 13
Seikilos-Lied	27	♪	♪			♪	♪		2
Shy boy	115, 236 f.	♪	♪			♪	♪		8, 13
Somewhere over the rainbow	225	♪				♪			12, 13
Songwriting	145	♪			♪	♪			9
Soundcollage	130				♪				9
Space oddity	223					♪	♪		13
Spiegel im Spiegel (Pärt)	18		♪						1
Spielsatz	196		♪						12
Sprachklangkomposition (Eimert)	93				♪	♪			7
Sri Ram Jay Ram	179, 241	♪	♪			♪	♪		11, 13
Stummfilmvertonung	167				♪		♪		10
Tausend Sterne sind ein Dom	245	♪	♪						13
The Girl from Ipanema	195	♪	♪			♪	♪		12
The Time Warp	164, 224	♪			♪	♪	♪		10, 13
Tochter Zion, freue dich	243	♪					♪		13
Torerolied	149	♪				♪	♪		10
Tempus est iocundum	29	♪	♪			♪	♪		2
Turnaround	197		♪		♪				12
Variations II (Cage)	90				♪		♪		7
Viva la musica	215	♪				♪			13
Wiener Damen-Ländler	218 f.		♪	♪			♪		13
With a little help from my friends	232	♪				♪			13
You are the sunshine of my life	134 ff.	♪	♪			♪	♪		9

A insbesondere mehrstimmiges Singen, auch Kanon, Vocal Percussion

1 Ouvertüre	6 Aufbruch in die Moderne	11 Musik und Gesellschaft
2 Von den Anfängen der Musik	7 Die Moderne	12 Musiklabor
3 Der Barock	8 Jazz	13 Lieder, Spielstücke und Tänze
4 Die Klassik	9 Rock und Popmusik	
5 Die Romantik	10 Musik und Szene	

Lieder, Spielstücke und Tänze (nach Kapiteln)

(SK) = Schülerkomposition
(K) = Kanon
(S) = Spielstück
(T) = Tanz

Hörbeispielverzeichnis

Seite	Aufg.	CD	Titel des Hörbeispiels
109	5	III|52	M. Davis: *Boplicity* (A)
	6	III|53	Modern Jazz Quartet: *Versailles* (A)
	7	III|54	Dave Brubeck Quartet: *Blue rondo à la turk* (A)
110	1	III|55	Cannonball Adderley Quartet: *Mercy, mercy, mercy!* (A)
	2	III|56	L. McCann & E. Harris: *Compared to what?* (A)
111	3	III|57	Ornette Coleman Double Quartet: *Free Jazz* (A)
	4	III|63	L. Subramaniam: *Garland* (A)
112	1	III|58	Blood, Sweat & Tears: *Smiling phases* (A)
	2	III|59	Jazzrock-Pattern
		III|60	Rock-Pattern
113	4	III|61	Weather Report: *Birdland* (A)
	5	IV|1	K. Doldinger: *Tatort Titelmusik* (A)
		IV|2	Passport: *Jadoo* (A)
		IV|3	Passport: *Loco-Motive* (A)
114	2	III|62	P. Mohamed: *Mbira jive* (A)
		III|63	L. Subramaniam: *Garland* (A)
	4	IV|4	Guru & Ronny Jordan: *No time to play* (A)
	5	IV|5	Andromeda Mega Express Orchestra: *Gamma Pluto Delta* (A)
115	6	IV|6	B. Dennerlein: *Wow!* (A)
	8	IV|7	K. Melua: *Shy boy* (A)
116	1/3	IV|8	Beyoncé: *Swing low, sweet chariot*
	3	IV|9	W. Houston & The Georgia Mass Choir: *I go to the rock* (A)
117	4/5	IV|10	Auntie Skinner's chicken dinner
	7	IV|11	Manhattan Transfer: *Birdland* (A)
		IV|12	The Real Group: *Walking down the street* (A)
		IV|13	Swingle Singers: *It's sand man* (A)
118	3	IV|14	J. Williams: *The Knight Bus* (A)
119	5	IV|15	*Five foot two, eyes of blue*
122	1	IV|16	Fats Domino: *Hello Josephine* (A)
123	2	IV|17	Bluesschema
	3	IV|18	G. Moore: *Power of the blues* (A)
		IV|19	Led Zeppelin: *Rock 'n' Roll* (A)
		IV|20	Iggy Pop: *Real wild child (wild one)* (A)
	4	IV|21	G. Hoey: *Wipe out* (A)
124	2	IV|22	J. Turner: *Shake, rattle & roll* (A)
		IV|23	B. Haley: *Shake, rattle & roll* (A)
	3	IV|24	J. Brown: *Say it loud – I'm black and I'm proud* (A)
125	4	IV|25	Supremes: *Stop! In the name of love* (A)
	5	IV|26	P. McCartney & S. Wonder: *Ebony and ivory* (A)
126f.	3/4	IV|27	Iron Maiden: *The number of the beast* (A), Ausschnitt 1 (gesprochener Text)
		IV|28	Ausschnitt 2 (Song)
127	5	IV|29	In Extremo: *Frei zu sein* (A)
	6	IV|30	Dream Theater: *About to crash* (A)
128	1	IV|31	D. Bowie: *Space oddity*
	2	IV|32	D. Bowie: *Ziggy Stardust* (A)
129	4	IV|33	D. Bowie: *Let's dance* (A)
	6	IV|34	D. Bowie: *Life on Mars?* (A)
130	1	IV|35	Depeche Mode: *A question of time* – live (A)
	2	IV|36	Hot Butter: *Popcorn* (A)
	3	IV|37	Depeche Mode: *Blasphemous rumours* (A)
131	5	IV|38	Depeche Mode: *Halo* (A)
		IV|39	Goldfrapp: *Halo – Goldfrapp Remix* (A)
		IV|40	Depeche Mode: *Personal Jesus* (A)
		IV|41	J. Cash: *Personal Jesus* (A)
132	1	IV|42	Matmos: *Roses and teeth for Ludwig Wittgenstein* (A)

Seite	Aufg.	CD	Titel des Hörbeispiels
		IV|43	Einstürzende Neubauten: *Die Hamlet-Maschine* (A)
	2	IV|44	Einstürzende Neubauten: *Sehnsucht* (A)
	3	IV|45	Matthew Herbert: *Movie star* (A)
		IV|46	Massive Attack: *Teardrop* (A)
133	5	IV|47	Björk: *All is full of love* (A)
		IV|48	Björk: *Hidden place* (A)
	6	IV|49	Björk: *Virus* (A)
134–137			S. Wonder: *You are the sunshine of my life*:
135	2	V|1	Rock (PB)
	3	V|2	Shuffle (PB)
	4	V|3	Funk (PB)
136	1	V|4	Techno/Dance (PB)
	2	V|5	Reggae (PB)
137	3	V|6	Latin (PB)
	4	V|7	Originalfassung von S. Wonder (A)
	5	V|8	Swing (PB)
139	1	IV|50	Beatles: *Penny Lane*
	2	IV|51	U. Lindenberg: *Reeperbahn*
140	2	IV|52	U2: *Zoo Station* (A)
	3	IV|53	Björk: *There's more to life than this* (A)
142	1	V|9	Beatsteaks: *Hello Joe* (A)
		V|10	Beatsteaks: *Hello Joe – live* (A)
	2	V|11	Beatsteaks: *I don't care as long as you sing* (A)
143	3	V|12	Motörhead: *(We are) The road crew* (A)
144	1	V|13	Epica: *Indigo prologue – The obsessive devotion* (A) (Symphonic Metal)
		V|14	Type 0 Negative: *Everyone I love is dead* (A) (Doom Metal)
		V|15	Linkin Park: *Numb* (A) (Nu Metal)
		V|16	L'Ame Imortelle: *Another day* (A) (Gothic Metal)
	4	V|17	King Crimson: *21st century schizoid man* (A) (Prog Rock)
145	7	V|18	M. Gaye: *How sweet it is (to be loved by you)* (A)
		V|19	St. Gwildis: *Sie ist so süß (wenn sie da liegt und schläft)* (A)
148	1	V|20–21	G. Bizet: *Carmen, Ouvertüre*
	3	V|22	*Duett* José und Micaëla (A), Teil 1, Ausschnitt 1 (Dialog)
		V|23	Ausschnitt 2 (Das musikalische „Gespräch" beginnt)
		V|24	*Duett* José und Micaëla (A), Teil 2 (Die Worte der Mutter)
	4	V|25	*Au secours!* (A)
149	6	V|26	*Torerolied* (A)
	7	V|27	*Schmuggler-Quintett* (A)
150	1	V|28	*Habanera* (A)
151	2	V|29	*Arie Micaëla* (A)
	3/4	V|30	*Finale* (A)
	4	V|21	Schicksalsmotiv
152	3	V|31	*Karten-Terzett* (A)
153	5	V|32	*Rezitativ* und *Duett* José und Micaëla (A)
		V|22	*Dialog* José und Micaëla
	8	V|33	P. de Sarasate: *Carmen-Fantasie* (A)
		V|34	G. Bizet/R. Schtschedrin: *Tanz* (A) aus *Carmen-Suite*
154	1	V|35	J. Peri: *Euridice*, Scena I: *Vaghe ninfe amorose*
	3	V|36	C. Monteverdi: *Orfeo*, I. Akt: *Vieni Imeneo* (A)
		V|37	II. Akt: *In questo* (A)
155	5	V|38	II. Akt: *Tu sei morta* (A)
	6	V|39	III. Akt: *Possente spirto* (A)

Seite	Aufg.	CD	Titel des Hörbeispiels
156	1	VI40	R. Broschi: *Ombra fedele anch'io* (A) (E. Mallas-Godlewska, D. L. Ragin, synthetische Kastratenstimme)
	3	VI41	Chr. W. Gluck: *Orfeo ed Euridice*: Orpheus und die Furien, Ausschnitt 1 (*Deh placatevi con me*)
		VI42	Ausschnitt 2 (*Misero giovane, che vuoi, che mediti?*)
		VI43	Ausschnitt 3 (Arie *Mille pene*)
		VI44	Ausschnitt 4 (*Ah, quale incognito affetto flebile*)
157	4	VI45	Rezitativ und Arie, Ausschnitt 1 (Rezitativ *Ahimè! Dove trascorsi?*)
		VI46	Ausschnitt 2 (Arie *Che farò senza Euridice*)
158	2	VI47	J. Offenbach: *Orphée aux enfers*: Orpheus bei den Göttern (A), Ausschnitt 1
158 f.	2/3	VI48	Ausschnitt 2 (Jupiters Urteil)
159	5	VI49	*Galop infernal* (A)
160	1	VII1	R. Wagner: *Der Ring des Nibelungen*: *Wotans Abschied* aus *Die Walküre* (A)
	2	VII2	*Nach Nibelheim … aus Rheingold* (A)
161	4	VII3	*Walkürenritt* aus *Die Walküre* (A)
	5	VII4	Siegfried-Motiv aus *Siegfried* (A)
	8	VII5, 6	Ende der Tetralogie, 3. Akt aus *Götterdämmerung* (A)
162 f.	2/4	VII7	H. Shore: *Der Herr der Ringe*: *Concerning Hobbits* (A) (Auenland-Thema)
163	3	VII8	*At the sign of the prancing pony* (A) (Isengard-Thema, eingebettet)
	4	VII9	*A knife in the dark* (A) (Isengard-Thema, Gandalf (Chor), Isengard)
	5	VII10	*The return of the King* (A) (Auenland-Thema am Filmende)
	6	VII11	A. Lennox: *Into the west* (A) (Filmsong)
	7	VII12	*Into the west* (A) (Ende der Filmmusik)
		VII6	Ende von *Götterdämmerung* (Parallele zu *Der Herr der Ringe*)
164	1	VI50	R. O'Brien: *The Rocky Horror (Picture) Show*: *Dammit Janet* (A)
	2/8	VI51	*There's a light* (A)
	3	VI52	*Science Fiction – Double Feature* (A)
	4	VI53	*The Time Warp* (A)
165	8	VI54	*There's a light* (A) (Glee Cast)
166	3	VI55	D. Arnold & M. Price: *Sherlock – Opening title* (Englische Krimiserie, Titelmusik)
		VI56	G. Bizet: *Entr'acte* aus *Carmen* (Zwischenaktmusik zwischen 2. und 3. Akt)
170	2	VII13	J. Haydn: Streichquartett in C-Dur op. 76,3, 2. Satz (A) (3. Variation)
171	(GT)	VII14	L. v. Beethoven: *Europahymne* (A)
172	1	VI57	*Aus grauer Städte Mauern* (Mädchenchor)
	2	VI58	S. McKenzie: *San Francisco* (A)
173	3	VI59	DJ T. Stevens: *Outface 2000* (A)
176	1	VII15	*Rjana Łužica/Rědna Łužyca* (Hymne der Sorben)
178	1	VII16	L. Subramaniam: *Raga Alapana* (A)
	2	VII17	M. S. Subbulakshmi: *Alankara I, Tala Dhruva, Raga Mayamalavagaula*
	3	VII18	R. Shankar: *Gat II – Ek Taal* (A)
179	7	VII19	*Yeh Ladka Hai Allah* (A)
180	2	VII20	N. J. Schneider: *Toccata* (A)
	3	VII21	N. Reiser: *Margas Nocturne* (Ruhe)
		VII22	H. Zimmer: *Mombasa* (A) (Action)
182	1/2	VII23	G. Harrison: *My sweet Lord* (A)
	2	VII24	The Chiffons: *He's so fine*
183	6	VII25	Prince: *Kiss* (A)
		VII26	The Art of Noise feat. Tom Jones: *Kiss* (A) (Coverversion)

Seite	Aufg.	CD	Titel des Hörbeispiels
		VII15	Linkin Park: *Numb* (A)
		VII27	Jay-Z vs. Linkin Park: *Numb/Encore* (A) (Mash-Up)
184	1	VII28	G. Puccini: *Nessun Dorma* (A) aus *Turandot*
	(GT)	VII29	A-ha: *Take on me* (A)
	(GT)	VII11	A. Lennox: *Into the west* (A)
	(GT)	VII30	Justin Bieber: *One time* (A)
185	6	VII31	Take That: *Back for good* (A)
	8	VII32	Journey: *Don't stop believing* (A)
		VII33	Glee Cast: *Don't stop believing* (A)
187	2	VII34	Beatles: *Love you to* (A) (1966)
		VII35	Beatles: *Within you, without you* (A) (1967)
		VII36	Beatles: *Norwegian Wood* (A) (1965)
	4	VII37	Chuck Berry: *Sweet little sixteen* (A)
		VII38	Beach Boys: *Surfin' U.S.A.* (A) (Plagiat)
		VII39	J. S. Bach: *Toccata in d-Moll* (A)
		VII40	D. Garrett: *Toccata* (A) (Bearbeitung)
		VII41	Beach Boys: *I get around* (A)
		VII42	L. Voulzy: *Rockollection Part I* (A) (Zitat)
		VII43	S. Bassey: *Diamonds are forever* (A)
		VII44	S. Bassey/Mantronic: *Diamonds are forever – Remix* (A) (Remix)
190	1	VII45	A. Vivaldi: *Der Winter* (A)
		VII46	P. Dukas: *Der Zauberlehrling* (A)
192	1	VII47	H. Hancock: *Cantaloupe Island* (A)
193	3	VII48	US3: *Cantaloop (flip fantasia)* (A)
194	2	VII49	Autechre: *Further* (A)
		VII50	C. Debussy: *Arabesque Nr. 1* (A)
		VII51	Simon & Garfunkel: *Scarborough Fair/Canticle* (A)
195	5	VII52	A. Gilberto: *The Girl from Ipanema* (A)
197	6	VII53	*Turnaround*
198	1	II15	Black Light Gospel Choir: *Let me entertain you* (A) (Gospel)
		II16	Robbie Williams: *Let me entertain you* (A) (Popjazz)
		II17	Jackie-O: *Let me entertain you* (A) (Dancefloor)
199	3	II18	G. Gastoldi: *An hellen Tagen* (A)
200	1	VII54	Everly Brothers: *Bye-bye love* (A)
	3	VII55	J. S. Bach: *Widerstehe doch der Sünde*, Arie (A)
201	7	VII56	Beatles: *Something* (A) (Akkordfolge: C–C^{maj7}–C^7–F-Dur)
202	1	VII57	Rolling Stones: *As tears go by* (A)
		VII58	E. Bernstein: *The magnificent seven – main title* (A)
		VII59	R. Schumann: *Träumerei* (A)
204	1	VII60	H. Belafonte: *Day-O (Banana boat song)* (A)
207	3	VII61	Ch. Ives: *The unanswered question* (A)
209	3/4	VII62	I. Brandenburg: *All of me* (A)
214	1	VII14	L. v. Beethoven: *Europahymne* (A)
219	2	VI57	*Aus grauer Städte Mauern*
221	1	II9	Silbermond: *Himmel auf*
223	1	VI63	P. Schilling: *Major Tom (völlig losgelöst)* (A)
		IVI31	D. Bowie: *Space oddity* (A)
225	1	VI53	R. O'Brien: *The Time Warp* (A)
227	1	VII11	A. Lennox: *Into the west* (A)
231	1	III57	R. Charles: *Hit the road, Jack* (A)
	(GT)	VII51	Simon & Garfunkel: *Scarborough Fair/Canticle* (A)
235	1	IIII46	G. Miller: *In the mood* (A)
237	1	IVI7	K. Melua: *Shy boy* (A)
239	1	II1	Adele: *Rolling in the deep*
240	1	VII54	Everly Brothers: *Bye-bye, love* (A)

(A) = Ausschnitt   (PB) = Playback   (GT) = Grundtext

Bildverzeichnis

vorderes Vorsatz oben von li.n.re. | akg-images/Werner Forman | Rayan Abdullah, Leipzig | akg-images/©VG Bild-Kunst, Bonn 2017 | vorderes Vorsatz unten von li.n.re. | bpk/Scala | culture images/fai | picture-alliance/BI/Wilhelmi | Archiv Bösendorfer | Getty Images/New York Times Co. | 4/1 ethafans 2000 | 4/3 Slg. Kaspar Mainz, Wolteritz | 4/4 picture-alliance/akg-images/Erich Lessing | 4/5 culture-images/Lebrecht | 4/6 akg-images | 4/8 Landesmusikrat Hamburg e.V./www.klangradar3000.de | 5/1 Getty Images/Michael Tullberg Images | 5/2 drama-berlin.de/SF | 5/3 picture-alliance | 5/4 Susanna Fabbri/drama-berlin.de | 5/5 Slg. Kaspar Mainz, Wolteritz | 8/1 picture-alliance/Photoshot | 8/2 Wiener Staatsoper/Michael Pöhn | 8/3 picture-alliance/epa/apa/Techt | 9/1 picture-alliance/Jazz Archiv Hamburg | 9/2, 3, 4 ethafans 2000 | 10/1 Ìsis Martins, Berlin | 10/2 mauritius images/alamy | 11 mauritius images/Radius Images | 12 imago/imagobroker | 19 ddp images | 24/1 Universität Tübingen/H. Jensen | 24/2 Glow Images | 25/1 CORBIS/Bettmann | 25/2 Aus: Bronislaw Malinowski: Argonauts of the Western Pacific, London (Routledge & Kegan Paul LTD.) 1922, Tafel XIV, zwischen S.64–65 | 26/1 bpk/Scala | 26/2 bpk/The Metropolitan Museum of Art | 26/3 The Art Archive/Musée Archéologique Naples/Alfredo Dagli Orti | 27 culture-images/Lebrecht | 28/1 akg-images/Werner Forman | 28/2 akg-images | 29 Interfoto/Sammlung Rauch | 30/1 akg-images/Rabatti | 30/2 culture images/fai | 31 Bildagentur Huber/Johanna Huber | 32/1 Universität Tübingen/H. Jensen | 32/2,4 akg-images/Erich Lessing | 32/5 picture-alliance/Arco Images GmbH | 32/6, 7 Cornelsen Verlagsarchiv | 32/8,9 akg-images | 32/10 bpk/SMPK | 33/1 akg-images | 33/2 akg-images/Erich Lessing | 33/3 akg-images | 36/1,2 picture-alliance/akg-images | 38 BRIDGEMANART.COM/Townely Hall Art Gallery and Museum, Burnley | 41 The Stapelton Collection/The Bridgeman Art Library | 42/1 Jens Marggraf, Halle (Saale) | 42/2 Glow Images | 42/3 Caro/Kaiser | 42/4 akg-images | 43 picture alliance/AP/Matt Rourke | 44/1 akg-images | 44/2 Stiftung Thüringer Schlösser und Gärten | 44/3 Slg. Kaspar Mainz, Wolteritz | 45/1, 2 2 Seiten (Titelbl. + S.11) aus Gelegenheitsdruck: „Entwurf der Ordination von dem Singballet … 1702"; Sign. BS 180. Historische Buchsammlung „Schwarzburgica", Schlossmuseum Sondershausen/Fotograf: H. Röttig | 45/3 Slg. Kaspar Mainz, Wolteritz | 46/1 mauritius images | 46/2 akg-images | 46/3 Glow Images/Heritage Images RM | 46/4 culture-images/Lebrecht | 46/5 bpk-images/Museumslandschaft Hessen Kassel | 46/6 Glow Images/Superstock RM | 53 laif/Aurora/Russell Gordon | 54/1 CORBIS/Bettmann | 54/2 picture-alliance/akg-images/Erich Lessing | 55 Rayan Abdullah, Leipzig | 56 ©VG Bild-Kunst, Bonn 2017 | 57,58/1 mauritius images/United Archives | 58/2 BRIDGEMANART.COM/Alinari | 58/3 bpk | 58/4 picture-alliance/dpa/Beethoven Haus-Bonn | 58/5 INTERFOTO/IMAGNO | 62/1 bpk/Nationalgalerie, SMB/Jörg P. Anders | 62/2 culture images/fai | 63 bpk/RMN7Grand Palais | 64 Archiv Bösendorfer | 65 Glow Images | 66/1 imago/Alterphotos/Marta Gonzalez | 66/2 culture-images/Lebrecht | 66/3 Aus: Ballettgeschichte im Überblick, Florian Noetzel Verlag, Heinrichshofen-Bücher, Wilhelmshaven, 1990 S.97 | 67/1 action press | 67/2 Cinetext/Allstar/Fox Searchlight | 68/1 picture-alliance/AP Photo | 68/2 akg-images/De Agostini Picture Library | 69/1 mauritius images/alamy | 69/2 INTERFOTO/Mary Evans | 70/1 akg-images | 70/2, 3 Stadtarchiv München/CHR/1875, Bd. 1, S.55 | 72/1 Glow Images/Superstock RM | 72/2 Bianchetti/leemage | 72/3 culture images/Lebrecht | 72/4 mauritius images/Alamy | 72/5 akg-images | 73/1 akg-images/Herve Champollion | 73/2 akg-images | 76/1 Glow Images/Heritage Images RM | 76/2 culture-images/fai | 78 Fieguth/drama-berlin.de | 79/1 Höhne+Pohl/drama-berlin.de | 79/2 Iko Freese/drama-berlin.de | 80 Photoshot/TIPS/Yann Guichaoua | 81 akg-images | 82 culture-images/fai | 83 Nilz Boehme/drama-berlin.de | 84 akg-images | 85 akg-images/©VG-Bild-Kunst, Bonn 2017 | 86/1 drama-berlin.de/SF/Nadar | 86/2 drama-berlin.de/SF | 86/3 drama-berlin.de/Schott/Andersen | 86/4 drama-berlin.de/SF | 86/5 akg-images/©VG Bild-Kunst, Bonn 2017 | 91/1 Schirn Kunsthalle Frankfurt 2006/Norbert Miguletz/©Art & Language; Courtesy Lisson Gallery, London | 91/2 picture-alliance/dpa/Jens Wolf | 92 Getty Images/New York Times Co. | 93/1 INTERFOTO/Woron | 93/2 WDR | 94/1 Caro/Eckelt | 94/2 akg-images/RIA Nowosti | 95 culture-images/Lebrecht | 96/1 Art Judd Foundation. Licensed by VAGA, NY/©VG Bild-Kunst, Bonn 2017 | 96/2 Scala, Florence/2013 Digital Image, The Museum of Modern Art, New York/©Ellsworth Kelly | 98 Scala, Florence/The National Gallery, London | 99/1 mauritius images/Photo Alto | 99/2 CORBIS/Michael St. Maur Sheil | 99/3 Bildagentur online/Theißen | 100/1 Slg. Uli Johannes Kieckbusch, Balingen | 100/2 culture-images/Lebrecht | 100/3 INTERFOTO/Writer Pictures Ltd. | 100/4 Michael Kneffel | 100/5 ©VG Bild-Kunst, Bonn 2017 | 100/6 mauritius images/Rainer Mirau | 101 Landesmusikrat Hamburg e.V./www.klangradar3000.de | 104 Aus: Der Jazz. Erich Röth Verlag 1958 | 105 akg-images | 106 Aus: That's Jazz. Mathildenhöhe Darmstadt, 1988. | 107/1 Cinetext | 107/2 akg-images | 108 Aus: That's Jazz. Mathildenhöhe Darmstadt, 1988. | 109/1 Getty Images/Redferns | 111/1 Getty Images/Photo Quest | 111/2 Corbis/Historical Premium | 112 Getty Images/NBC Universal | 113/1 Getty Images/Andreas Putler/Redferns | 113/2 picture-alliance/dpa | 114/1 www.guru-keith-elam.com/Press Image | 115/2 picture-alliance/Revierfoto | 115/3 picture-alliance/Warmuth | 115/4 picture-alliance/Jazz Archiv Hamburg | 115/5 picture-alliance/ZB/Kahnert | 116/1 Getty Images/Hulton Archiv | 116/2 Cinetext | 117 By Permission of the Norman Rockwell Family Agency Book Rights Copyrights, 1936 The Norman Rockwell Entities | 118 dapd | 122 picture-alliance/United Archive | 123 Getty Images/Michael Tullberg Images | 125/1 Getty Images/David Redferns | 125/2 Getty Images/Yuri Gripas/AFP | 127 picture-alliance/Jazz Archiv Hamburg/Fischer | 128/1 Getty Images/Jan Vidal | 128/2 Corbis/Neal Preston | 129/3 picture-alliance/SZ-Foto/Prager | 130/2 Slg. Philippe Alioth, Basel | 131/3 picture-alliance/RTL-New Media/von Arnim | 132/1 Getty Images/David Livingstone/Wire Image | 132/2 Thomas Rabsch | 132/3 Corbis/entertainment | 132/4 Getty Images/Phillip Ryans | 133/1 picture-alliance | 133/2 Karsten Windhorst | 134 Getty Images/David Reed | 135/1, 2 Sebastian Schobbert, Berlin | 136/2 Keystone | 138 Alan Aldrige, 1969 | 139/1 Aidan O'Rourke, Manchester | 139/2 Bildarchiv Hamburg/Mariam René Menges | 140/1, 2, 3 Igor Hartmann, Berlin | 141/1 Universal Music, Berlin | 142/1 © Hadley Hudson/ Warner Music Germany | 142/2 stefantietz.de | 142/3,143/1, 2 Igor Hartmann, Berlin | 144/3 Getty Images | 148/1 Barbara Braun/drama-berlin.de | 148/2 drama-berlin.de/SF/Doucet | 149 Iko Freese/drama-berlin.de | 150 Barbara Braun/drama-berlin.de/SF/Cajart | 151 Barbara Braun/drama-berlin.de | 152 drama-berlin.de/SF | 153/1 drama-berlin.de/UMG |

Zwischentitel Rayan Abdullah, Leipzig
Motive
6, 7 Sebastian Heidisch, Eingang zur Hochschule für Musik und Theater Felix Mendelssohn Bartholdy Leipzig, Grassistraße | 22, 23 Skulptur Löwe mit musizierender Figur von Christian Friedrich Tieck, Konzerthaus Berlin, Gendarmenmarkt | 34, 35 Brücke in Leipzig, am Zoo | 48, 49 Öffentliche Probe Classic Open Air, Berlin, Gendarmenmarkt | 60, 61 Sonnenuntergang über der Ostsee | 74, 75 Geschäftshaus von Paul Lange, 1908/09 erbaut, Leipzig, am Naschmarkt | 88, 89 Hochhaus von Le Corbusier, 1956–1958 erbaut, Berlin, am Olympiastadion | 102, 103 Jazzclub, Berlin | 120, 121 Eva Klesse, Leipzig |

146, 147 Deutsche Oper, Berlin | 168, 169 Musikgeschäft, Berlin | 188, 189 Klanglabor im Grassi Museum, Leipzig | 212, 213 Tobias Steinborn, Johannes Vogel, Leipzig

Illustrationen Rayan Abdullah, Leipzig

20/1–3, 21/1–4, 33, 46, 58, 72, 86, 100, 191 (Piktogramme)

Quellenverzeichnis Noten

GmbH & Co. KG, Hamburg (Melodie: Leonard Bernstein; Text: Stephen Sondheim) | **203/2** Leonard Bernstein Music/Chappell-Co Inc., Universal Music Publ. GmbH, Berlin, Chappell & Co. GmbH & Co. KG, Hamburg (Melodie: Leonard Bernstein; Text: Stephen Sondheim) | **203/4** 1938 EMI Catalogue Partnership and EMI Feist Inc., USA worldwide print rights controlled by Warner Bros Inc. USA. (Melodie: Harold Arlen; Text: E.Y. Harburg) | **203/5** Sony/ATV-Tunes LLC, Sony/ATV Music Publishing (Germany) GmbH, Berlin (Melodie, Text: John Lennon, Paul McCartney) | **205** EMI Music Publishing Ltd./Edition Fanfare Musikverlag, Chrysalis Music Holdings GmbH, Berlin | **206, 207** 1953 by Southern Music Publ. Co. Inc., 1984 PEERMUSIC (Germany) GmbH, Hamburg | **209** Bourne Co., Melodie der Welt J. Michel KG Musikverlag, Frankfurt/M. | **215/1** Deutscher Verlag für Musik, Leipzig (Melodie) / Suhrkamp Verlag, Frankfurt/M. (Text) | **215/2** 1972 by Maranatha! Music, für D/A/CH: Small Stone Media Germany GmbH | **219** Voggenreiter Verlag, Bonn | **220, 221** Silbermond Musikverlag GmbH/Valicon Songs OHG, Arabella Musikverlag GmbH, Berlin, Melodie der Welt J. Michel GmbH & Co. KG Musikverlag, Frankfurt | **222, 223/1** Peermusic (Germany) GmbH, Hamburg | **223/2** Westminster Music Ltd., Essex Musikvertrieb GmbH, Hamburg | **224, 225/1** by Druidcrest Music Für D/GUS/osteurop. Länder, Chappell & Co. GmbH & Co. KG, Hamburg | **225/2** 1938 EMI Catalogue Partnership and EMI Feist Inc., USA worldwide print rights controlled by Warner Bros Inc. USA. | **226, 227/1** La lennoxa Music Co. Ltd., New Line Tunes/South Fifth Avenue Pub. | **227/2** Rieks Veenker | **228, 229/1** Folksways Music Publ. Inc., New York, für Deutschland: Essex Musikvertrieb GmbH, Hamburg | **229/2** Musikverlag N. Simrock, Hamburg | **230** 1961 Tangerine Music Corp., AME Musikverlag Edward Kassner GmbH, Inzlingen | **232** Sony/ATV-Tunes LLC, Sony/ATV Music Publishing (Germany) GmbH, Berlin | **234** Shapiro Bernstein & Co., Inc., Roba Music Verlag GmbH, Hamburg | **236, 237** Dramatico Music Puglishing Ltd., Sony/ATV Music Publishing (Germany) GmbH, Berlin | **238, 239** EMI Music Publishing Ltd., Universal Music Publishing Ltd. | **240** Sony/ATV Acuff Rose Music, für D/A/CH: Sony/ATV Music Publishing (Germany) GmbH, Berlin | **245** Friedrich Hofmeister Musikverlag, Leipzig

Quellenverzeichnis Wort

16 Anna Linde (Hrsg./Übersetzer): L'Art de toucher le Clavecin par Francois Couperin. Paris, 1717 / Die Kunst das Clavecin zu spielen. Breitkopf Härtel, Leipzig, 1933 | **31, 56** Übersetzer: Autor | **62** Hans Christian Andersen: Gesammelte Märchen. Karl Müller Verlag, Erlangen, 1990 | **63** Michael Krausnick: Absender Clara Wieck, Robert Schumann, Johannes Brahms: Du bist mir so unendlich lieb – in Briefen und Tagebüchern; Wellhöfer Verlag, Mannheim, 2010 | **68** Klaus Döge (Hrsg.): Dvorak. Symphony No. 9 in E minor, op. 95, „From the new world". Ernst Eulenburg, Mainz, 2006, S. 10 | **81** Dietrich Kämper und Paul Terse (Hrsg.): Amerikanische Musik seit Charles Ives. Interpretationen, Quellentexte, Komponistenmonographien. Laaber-Verlag, Laaber 1987, S. 37 | **82** Übersetzer: Autor | **94, 95** Solomon Wolkow: Die Memoiren des Dimitri Schostakowitsch (Dt. Ausgabe). Ullstein Verlag, Berlin, 2003 | **97/1** Wolf Rosenberg in: Neue Musikzeitung, Heft 3/1984, ConBrio | **97/2** Peter Michael Hamel in: Durch Musik zum Selbst, München 1980, S. 158 | **101** Juan María Solare: Die Neugierde ist grenzenlos (ein posthumes Interview mit Mauricio Kagel). Zeitschrift KunstMusik, Hrsg. Maria de Alvear & Raoul Mörchen. Köln: Maria de Alvear World Edition, S. 10–39 | **111** Arrigo Polillo: Jazz – Geschichte und Persönlichkeiten. Goldmann/Schott, München, 1987, 3. Aufl., S. 223 (ital. Original 1975, dt. Ausg. © Herbig Verlagsbuchhandlung) | **114** Guido Möbius siehe www.andromedameo.com | **118** www.jazzpages.com/jazz-zitate-quotes.htm | **139** Tim Riley: Tell Me Why – A Beatles Commentary. Engl. Vorlage: The Bodley Head, London, 1988. Übersetzer: Autor | **152** Edgar Istel: Bizet und Carmen. Stuttgart, 1927 (zit. n. Attila Csampai & Dietmar Holland (Hrsg.): Georges Bizet – Carmen. Rowohlt, Reinbek, 1984, S. 189 f.) | **153** Teresa Berganza: Brief an Peter Diamond (7.7.77) (zit. n. Attila Csampai & Dietmar Holland (Hrsg.): Georges Bizet – Carmen. Rowohlt, Reinbek, 1984, S. 259) | **156/1** Aus einem Brief Glucks an die Redaktion des „Mercure de France" von 1773; dt. zitiert in: Adolf Bernhard Marx: Gluck und die Oper. Janke, Berlin, 1863, S. 32 | **156/2** Aus Glucks Vorwort zu „Paride ed Elena" von 1770. Übersetzer: Autor | **159** Übersetzer: Autor | **162** Tolkien, John R.: Der Herr Der Ringe, übers. von Wolfgang Krege, Klett-Cotta 2012 S. 170 | **170** Stiftung Haus der Geschichte der Bundesrepublik | **173/2** Aus Frontpage, 1994 | **180** Robert Schneider: Schlafes Bruder. Reclam, Leipzig, S. 178 f.

Zum Musikbuch DREIKLANG 9/10 gehören

Musikbuch	ISBN 978-3-06-081562-3
Handreichung	ISBN 978-3-06-081565-4
CD-Paket	ISBN 978-3-06-081568-5
DVD-Video	ISBN 978-3-06-249970-8

Redaktion	Simone Gebhardt
Gutachter	Margrit Bethin, Halle (Saale) · Dr. Bernd Fröde, Rostock · Eckhard Gehder, Halberstadt · Cornelia Gnaudschun, Berlin · Constanze Klinkicht, Zwickau · Dr. Frank Liebscher, Leipzig · Holger Lopens, Sanitz · Birgit Poyda, Senftenberg · Dr. Gerd Stiehler, Waldenburg · Kai-Erik Ziegenrücker, Leipzig
Layoutkonzept	Wladimir Perlin, Berlin
Layout und technische Umsetzung	Marina Goldberg, Berlin
Künstlerische Beratung	Frank Schneider
Einbandfoto	Gundula Friese, Berlin
Zwischentitel	Markenbau/Prof. Rayan Abdullah, Leipzig
Bildrecherche	Peter Hartmann, Dr. Bettina Schaschke
Notensatz	Holger Jeschke, Leipzig

www.cornelsen.de

1. Auflage, 6. Druck 2021

Alle Drucke dieser Auflage sind inhaltlich unverändert
und können im Unterricht nebeneinander verwendet werden.

© 2013 Cornelsen Schulverlage GmbH, Berlin
© 2017 Cornelsen Verlag GmbH, Berlin

Druck: Firmengruppe APPL, aprinta Druck, Wemding

ISBN 978-3-06-081562-3

Gitarrengriffe

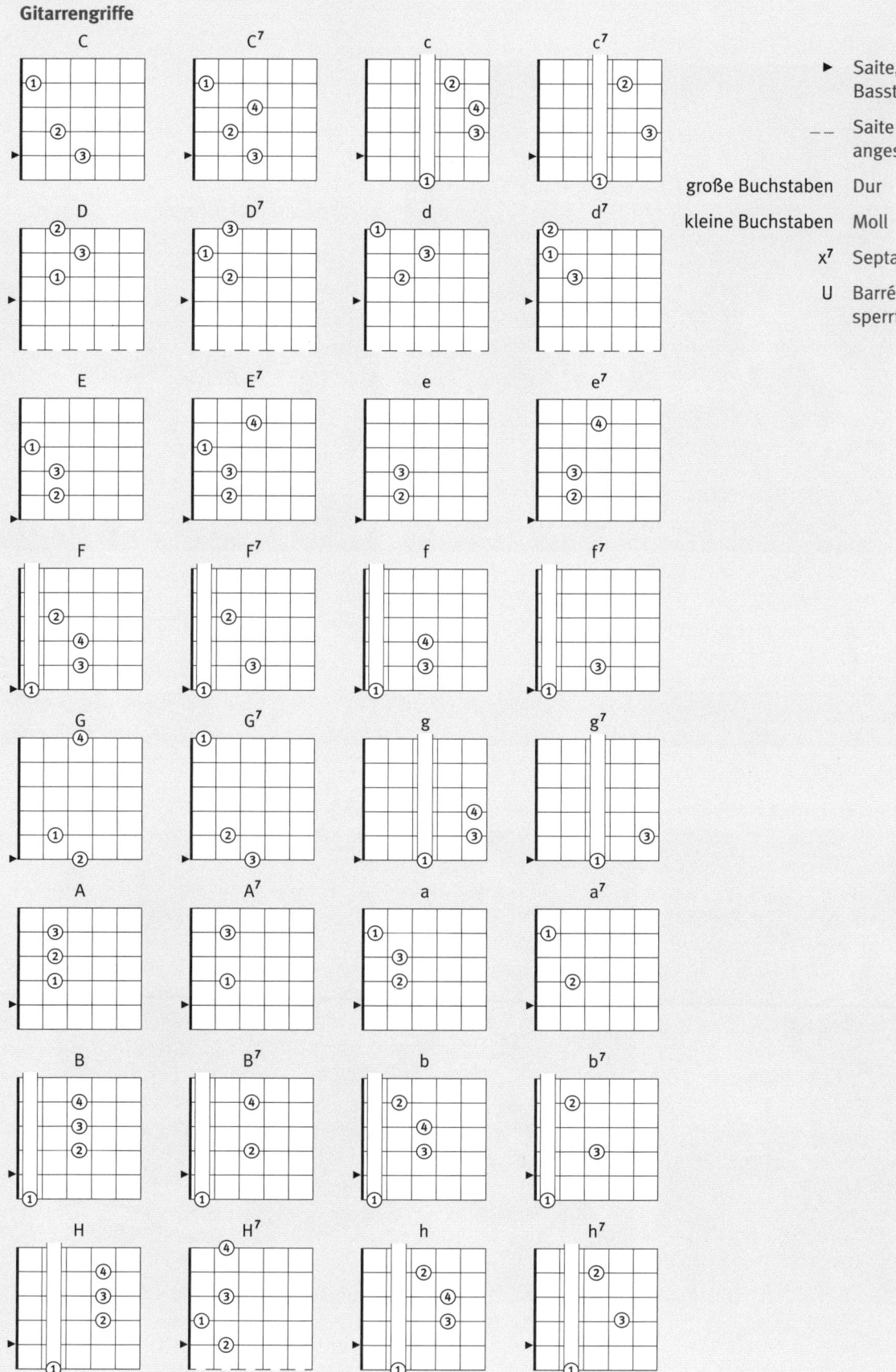

▶ Saite, auf der der Basston liegt.

-- Saite wird nicht angeschlagen.

große Buchstaben Dur

kleine Buchstaben Moll

x^7 Septakkorde

U Barré (*frz.* versperrt, verriegelt)

Musik, ein Grundbedürfnis

Musizieren und Singen

„Die Musik" ist weiblich – sich musikalisch auszudrücken ist keine Frage des Geschlechts, auch nicht des Alters, der Nationalität, der Herkunft ...

Kirchenchor oder Schulchor – gemeinsam Musik zu machen ist ein besonderes Erlebnis, das Freude an Musik wecken kann und verbindet.

2000 ...

Zukunft und Vergangenheit

Individualität und Inszenierung

Neueste Musik mit alten Mitteln – Anregungen der Vergangenheit verschmelzen mit aktuellen Stilen.

Grenzen zwischen Musik, Performance und Medien verschwimmen – innovationsfreudige Künstler erschließen individuelle Wege des Ausdrucks und inszenieren sich selbst und ihre Musik unter Einbeziehung neuester Techniken.